叢書・ウニベルシタス　875

教皇と魔女

宗教裁判の機密文書より

ライナー・デッカー
佐藤正樹／佐々木れい 訳

法政大学出版局

Rainer Decker
DIE PÄPSTE UND DIE HEXEN
Aus den geheimen Akten der Inquisition

まえがき

「入室スル者ハ破門セラルベシ」――ヴァチカン機密書類文庫の扉上部に記されたこの銘文は、一八八〇年まで、わけてもすべての歴史家を含むその資格なき者にたいし、もっとも古くかつ厖大なヨーロッパ史に関する資料コレクションへの立入りを、拒むものであった。研究者をはじめてこの宝物庫に入室させたのは、改革に前向きな姿勢をもっていた教皇レオ十三世（一八七八―一九〇三年）である。今日、研究者は一九二二年までの時代の史料を自由に閲覧できるようになった。

一九九三年に『魔女とその死刑執行人』という本を書く目的で、ヴァチカンのこれとは別な記録文庫、すなわち一五四二年に創設された検邪聖省の後身である教理省(1)の文庫への入室許可申請を提出したが、これが却下されたとき、わたしはこの銘文のことを思い出した。一八八一年に中央記録文庫が開放されたにもかかわらず、ローマの他の施設に別途保管されている史料の山は、その後数十年にわたって申請者には高嶺の花であった。それはサン・ピエトロ広場の南側、バロック式の検邪聖省（Palazzo del Sant'Uffizio）に附属する研究所の史料も同様であった。ところで、わたしはヴェストファーレンのいくつかの文書館で、教皇アレクサンデル七世（一六五五―一六六七年）(2)と宗教裁判所の一人の祓魔《ふつま》師(3)の、悪魔憑き問題に関するそれまで知られていなかった所見を発見していた。この悪魔憑きは一六五七年にパーダーボルンのおおぜいの若い娘を巻き込み、ついには魔女狩りにまで発展した事件である。ローマのこの二人の聖職者はパーダーボルンの神学者と法学者にたいし、まだ立証されていないというのが教皇見解であったヴェストファーレンの「憑きもの」に過激な態度をとらぬようにと警告した。宗教裁判所の記録文庫に保管されている文書をみれば、狂信的とはほど遠いこのような慎重な態度が背景にあったことも一目瞭然だったはずである。しかしさしあたりこの本は、ローマの史料に嘱目しないまま書くしかなかった。

だからこそ一九九六年に、ごく少数のドイツ、イタリアの歴史家とともに検邪聖省の記録文庫の敷居をまたぐことを許されたとき、わたしの驚きには格別なものがあった——しかも研究の目的に開放されることが正式発表された一九九八年に先立ってのことである。首を長くして待っていたこの措置は、教理省長官ヨーゼフ・ラツィンガー枢機卿の尽力のたまものであった。

爾来、国籍と宗派とを問わず、研究者はその内部に立ち入ることを許されている。その大半が神学者、教会法学者、歴史家である。ただし、ヴァチカン図書館でもヴァチカン記録文庫でも、なんらかの研究機関ないし教会関係機関の推薦状と、イタリアの学士号（Diploma di Laurea）に相当する学位の資格証明が必要である。

さて、狭い閲覧室におかれた一二の仕事場の一つで、背をまるめて手書き文書の解読に取り組む学者墓掘り人を待っているのは、筆舌に尽くしがたい貴重な宝物である。トスカーナ州シエーナのある地方宗教裁判所の記録文庫と、一五七一年に設置され、その後一九一七年に廃止された図書検閲聖省の記録文庫だけでなく、とくに検邪聖省本体の記録文庫も現在一九〇三年までの時代について閲覧が許されている。なるほどナポレオン戦争期とその後の時代についてはほとんどの訴訟調書が廃棄されてしまっているが、最高宗教裁判所で毎週開かれていた会議の議事録、いわゆる教令が、欠落なしにほぼ完全なかたちで保存され、この欠を補っている。一年ごとに綴じあわされた各巻はフォリオ判で数百ページに及び、しかもたいていは当時の書記官がすでに索引を付して閲覧の便を図っている。議題はしばしば、イタリアじゅうに分散する地方の宗教裁判所の詳細な書簡によって決定された。疑わしい事例や重要な案件については教皇と枢機卿が訴訟調書を取り寄せたうえで、それ以降の手続きから処罰にいたるまでを決定するが、「世俗司直の手」すなわち民事法廷に被告人を引き渡して、死刑判決を申し渡すことはほとんどなかった。

この記録文庫の史料をたどれば、ローマなる信仰の番人の思考回路における裁決への道筋と変遷と首尾一貫した態度とについて基本的な洞察を得ることができる。これらの史料は、姉妹関係にある組織、すなわち一四七八年ないし一五三一年に設置されたスペイン、ポルトガルの宗教裁判所の歴史について、ここ二〇年のうちに新たな基礎を与えた緻密な研究を、補ってなおあまりあるものがある。そこから生まれた最初の成果は、そもそも宗教裁判にたいする型にはまった古い理解を解体し、それによって近代ヨーロッパの一つの際だった制度についての多様なイメージを形成することに貢献している。

ちなみに、わたしはローマでの古文書の研究を終えたあとも『魔女とその死刑執行人』を書き換える必要を認めなかった。一六五六年から五七年にかけて起こったパーダーボルンのできごとについて、ローマでは文書化された記録は発見できなかったが、それはどうやら口頭で取り扱われたようである。その代わり、一六五四年にスイスのグラウビュンデンで起こった一五人の子どもにたいする魔女裁判に興味を引かれた。ローマが意外なほど熱心にこの訴訟手続きに介入したからである。このわくわくする発見がきっかけとなって、検邪聖省に保管されている調書類をたどりながら他の魔術事件をも究明しないではいられない気持ちになった。十六世紀から十八世紀にかけて教皇とその宗教裁判官たちはこの問題をどう扱ったのか、具体的には、カトリック教会について世間の人たちが信じているとおり、彼らはほんとうに無数の罪なき女（および男）を魔女として火あぶりにさせたのかどうか、わたしの問題意識はそこにあった。魔女概念と魔女訴訟は早くも中世晩期には発生し、宗教裁判所も同様であったから、この時代についても教皇とその信仰の番人たちの態度を研究するのが意味深い試みであることは明らかだった。十一世紀から十六世紀初めまでの時代を扱う最初の七つの章はこうして書かれた。これらの章に関しては、わざわざ未刊行の文書を引っぱりだすまでもなかった。関係する書物と古文書だけでなく、今日まで保管されていながらかつては極秘扱いであった——たいていはラテン語で書かれた——訴訟調書も、この間にそのほとんどが印刷されて入手可能になったからである。ここでは予備研究のなかから、一九〇〇年ごろに刊行された、アメリカ人チャールズ・ヘンリー・リーと、ドイツ人ヨーゼフ・ハンゼンの労作にとくに言及しておくべきであろう。以来、個別の研究成果は数多く発表されたが、「中世における教皇権と魔女犯罪」とをまるごと関連づける研究はついぞ現れなかったのである。他方、ハンゼンのように、また、リーにもそのような面はあるが、中世の教皇だけを問題にして近世の教皇における魔女信仰までは問わないとしたら、そこには一面的な像ができあがるであろう。いずれの時代も同じ重みをもって扱われなければならない。以降の章が十六世紀から十八世紀までを扱っているのはそのためである。その際、わたしがはじめて明るみに出した教理省記録文庫に収蔵されていた記録文書とならんで、とくにイタリアとアメリカの歴史家がここ二〇年のあいだに、地方、たとえばヴェネツィアの宗教裁判所の記録文庫から得た知見をも活用することができた。この分野の研究は活況を呈しており、わたしにとって——それぞれの視点から——宗教裁判史の研究に取り組む研究者との、直接の、あるいは手紙による意見交換も有益であった。たとえば、ジョン・テデスキ（マディスン）、ジョヴァンニ・ロメオ（ナポリ）、グイード・ダルローリオ（フェラーラ）の各氏である。アンドレーア・デル・コル（トリエステ）、グスタフ・ヘニングセン（コペンハーゲン）、ペーター・ブラステンブライ（ボーフム）、ペーター・シュミット（ケルン）、ニクラウス・シャッツマン（チューリヒ）の各氏は、未刊行の研究成果を参看させてくださった。これらの方々と、わけても教理省記録文庫の協力者各位には、衷心より御礼申し上げたい。

「教皇と魔女」という問題について最終結論を提示することは本書のよくなしうるところではなく、また、意図したことでもない。かずかずの記録文庫、とくにローマの記録文庫のなかにはまだ日の目を見ない宝があり、今後さらに何年もの研究を経てやっと救い出されるのを待っているからである。たとえば検邪聖省の議事録に採り上げられている魔術事件を幾世紀かにわたって、できれば一五六〇年から一八〇〇年までのそれを類型別に整理し、定量化するのは、望ましいことではあるが、多くの経費と労力も必要であろう。しかし、たといそうしたとしても、わたしたちの見解をくつがえすような新説は出てこないと考えてよかろう。

たとい百年以上たっても、これまでに得られた認識だけであの楽天主義の正しいことが証明されるであろう。それは教皇レオ十三世が一八八四年にドイツのある歴史家協会を鼓舞したときに示した楽天主義であり、今なお閉ざされているか、せいぜいその一部しか公表されていない第二次世界大戦期のヴァチカン文書に関して、その後継者（ピウス十二世）にももってほしいと思う楽天主義である――「原典に帰れ。記録の公表などわたしたちは怖くない」。

目次

凡例

一　本書は、Rainer Decker, *Die Päpste und die Hexen. Aus den geheimen Akten der Inquisition.* Primus Verlag, Darmstadt 2003 の全訳である。本文中の［　］は原著者による補足である。

二　原注は訳注とともに巻末にまとめ、両者が区別できるようにした。原注と訳注は通し番号になっている。

三　訳文中「聖省」とあるのは、ローマ教皇庁の九省の一つ、「検邪聖省」（現在の「教理省」）の意味である。本書はおもにヴァチカンにある「教理省」の古文書をもとにして書かれたものである。

四　「テーヴェレ河畔の都市」または「永遠の都」は「ローマ」を意味する。

五　ラテン語は片仮名を混じえて訳した。他の諸言語はこの限りではない。

六　地名など固有名詞の片仮名表記はできるだけ当該言語の発音に近づけることに努めたが、確認できないものについてはやむをえずドイツ語発音によったほか、わが国通行の表記に配慮したものもある。

七　「宗教裁判（所）（Inquisitio）」「宗教裁判官（同判事）（Inquisitor）」はそれぞれ「異端審問（所）」「異端審問官」とも訳しうるが、本書ではそれぞれ前者の訳語を採用した。「異端」の裁きという観点が一方的に強調されるのを避けたいがためである。

八　訳出にあたり各種の辞書事典類を参看した。そのいちいちは記しえないが、なかでもつぎの諸書から多大な恩恵を受けたので、感謝の念をこめてここに特記しておく。

『カトリック大辭典』五巻（冨山房）一九四〇―一九六〇年。

『新カトリック大事典』Ⅰ―Ⅲ（未完）（研究社）一九九六年―。

小林珍雄編『キリスト教用語辞典』（東京堂出版）一九五四年。

川口　洋『キリスト教用語独和小辞典』（同学社）一九九六年。

Brockhaus. Die Enzyklopädie. 20. Aufl. 24 Bde. Leipzig, Mannheim 1996–1999.

第1章　異教の魔術

一〇八〇年、教皇グレゴリウス七世(1)はデンマーク国王ハーラルに一通の親書を書き送った。この書簡で教皇は、「貴国民につき余の知るところとなった事がら、すなわち悪天候、あらし、幾多の病気が不意に生じたとき、司祭にその責任を転嫁しておられる由」について苦情を伝えた。かかる措置は教皇禁令によって阻止されねばならない。「それゆえ余は教皇の権威をもって、貴国におけるこの禍《わざわい》多き習慣を根絶し、崇敬と尊敬とを受けてしかるべき司祭ならびに聖職者に今後かかる恥辱を加える……ことのないよう厳命するものである」。

しかし教皇がデンマークから受けた容易ならぬ知らせは、司祭への迫害にとどまらなかった。教皇がこれに続けて詳しく述べているように、この国では女性もまた同様な運命に見舞われていたのである。「くわえて、女たちにたいしてならば不正を働いてもよいと考えるのは言語道断である。女たちは同じ理由から、野蛮な風習そのままに、まさしく非人間的なしうちをもって有罪判決を受けている。おんみはむしろ、おんみこそ受けるに値する神の判決と罰とを、贖罪をつうじて回避することを学び、あの罪なき女たちを破滅に追いやることによってゆめゆめ神の怒りを招かぬよう心せよ(2)」。

グレゴリウス七世といえば、今も歴史の教科書に登場する中世の教皇の一人である。それによると教皇は教会改革の卓越した担い手として、教会におけるかずかずの弊害、聖職者の世俗化、教会職位への俗人の相次ぐ任用を排除するために戦い、叙任権闘争では皇帝ハインリヒ四世と悶着を起こしてこれを破門し、君主がみずからカノッサに赴き、苦行衣を身にまとって赦しを請わねばならぬ事態となった。

世俗当局を向こうにまわして教会の権利と利害とを擁護する姿勢は、聖職者を保護する内容の上記書簡の前半によく現れている。しかし説明のつかない自然災害のために聖職者が犠牲になって罪を負わねばならなかったというのであるから、介入の根拠としては、叙任権闘争の枠に収まる話ではない。つまりキリスト教化されてまだ歴史の浅いデンマークでは、どうやら新しい信仰が根づいたといってもまだまだ表面だけのことだったのである。問題は、信者の外面的な救いという点で、果たして古い異教の神々よりも新宗教の担い手たちのほうが行き届いた配慮をしてくれるのかどうかというところにあった。期待が裏切られたら、いつでも有罪判決を下す用意ができていた。

その責任を女たちになすりつける「野蛮な風習」は、一致団結して災厄に立ち向かうはるかに古い形式にほかならない。ここでは、今日なお人口に膾炙《かいしゃ》している通念とはちがい、いわば女性を敵視する聖職者の代表も弱い性を迫害しはしない。逆に教皇はキリスト教以前の女性差別へと逆行する風潮から女性を保護したのである。

しかしキリスト教化されてすでに久しいドイツにおいてさえ、この種の行き過ぎがあったことは、やはりほぼ同じ時代の二つの消息が伝えるとおりである。

一〇七四年にケルンで一人の女が市壁から突き落とされて殺された。魔術によって（*magicis artibus*）

何人かの人を狂気に陥れた嫌疑をかけられていたのである[3]。

事細かな血なまぐさい描写によっていっそう衝撃的なのは、デンマーク国王宛の教皇書簡から一〇年後の一〇九〇年にしたためられた、バイエルン、フライジング近郊のベネディクト派修道院ヴァイエンシュテファンの記録である。折しもフライジングの司教座が選任争いから空席となり、そのため実効ある権威が不在であった。そのとき、「ねたみに駆られたフェティング［ヴァイエンシュテファンの山のふもとにある村］の住民が三人の貧しい女に、さも毒を盛り、人間と作物を破滅させた張本人であるかのごとく、残忍な怒りをぶつけたのである。女たちがまだ床についていた早朝、村人はこの者たちを捕え、水没試験[4]を実施したが、有罪を証明するにはいたらなかった。そこで村人は残酷にも女たちをむち打ち、自分たちのでっち上げた二、三の事件について自白を引き出そうとしたが、功を奏しなかった。つぎに二、三の村人がフライジング市民のもとへ行き、ルードルフとコンラートなる人物をたきつけておおぜいの人を集めさせた。そうして彼らは女たちに襲いかかり、捕まえ、フライジングへと連行した。そのうえでふたたびむちを当てたが、毒を盛ったという自白を女たちから引き出すことはできなかった。そこでイーザル川の岸へ連れていき、三人の女をまとめて焼き殺した。うち一人は身ごもっていた。こうして女たちは火に焼かれて六月十八日に殉教死を遂げ、一人の近親者の手で岸辺に埋葬された。のちに一人の司祭と二人の聖職者が遺体を運び出し、女たちが実はキリスト教共同体にふさわしい人間であったのではという希望をこめて、ヴァイエンシュテファンの前庭に埋葬した[5]」。

ここには、のちの魔女信仰と魔女訴訟とを構成するかずかずの要素がすでに見て取れる。人間と事物にたいする、とりわけ毒物を用いたひそかな加害への非難、「神の裁き」としての水没試験、強引に自白を引き出す試み、拷問の手順、被告人の自己弁護の余地なき状況、火刑による死がそれである。しかし住民のすべてが群衆の盲動に加わったわけではない。修道士たちは女の罪を信じなかったが、さりとて有効な救いの手を差し伸べることもできず、教会の手で行われた名誉を損なわない埋葬によって、後日、女たちの名誉を回復しえたにすぎない。いや、彼女たちはキリスト教の殉教者にさえなぞらえられた(6)。

魔術にたいする信仰は、中世晩期および近世ヨーロッパのキリスト教だけの特殊な問題ではなく、すべてとはいわないまでも、ほとんどの前工業化社会で広く行われていたといっていい。そこでゲルマン民族の宗教から、十世紀に記録された二つの「メルゼブルクの呪文」だけを引いておく。

第一の呪文には、敵に捕えられた自軍の戦士を救出する試みが記されている。

「あるときイディーゼン［女神たち］が降りてこられ、ここかしこに腰を下ろされた。何人かの女神は［敵を］縛りつけ、他の女神は［敵の］軍勢をくい止め、またそれ以外の女神は足かせを解いた。なんじ足かせを解き、敵より逃れよ」。

魔術は両義的である。味方にとっては当然のことながら祝福の祈り、白魔術であるが、敵方にとっては有害な黒魔術である。

日常の障害、この場合は馬の負傷であるが、これに助力を約束したのが第二の「メルゼブルクの呪文」である。この呪文も同じく二つの部分に分かれている。神々の典型的なふるまいを叙述したあと、これよりも短い本来の祓えが命令体で続いた。

「フォールとヴォーダンは馬で森に入った。そのときバルダーの小馬が足の関節を脱臼した。そこでジントグント［と］その妹君ズンナが呪文をかけた。そこでフレイヤ［と］その妹君フォラが呪文をかけた。そこでヴォーダンがあたうかぎり巧みに呪文をかけた。骨の脱臼のごとく血管のねじれでも手足全体の脱臼でも、骨には骨が、血には血が、四肢には四肢が、さながら膠《にかわ》ではり合わせたごとくになれ(7)」。

ヨーロッパの魔女信仰が異教に根ざすものであることを雄弁に物語るのが、征服されたザクセン、すなわちドイツ北部にたいして布告されたカルル大帝の名高い法令、おそらく七八〇年にパーダーボルンの帝国議会で公布された「ザクセン諸地域ニ関スル勅令」である。

「異教徒の流儀に従って悪魔に眩惑させられ、そのため、ある男もしくは女を『ストリーガ』とみなし、それが人間を喰らい、そのために人間をあぶり、もしくはその肉を食卓に供し、またはみずからそれを食していると信ずる者は、死罪をもって罰せられるであろう。人間を悪魔に捧げ、異教徒の流儀に従ってこれをデーモンに差し出した者は、これを死罪とする[8]」。

この法令は異教徒ザクセン人にたいするフランク王の剣の宣教の頂点を示すものである。キリスト教への強引な改宗、強制洗礼を教会は正当なものとは認めなかったが、人間を犠牲に供し、魔女を火あぶりにし、祭儀として人肉を喰らう習慣を受け入れない点では、為政者と意見が一致した。だからこそ教皇レオ三世は七九九年にパーダーボルンでカルルと会見したとき、カルルのやり方を事実上支持したのである。しかも「勅令」の魔女条項には特筆すべき二つの要素が含まれている。ザクセン人の側に立てば、魔女を抹殺するといっても、後世の迫害のように断固たる根絶の試みではなく、魔女の肉を食べることによって行為者としてその能力を自分のなかに取り込むという側面も、少なくともなかったわけではない。他方、カルルとその宗教顧問官たちの立場からみれば、ゲルマン民族の信仰、この場合は男も含む魔女の抹殺を、「悪魔のまやかし」、すなわち罪業への誘惑だと解釈しようとする姿勢が顕著であった。

異教の信仰観念をキリスト教の立場から吟味し、しかるのち人間の頭からこれらを追放する手続きは、中世の初期および盛期においては教皇の使命ではなかった。なぜなら、教皇といっても十二世紀までは、みずからの意志がどれだけ貫徹されているかを検証し、それを実行に移す権威も可能性ももっていなかったからである。それはむしろ現地の司牧者、修道院、司祭、司教の仕事であった。八世紀から十世紀までフランク王国では、たびたび開かれた教会会議と神学論文が「迷信《スペルスティティオー》」およびそれとの闘争を扱っていた。

そもそも魔女とは何かという疑問にとって、はるか近代にいたるまで重い意味をもっていたのは『司教規範《カノーン・エピスコピー》』、すなわち九世紀の教会法規の集成である。これらはのちの法令集に採り入れられることによって広く拘束力をもつにいたったものである。

「背後にいるサタンのほうを向くようにそそのかされたある種の犯罪人の女が、デーモンから与えられた幻覚と幻影とにあざむかれて、夜間、異教徒の女神たるディアーナや無数の女たちとともにある種の獣に乗って、死んだように静まりかえる闇夜にいくつもの国を横切り、あるいはまた、デーモンどもと女神の命令に従って特定の夜に彼らに奉仕すべく呼び集められると信じ、事実そうであったと主張していること」(9)を『司教規範』は嘆いている。

ここにはすでに、後世の魔女概念の本質をなす夜間飛行のモティーフの兆しが見える。ただし後世のそれとは異なり、ここには明確な加害意図というものがなく、まだ魔女の集会《サバト》もなければ、魔女とデーモンとの乱痴気騒ぎや猥雑な宴もない。

後世の魔女信仰との決定的な違いは、女たちの空中飛行にたいする教会側の評価と反応とにある。「このようなものの見方がまったくといっていいほど誤りであること、この種の幻影が神の霊ではなく悪霊によって、不信心な人間の五感の上にまことしやかに映し出されたものであることを、司祭は声を大にして説くものとする。したがって、光の天使に変身する……者はサタン自身なのである。これまでに夢と夜のまぼろしのなかで、自分が自分自身のなかから連れ出されたり、睡眠中に、それまで目覚めているときには見たこともない多くのものを目撃したりした経験のない者がいるであろうか。頭のなかで起こっているにすぎないこれらのものをすべて身体にも生ずるものと考えるほど愚かで単純な人間がいるであろうか。……よって、このような、また類似のものごとを信ずるのは信仰を失った証拠であり、神にたいする正しい信仰をもたぬ者は神に属さず、自分が信じている存在、すなわち悪魔の手合いであることを、すべての者に告げなければならない[10]」。

のちの数世紀とは異なり、ここでは忘我的な空中飛行が実話であることは疑われている。他方で、自分にはこのような飛行能力があると、実際に主張する女も少なくなかったにちがいない。これにたいして教会が用意したのは二つの説明方法である。これは悪夢だと発想を転換させる合理主義的な説明と、悪魔がそっと吹き込んだものだと説く神学的な説明とである。どちらの説明方法も女を完全には罪なき者としなかった。つまり幻覚のなかだけでその身に起こったことを現実だと信じ、それを物語ることによって、女たちは異教の女神ディアーナ、あるいはその背後に立つ悪魔の登場を許す土壌を用意したというのである。そのかぎりにおいてこの罪業は是が非でも罰せられねばならなかった。

『司教規範』にはほかにもこの種の規定が含まれている。

「自分はある種の加害魔術と魔術の呪文によって人の心を変えることができる、すなわち憎悪を愛情に、あるいは愛情を憎悪に変えたり、人間の財産に損害を与え、もしくはひそかに奪い去ったりすることができると主張する女がいるかどうかを、調査しなければならない」。ここに書かれているのは加害魔術であるが、いわゆる空中飛行の場合と同じように、「自分は……できると主張する女」と、いかにも注意深い書き方がしてある。女が実際に加害魔術を使うとは書かれていないが、そう断定している箇所もある。「加害魔術を行う者もしくは祈禱師、もしくは悪天候を引き起こす者、もしくはデーモンどもの依頼により人間の五感を惑わす者は、ありとあらゆる刑罰を用いて訴追するものとする[11]」。『司教規範』の示す加害魔術と空中飛行のあいまいな評価は、中世初期の教会委員会の態度の不統一を反映しているように思われる。空中飛行を幻覚とする点では意見の一致をみたが、加害魔術については評価が分かれた。いずれにしても、このような能力を駆使することができると主張する者は処罰されねばならなかった。それは、同胞の魂を混乱させ、それをさりげなく悪魔に渡したからであって、魔法を使って現にそのようなことを引き起こしたかどうかは問題にならなかった。

「司教とその助力者はしたがって、悪魔の発明した予言術と加害魔術とを聖堂区より完全に排除し、男女を問わず、この犯罪に手を染めたことが証明された者を、侮辱と恥辱のうちに聖堂区より追放することに着手するべきである[12]」。

もっとも峻厳な教会刑罰としてここに言及されているのは破門制裁、すなわち教会からの追放である。比較的軽微な犯罪であれば、各種贖罪が豊富に用意されている。たとえば、市場、教会堂開基祭、世俗の催し物に出かけることを禁じたり、とくに貴族に適用されたものとして、狩りを一時禁止したりするのがそれである。比較的悪質な犯罪の場合は、費用のかかる、場合によっては危険をともなう巡礼の義務や、苦行衣（粗末な生地でできた贖罪服、靴は履かない）の着用義務を課した。後者は、教皇に教会からの破門解除を懇請するため、ハインリヒ四世がカノッサで着用したたぐいのものである。

中世初期および盛期の教会法にはまだ体刑規定はなかった。体刑を科することができたのは世俗の司法権だけであった。ローマの共和国と古代の皇帝たちはすでに加害魔術を死刑によって処罰していた。

キリスト教以前の諸宗教においては、たとえば治癒魔術や占いの形式をとる白魔術としても、あるいは迫害の対象となった黒魔術としても、魔術は大きな意義をもっていた。中世初期の教会はこれらの観念を迷信として断罪し、これに贖罪を課した。この使命を負ったのが司教と司祭である。ここに登場する教皇はほんの脇役にすぎなかった。

第2章　中世における宗教裁判の起源

「教皇と魔女」という主題にかなう、中世初期および盛期の史料はひじょうに少ない。それは、ローマがのちの時代ほどカトリック信者にとってまだ身近ではない、つまり切実な存在ではなかったからである。異教の魔術の撲滅はもっぱらといっていいほど司教と司祭の役割であった。少なくとも司教と司祭が、教会法に定められていたとおり自分たちの教区を警戒怠りなく監視していたかどうかは、司牧管轄区域の編目がまだ粗かったため、疑わしいといわねばならない。しかし両者は十二世紀および十三世紀にいたり、決定的に変化することとなった。教皇はホーエンシュタウフェン王朝時代にしだいに皇帝から自立し、教皇支配権への要求を強め、事実それをかなりの程度まで実現することができた。このことは十二世紀末以降、新しい異端者運動との闘争の過程であらわになっていった(1)。異端者運動の一つがカタリ派(2)である（「異端者《ケッツァー》」という表現はこれに由来する）。カタリ派の二元論的神学によれば、物質世界は神ではなくサタンによって創造された。人間の使命は、できるだけ禁欲的な生活をとおして――何度も再生と輪廻を経てようやく――完全な存在となり、彼岸の神のもとに到達することにあった。

秘蹟《サクラメント》と聖職者階級は忌避された。他方、キリスト教会と比較的近い位置に立っていたのが、一一七七年ごろリヨンで商人ヴァルドの始めた俗人運動である。(3) 使徒伝来の清貧、世俗化した聖職者階級への批判、教会における信徒の強化がその主張の眼目であった。ヴァルド派は非聖職者でありながら信仰問題について説教を行ったため、破門制裁を受けた。

しかし教会刑罰と司牧だけで、これらの新しい異端を制圧することはできなかったであろう。そのために必要とされたのが教会と国家との協同である。一一七七年、教皇アレクサンデル三世と皇帝フリードリヒ・バルバロッサは積年の権力闘争の末に和解し、信仰の敵にたいして共同戦線を張ることにした。すでに世俗裁判所は異端に死刑を適用していたが、その後一二三一年に教皇グレゴリウス九世もこの形式を踏襲した。グレゴリウス九世はその際、重大な異端は不敬罪（*crimen laesae maiestatis*）に匹敵するという根拠を持ち出した。世俗当局にたいする国事犯さえ死をもって罰するのであるから、まして最高の権威たる神にたいする背信行為にあっては当然のことだというのである。ただし教会法の古い原則もまだ残っていた。それによると――世俗の司法権とは異なり――とくに強情とはいえない罪人には改心と行為による悔悟(4)とを要求する権利があり、したがって罪人は命を奪われることはない。「かたくなな累犯の異端者」にだけは赦免は金輪際ありえなかった。

しかし弾圧するだけでなく、穏便な方法も用いられた。南フランスにおけるカタリ派の運動に衝撃を受けて、スペイン人ドミニクスは十三世紀初めに「説教者修道会」を創設した。(5) この新しい結社は、古い修道会、たとえばベネディクト会やシトー会の修道士よりもはるかに行動力があった。一度入ったら生涯そこにとどまるのがふつうであった修道院のなかで生者と死者のために働き祈ることよりも、説教と秘蹟の執行、とりわけ告白が重要な位置を占めた。そうしてこれら新しい修道士たちは世俗を遠く離れた荒野に住むのではなく、新しく生まれつつあった都市に住む信者たちの身近に寄り添いたいと考えた。一人ひとりがまさしく清貧そのものであったが、なかでも異端運動の一つヴァルド派はわが身に厳しく清貧を課する一方、教区聖堂が清貧と無縁であることを批判した。スペインから来たドミニコ会修道士とやがて肩を並べるにいたったのが、もう一つの托鉢修道会、聖フランチェスコの兄弟会である[6]。両結社とも会士の堅実な学問的専門教育に大きな価値をおき、初期の諸大学の創立に寄与して、早くも十三世紀にはトマス・アクィナスやボナヴェントゥーラといったスコラ哲学者、神学者の二大権威を擁するにいたった[7]。したがって教皇の下におかれた二つの宗教結社が教皇権を支えるために待機し、一方では生涯をとおして堅持されるべき信心への、他方では離教者撲滅への、二重の要求をみたそうとした。これは中央集権化を進めるローマの思惑にかなうものであった。教皇特使といえば、時と場合に応じて、とくに教会関係の係争に関して決定を下すべく全権を委任された代表者であるが、一二三一年以降はこれにくわえて宗教裁判官がしだいに頻繁に動員されるようになった。宗教裁判官は、教皇もしくは、フランチェスコ修道会ないしドミニコ修道会の総会長からじきじきに任命され、「宗教裁判」、すなわち異端者の調査について全権を委任された。一二五二年、教皇インノケンティウス四世は大勅書「根絶ノタメニ（*Ad extirpanda*）」を発表し、司祭一名と平信徒二名からなる委員会を新設し、周辺地域、すなわち都市または村落において異端者を撲滅するために活動させることにした。ただし、逮捕し、そのうえ訴訟まで行うことは許されていなかった。それは権限のある司教とその代理人、および教皇に任命された宗教裁判官もしくは異端の腐敗行為を裁く宗教裁判所判事、いわゆる異端者審問官（*inquisitores haereticorum*）もしくは異端不正審問官（*inquisotores haereticae pravitatis*）その人の職務であった。十三世紀後半以降は宗教裁判所、すなわち教皇に任命され、個別的代理権を帯びた宗教裁判所判事が、とく

書記官立会いの下，宗教裁判官によって行われる被告人もしくは証人にたいする尋問．Philippus a Limborch, *Historia Inquisitionis*, Amsterdam 1692 より．

に南フランスと上部イタリアにおいて一つの常設機関となった。その任務は、それまで権限をもっていた司教の裁判権にとって代わるのではなく、それを補完するところにあった。司教裁判官と教区司教ないしその代理人が共通にとりうる措置はあらかじめ規定されていた。具体的には、両者は調査と訴訟に着手する際たがいに情報を交換し、訴訟手続きの重要な段階、わけても判決にあたっては、両者間に合意がなければ執行しえない、ただし、一方が訴訟手続きへの関与を放棄する場合はこのかぎりでない、というものであった。

「宗教裁判（*Inquisitio*）」の概念には教会の新しい機関の創設という意味があっただけではなく、新しい訴訟手続きというものも含意されていた。中世初期および盛期のとくに世俗の法では、告訴の原則、告発の原則が広く行われていた。私人から告発があると、裁判所はもっぱら双方の詳しい陳述を評価することに職務を限定した。現行犯逮捕の場合、時間をかけた訴訟手続きは不要だった。強盗と殺人犯なら、手近な木で即刻絞首刑にする用意ができていた。実地検証だけで容疑者に罪を認めさせられないと面倒な事態になった。中世初期の法ではそのような場合、やむをえずほかの方法に頼った。たとえば殺人の容疑者を遺体のところまで連れていき、傷口がふたたび出血し始めるかどうかを吟味する方法である。魔女は水没試験にかけられ、他の容疑者はまっ赤に熱した鉄を握らされたり、灼熱する犂《すき》の水平刃をまたがされたりしたが、これは彼らが重症を負わないことを説明するためである。二人の貴族が行う決闘も神判の一つである。公明正大な者には神が勝利を授けるであろうというのだ。しかし肝心の教会代表者は、一見神判らしきこの証拠に疑いをもっていた。十三世紀初め以降、聖職者はこの手の訴訟と立証方法に関与することを禁じられた。では、その代わりに何が行われることになったかといえば、ローマ法が一つの抜け道を示した。すなわち例外的な事例にあっては立証方法として拷問を使用してもよいと定めたのである。これは刑罰として苦痛を加えるための責め苦とは異なり、容疑の濃厚な者に自白をうながす、たとえば共犯者の名前を白状させるための、証拠調べの一環であった。この手順を牛耳るのは今や裁判官である。裁判官は訴訟に関与する者とその証人の誓言だけでよしとせず、いよいよ行動を起こして「調査」、尋問を行った。新しい信仰の番人たちは異端者をあぶり出す際、本人と他の者に罪のあることを認めさせることに大きな価値をおいていた。もはや告発を待つまでもなく、みずから攻勢に出て、たいていは最初に一定期間を設け、その期間内に、まずはすべての異端者にみずから名のり出ることを勧め、そうすれば比較的穏便な罰だけですむと言い、しかるのちあらゆる信者に、だれでも疑わしい者がいれば密告するようにとうながし、さもなくば刑罰が待っていると脅した。もっとも、拘禁や、とくに財産の差し押さえ、禁錮刑、わけても死刑といった厳罰の執行は、宗教裁判所は「世俗の手」、つまり今日の言い方でいえば警察と刑務官に頼らざるをえなかった。厳格なカトリック信者を自任する皇帝、国王、諸侯、都市は、その原則からいってもそうせざるをえなかったのである。正式には宗教裁判官とて自分で死刑を決定することはできなかった。古い法原則がまだ生きていたからである。「教会ハ血ヲ欲セズ（*ecclesia non sitit sanguinem*）」。逃げ道は、宗教裁判官が被告人を世俗の手にゆだねるとき、穏便な措置を願うところにあるにはあった。しかしこれは口先だけの告白にすぎなかった。呼びかけられた統治権者は、その職務の求めているものがほんとうは何なのかをよく知っていたからである。

世俗の手による処刑に先だち、その前日か二日前に、公開の教会典礼、スペイン語で「アウトダフェ（*Autodafé*）」と呼ばれる「信仰の儀式」(8)が行われた。被告人は贖罪者として、燃える蠟燭を両手に持ち、異端者の帽子をかぶり、異端者の上っ張り「サンベニート（*sanbenito*）」(9)をはおり、宗教裁判官と自分の所属する修道会の修道士たちにともなわれて、聖俗の主賓と、戸外か大きな教会の中に集まった大群集の前に姿を現した。判決文とその理由の詳細が読みあげられると、罪を悔いている罪人たちはそのような過ちを二度と犯さないことを誓った。ふたたび異端に戻るおそれのなくなった贖罪者なら、たいていは禁錮刑とガレー船服役刑および教会贖罪だけですんだ。再犯者と、頑として過ちを認めない罪人は、その目印として悪魔と地獄の劫火の絵を描いたサンベニートを着せられた。本人不在のまま死刑判決を申し渡す場合は、異端を象徴する服を着せた人形で代用した。ときにはすでに死亡した者も有罪判決を受けることがあり、その場合は遺体を柩に納めて一緒に運び、あとで生きている死刑囚および人形と一緒に焼かれた。

「信仰の儀式」は、信仰の正しさ、邪説、信仰の敵の定義を、民衆の眼前にありありと見せつけるために行われた。世俗の刑事裁判所も十九世紀にいたるまで公開処刑を重視した。それは恐怖を与える効果をねらうものであり、同時に、乱された法秩序がふたたび安定させられたことを万人の目に焼きつける目的をもっていた。国家の司直も自分たちの領分として、可能なかぎりすべての被告人に、公衆ノ面前デ（*coram publico*）罪を告白させ、判決に同意させる努力を払った。しかしこの宗教裁判だけはアウトダフェーという特殊な儀式を発達させ、処刑を――空間的にも時間的にも儀式から切り離して――背景に押しやった。その代わり、教理の真実と信仰の敵にたいする勝利とを表現する舞台が整えられることになったのである。

　では、教皇の下に宗教裁判所が創設されたことは、迷信と魔術にたいする迫害とどのような関係にあったのだろうか。さしあたりほとんど無関係だったのである。教皇アレクサンデル四世は一二五八年から一二六〇年にかけて、宗教裁判官が「透視並ビニ予言（*divinationes et sortilegii*）」[10]の不法行為を扱うのは、それが異端行為である場合に限定されると、教会法として正式に定めたのである。興味深いことに、ここには他の形式、たとえば加害魔術や空中飛行などへの言及がまったくない。どうやら当時これらは教会の念頭になかったようである。これにたいして日常の魔術は司牧者をひじょうにわずらわせたものの、宗教裁判官の関心を寄せる問題ではかならずしもなかった。どんな罪も、それだけで異端かというとそうではなく、したがって宗教裁判官（異端審問官）の扱う事案とはならなかった。男がたとえば娼婦と関係をもったとすると、それは第六誡[11]にもとる行為であり、それゆえ罪ではあった。その行為が異端となるのは、売春宿に出入りするのは罪などではない、だから良心の呵責を覚える必要はないと男が公言し、同時に、教会がこれとは反対のことを拘束力のある教えとして伝えていることをたしかに知っている場合に限られたのである。宗教裁判官は多くの魔術的行為に見て見ぬふりをしていた。その背後に教会の教義にたいする攻撃があるとは思っていなかったからである。未来のできごとや隠されているものを明らかにするための手相占いなど、比較的単純な術のたぐいはそうだった。こうした迷信はじつは教会の最上層部にまで滲透しており、教皇クレメンス四世（一二六五—一二六八年）については、少なくとも二度、自分から予言者を訪ねたことが知られている。最初は一二六一年の末、それまでナルボン大司教であった彼が枢機卿に任命されたあと、二度目は、すでに教皇に選出された一二六五年のことである。選挙結果を受け入れる前に教皇在位の見通しを知っておきたかったのである。[12] 星占いも十六世紀までは教皇がこれを断罪することはなかった。

これにたいして宗教裁判官が注意を怠らなかったのは、悪魔や異教の神々が介入したときである。容疑者が、たとえばひとを愛するように仕向けるなど、術を使って他人の自由な意志をねじ曲げることができると信じている場合も、油断するわけにはいかなかった。教会は意志の自由と、それにともなう一人ひとりの人間の個人としての責任ということを、つねに力説していたからである。

いずれにしても十三、四世紀当時は、宗教裁判官が民衆のあいだに広まっていた魔術を扱うことがあったとしても、それはごく控え目なものにすぎなかった。宗教裁判官が同輩や後輩のためにしたためた手引書でも、むろんこの問題は事細かに論じられている。たとえばベルナール・ギ（一二六一頃—一三三一年）は容疑者への尋問に役立ててもらいたいと、一冊の尋問範例集を残した。その巻末には、カタリ派、ヴァルド派、その他の異端者のあとにつづけて、予言者、透視術者、悪魔を呼び出す術師が列挙されている。尋問は最初に、愛の魔法、透視、収穫の恵み、病気治癒といった主題をめぐって提示される。「彼らは夫婦の和合といさかい、石女《うまずめ》の受胎に関して、何を知っているか、知っていたか、あるいは何をなしたか」、また、この目的のために「食事に毛髪と手足の爪を混ぜること」についてはどうか。つぎに「死者の霊魂の居場所について」さまざまな思弁が展開され、場合によっては死者の霊魂の助けを借りて「未来のできごとを予言」し、「盗まれた財産を発見し、隠された品物を見つけ出す」ことについて語られる。

白魔術を扱う章の冒頭におかれているのは、「夜間に外出するとうわさのある『正義の連中』と呼ばれる悪しき女たち」に関する尋問である。すでに『司教規範《カノーン・エピスコピー》』で罪ありとされている女たちの夜間飛行の信仰がここに現れている。ただし、この女たちは多大な恵みをもたらす働きをしているのだという。これに続いてこの宗教裁判官は、「果実と薬草への歌による讃美とまじない、その種の呪文と歌を教えた者、もしくはそれらを教わった相手、魔術の呪文による病気平癒、膝を曲げ、主の祈りを唱えつつ顔を東に向けてする薬草集め、またこれらと不可分な巡礼とミサ、および蠟燭の寄進と喜捨の慣行」を、一つひとつ詳しく列挙していく。

ここにはすでに魔術的な慣習とキリスト教の信心形式との混淆が示唆され、その詳細な記述が続く。「とくに念入りに調査すべきことは、迷信、教会の秘蹟にたいする畏敬の欠如と侮蔑、わけても聖体の秘蹟にたいするそのような態度である。同様に、ミサと聖別された場所、聖体拝領の妨害、教会から聖油を盗む行為、蠟製の像など洗礼を受けた品々、あるいはいかなる使用ないし目的であれ洗礼をまねる行為、各種の像を鉛でこしらえること、その手続きと目的についても調査が必要である」。

行為の情状、その時どきの技術に関する知識とその頻度、不法行為の重大性についても詳しくつきとめることが求められている。「このような行為をだれに習い、もしくは聞いたか、どれほどの期間このようなわざに携わったか、かかる助言を求めるために、だれが、そして何名の者が、とくに一年以内に訪れたか」、そうして「その代償としていかなる財貨もしくは贈り物を手にしたか」。

その場合、行為が罪深いものであること、あるいは異端的行為であることを、被告人が明確に認識していたかどうかによって、当人の罪の判断は大きく左右された。かつて一度でもこの種の不法行為の責任をとらねばならなかったとすれば、もはや疑う余地なき事例となった。「当該被告人にとくにそれが禁じられていたかどうか、またそれはだれによってか、さらにこのような行為を二度としないと誓絶し約束していたかどうか、誓絶と約束ののち累犯にいたったかどうか、同人が他人に伝えたとおりの事情であったことを信じたかどうか」[13]。

宗教裁判所は二種類の誓絶を区別していた。一つは軽イ形式ニヨル（*de levi*）、すなわち、比較的軽

痛悔し，累犯でないため死刑判決にはいたらない被告人．通常裸足で，蠟燭とロザリオを持ち，サンベニート（異端者を表す黄色の十字架をあしらった上っ張り）を着用する．Philippus a Limborch, *Historia Inquisitionis*, Amsterdam 1692 より．

微な不法行為の場合に、宗教裁判所法廷でだけ、つまり公衆を排除して行わせ、被告人をさらし者にしない軽い形式と、重イ形式ニヨル（*de vehementi*）、すなわち、特殊なミサ、「信仰の儀式」、スペイン語でいうアウトダフェーの枠内で行うものとである。後者にあっては、累犯にたいして死刑を含むもっとも峻厳な刑罰が科されることもあった。

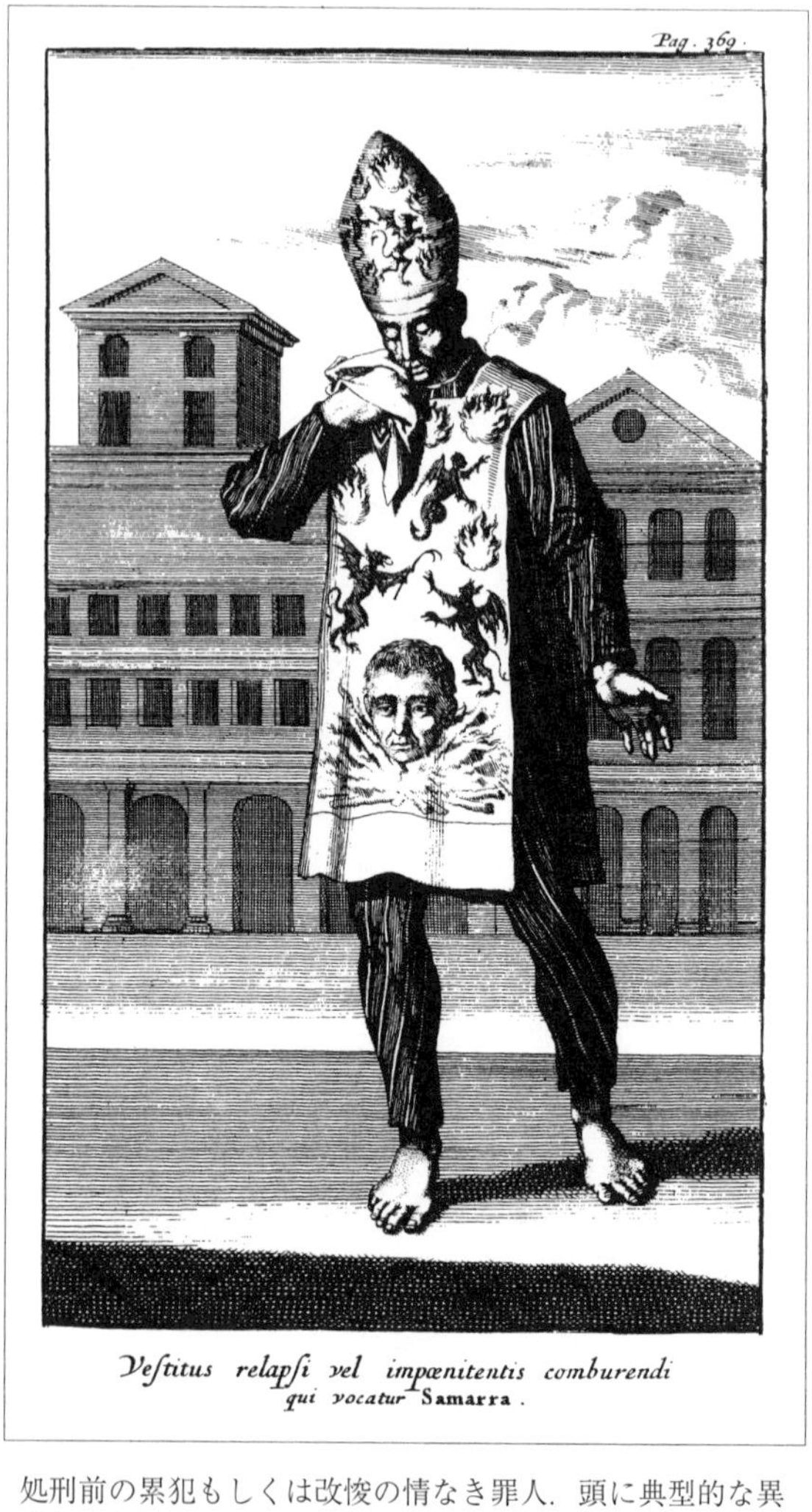
Pag. 369.
Vestitus relapsi vel impœnitentis comburendi
qui vocatur Samarra.

処刑前の累犯もしくは改悛の情なき罪人．頭に典型的な異端者冠をかぶっている．サマッラと呼ばれる上っ張りの図柄は罪人の身に間近に迫るものを表している．Philippus a Limborch, *Historia Inquisitionis*, Amsterdam 1692 より．

透視者、予言者、悪魔を呼び出す術師の誓絶の文句は、ベルナール・ギの手引書によればつぎのようなものである。

「わたくし何某、……出身、……教区は、宗教裁判官何某の法廷において、われらの主イエス・キリストのカトリック信仰にたいする、わたくしの過ちと異端行為とを誓絶いたします。わけても、第一に、各種の像ないし愚かな品々にたいする各種の洗礼を、また、定めにのっとってすでに授洗した者にたいするあらゆる再洗礼を、

第二に、キリストの聖体もしくは聖別された油を用いるあらゆる透視術ないし加害魔術を、

第三に、わけても悪魔どもにたいする崇拝と崇敬、忠誠の誓いないし奉献をともなう、あらゆる透視術と悪魔どもへの誓願を

わたくしは誓絶いたします。

同様に、聖ゲオルギウスのわざと呼ばれるあらゆる術を誓絶いたします」。

聖ゲオルギウスのわざというのは、一定の呪文を唱えながら指の爪に油を塗り、幼い男児にそれを見せて、何が見えたかを言わせることによって、隠された宝物を発見するというものである。

「広く、罪ありとみなされたあらゆる魔術（*sortilegia*）を、わけても禁じられたことをなし、害を加えるための魔術を、誓絶いたします。

同様に、場所と時とを問わず、上述のごときわざをなす者があれば、全力を傾けてこれを宗教裁判官ないし高位にあられる聖職者にお届けすることをお約束し誓います。

また同様に、カトリック信仰を堅持することを誓い、お約束いたします[14]」。

魔女のサバトへ飛んでいき、そこで狂宴をくりひろげ、加害魔術をたくらむ悪魔一味、そういう意味

での魔女は、十三、四世紀にはまだ存在せず、それゆえ魔女迫害も見られなかったのである。

宗教裁判官ベルナール・ギの目録は一三〇八年から一三二三年までのあいだに下された六三三件の判決を列挙している。これらはカタリ派、ヴァルド派、その他の異端者にたいして申し渡されたものである。このなかに魔術の判例は一つもない。判決のほぼ半数（三〇八件）が禁錮刑、一五三件が黄色い異端者の十字架着用（衣服に描かれたしるしであり、これによって着用者がかつて異端者であったことが認識できる）もしくは巡礼義務、四一件が死刑（生きたまま火刑に処するもの）であった。それ以外は物故者もしくは逃亡者にたいして申し渡されたものである。

これに関連して注意をうながしておきたいのは、ウンベルト・エーコが長編小説『薔薇の名前』でベルナール・ギのことを、恐怖を蔓延させる狂信的な魔女迫害者、異端迫害者として登場させていることである。次章に述べるヨハネス二十二世にたいする魔術を用いた暗殺計画も含めて、小説家は細部にわたる厖大な歴史的事実を、夜間、黒猫にまたがってサバトへ飛んでいくサタンの愛人たちの姿と混ぜあわせる。しかしこれは一三二五年ごろという時代設定からすると一つの時代錯誤である。なぜなら、加害魔術を弄するだけでなく悪魔の一味をも結成するこの種の魔女の実在が信じられるようになるのは、さらに一世紀ほど時代が下ってからのことだからである。同じく、エーコが主人公バスカヴィルのウィリアムに、「薔薇」、つまり誤解を受けて魔女だと暴露されるあの秘密にみちた娘の運命をつぎのように予言させるのも、自由な創作である。「わたしが聞いたところによると、ベルナール（・ギ）は旅の途中で、同業のジャック・フルニエと会うつもりだ（この名前に注意してもらいたい。この間にもフルニエはまだアルビジョワ派を火あぶりにしているが、もっと出世したいと願っている）。そうして餌食になった罪人名簿に載っている一人の美しい魔女が両人の威信と名声とを高めるのだ……」[15]。事実、教皇

（ベネディクトゥス十二世、在位一三三四―一三四二年）にまで登りつめることとなるジャック・フルニエもベルナール・ギも、かつて魔術か魔女術かを理由に死刑判決を下したことはないのである[16]。

一三三〇年ごろまではまだカタリ派の残党が南フランスと北イタリアの宗教裁判官たちの注意を引いていた。もちろん厳密な意味での異端者にたいする迫害の過程で調査が進むにつれ、迷信にもとづく習慣が確認されていった。ジャック・フルニエの詳細な尋問記録を読むと、そのなまなましい実態が髣髴とする。のちに教皇となるこの人物は、ラングドックでパミエ教区の司教をしていたころ（一三一七―一三二六年）、宗教裁判官の協力を得ていくつもの訴訟を手がけ、きわめて精力的かつ入念慎重に事を進めた。みずからほとんどすべての審理を指導し、良心的な尋問記録の作成に意を用い、その結果として、フランスのピュレネー地方、モンタイユー村の生活事情に関する委曲を尽くした情報を後世に伝えたのである。最後のカタリ派の足跡をたどりながら、農民のあいだで行われていた魔術についてもフルニエはいささか知るところとなった。モンタイユー出身、ポンス・アゼマの未亡人アラゼなる人物の供述が調書として残っている。

「モンタイユーの司祭の父親ポンス・クレルゲが死んだとき、その妻メンガルドが、アラゼと、ギヨーム・プルセルの妻ブリュンに、死人の額の髪と手足の爪を全部切っておきなさい、そうすればポンスの家にいいことがあるから、と言った。そのためアラゼは、上述のブリュンと、死人の寝ている家の戸を閉めたあと、言われたとおり実行した。二人は切った髪と爪を同家の下女ギジェメットに渡した。アラゼの供述するところによれば、髪と爪はこの下女がメンガルドに渡したものとアラゼは信じている。髪と爪とを死人の体から切り取るときなんらかの呪文を唱えたかと尋ねられたとき、アラゼはこれを否定した。その場に居合わせたのはだれかとの問いに、同女は、自分と上述のブリュン、それに下女のギジェメットだけであると答えた。さらに、これを行ったのは、遺体を洗う前か後かと質問されると、この地方では遺体を洗う習慣はなく、顔に水をかけるだけであるから、このように水をかけたあとで行ったと答えた。

　メンガルドにそうしなさいと助言したのがだれか知っているかと尋ねられると、ポンスが死んだとき、モンタイユーのヴィターレの未亡人ブリュンが、自分のいる前でメンガルドにつぎのように語ったと、アラゼは答えた。『奥さん、男の人が死んだら、その人の髪の毛と、手足の爪を切り取ると、死人は自分が出ていく家の星、つまり幸運を一緒にもっていかないという話を聞いたことがありますよ』と[17]」。

　もう一人の被告人、未亡人ベアトリス・ド・プラニソルの場合は、疑惑の品物が発見されていた。女は孫の臍帯を持ち歩いていたことを認めた。「そうしていると……訴訟で負けないと、洗礼を受けたユダヤ女が教えてくれたからである」。革袋に保管していた亜麻布についた血痕は「娘フィリップの経血である。初潮のときの血をとっておいて、あとで夫かほかの男かに飲ませなさい、そうすれば男がほかの女に気を取られることがないからと、洗礼を受けたユダヤ女に教えられたからである。娘が少し前に初潮を迎えたとき、娘の顔をのぞき込むと、赤くなったことに気づいたので、何かあったのかと問うた。娘は陰門から血が流れたと答えた。そのとき同女は洗礼を受けたユダヤ女の言ったことを思い出した。同女は血のついた娘の下着の一部を切り取ったが、それではまだ不十分だと思ったので、別の亜麻布の生理帯を与え、今度また生理があったらこれを使いなさいと指示した。娘は言われたとおりにした。母親は血を水に溶かして将来の夫に飲ませるべく、その布を乾かしておいた。この年フィリップが結婚したので、母親はそれを夫に飲ませようとした。しかし婚姻が締結されるのを待ったほうがいいと考え、そのときにはフィリップ自身から夫に飲ませることにした。しかし母親が逮捕されたとき、まだ婚姻は締結されておらず、婚礼も行われていなかったので、母親は男に飲ませるにはいたらなかった[18]」。

この宗教裁判官にとってこれは取るに足りない事例であった。悪魔はまったく関与せず、間接的に悪魔の助力があてにされることさえない。これは異端の迷信とはいえないものであり、そもそも宗教裁判所の管轄外の事案であった。しかしカタリ派の異端行為となると話は違う。被告人はみずからの過ちをすべて正式に誓絶したのであるから、さしあたり禁錮刑を申し渡された。一年後に司教がこの刑をくつがえしたため、女はそれ以後、衣服に異端の黄色い十字架をつけなければならなかった。

女性四八人を含む一一四人の被告人が、たいていは異端の罪で法廷に立った。申し渡された死刑は五件、うち四件がヴァルド派にたいするもの、一件がモンタイユー出身のカタリ派累犯にたいするものであった。それ以外の被告人は恥辱のしるし、すなわち異端の十字架をつけるか、牢に入れられるか、でなければ財産を押収された。

フランスの歴史家エマニュエル・ルロワ・ラデュリは、ジャック・フルニエの宗教裁判活動に関連してつぎのような評価を下している。調書から「われわれはこの司教を、毅然とした、頑固一徹にして頭脳明晰な、そうしてこの公職を特徴づけるのにこのような言いかたが許されるならば、人情味あふれる宗教裁判官ではなかったかと想像する。彼の犠牲者が認めるほかなかったように、司教は『小羊の出産を助ける』、つまり真実を白日の下にさらすすべを心得た人物であった[19]」。

第3章　十四世紀の教皇と宗教裁判官

グレゴリウス七世の時代このかた、教皇権力は、世俗権力、とくに皇帝権からしだいに独立の度を増し、むしろ独自の覇権を強く求めるようになった。しかしそのためフランス王の抵抗にあった。それがあまりにも手ごわいものであったため、教皇は一三〇九年、居をアヴィニョンに移し、後継者たちはその後一三七八年までここに教皇庁をかまえ、「バビュロン捕囚」をかこつこととなった(1)。

一三一六年から一三三四年まで教会の頂点にあったのはヨハネス二十二世である。彼は中世の他の教皇とは比較にならないほど徹底した態度で魔術問題に取り組んだが、それは時代の要請だった。事実、十四世紀初めのフランスとイングランドでは、魔術的手段を用いた世間の耳目を集めるような犯罪が矢継ぎ早に報告されていた。ヨハネス二十二世の在位中にも教皇にたいする陰謀が影を落とし、関与した者たちは毒物と魔術の道具を使おうとした(2)。同じころフランス王宮でもこの種の事件が人心を騒がせていた。三〇〇年以上もイル・ド・フランスからフランスを統治したカペー朝の歴代国王は、ドイツの君主とは異なり、総じて長寿をまっとうした。ドイツの君主はフランスの支配者とはちがい、決まった居城をもたず、つねに帝国内を旅するというひじょうな苦労を引き受けた。だからこそフランスで一三一四年以降、一二年間に四人もの王が死んだのはなおさら大きな驚きであった。すでに一二八五年にはバイエ司教の甥が豪胆王フィリップ三世[3]に魔術をかけた濡れ衣を着せられて処刑されていた。なにか謀叛でも起こるのではないかという漠たる不安が広がっていたが、これに火をつけたのが、一三〇八年から一三一三年にかけて行われたテンプル騎士団[4]にたいする名高い訴訟である。

富を蓄えてはいたが、聖地の喪失（一二九一年、キリスト教最後の砦アッコが陥落した）によって活動停止状態に近かった修道会は、かねてフランス国王のねたみを買っていた。騎士団の修道士たちは悪魔崇拝者だと言いがかりをつけられ、フランスに本部をおいていた修道会の指導部が——教皇の宗教裁判官たちの関与もあって——告発され、死刑判決を受け、財産を王国に没収されたのである。

皮肉なことに、よりにもよってテンプル騎士団を迫害してきた大臣アンゲラン・ド・マリニまでもが、その助手を務めていた一人の女性とともに、一三一五年に犠牲となった。二人が蠟人形を使って王家をなきものにしようと魔術的攻撃をくわだてたというのである。世俗裁判所の判決ののち、男は絞首刑、女は火刑に処せられた。

権威筋にたいする魔術訴訟のどれもが有罪判決にいたったのではない。たとえば王家抹殺をくわだてた容疑でトロワ司教ギシャールが告発されたときは、何年もかかった訴訟の末に、この一件が中傷であることが判明したため無罪判決が下った[5]。

ということは、当時の人々も魔術の告発をいちいち真に受けていたわけではなく、事がらの真相をきちんと究明しようとしていたということである。教皇ヨハネス二十二世にたいする謀議にたいしてもこのような思慮が働いた。そのときの尋問調書がほとんど保存されており、おおぜいの共謀者の告白を読めば、個々の発言を再構成し、事件の顚末を細部まで追跡することができる。事件の中心にいたのは、一三一二年にカオル（トゥールーズの北）の司教に就任したユグ・ジェロである。(6)

ヨハネス二十二世が教皇に就任した直後の一三一六年、ジェロ司教にたいする重大な告発状が同司教区から教皇のもとに届けられた。それは司教の権力濫用と、シモニアすなわち聖職売買とを非難するものであった。教会法にのっとった訴訟のためにユグ・ジェロがアヴィニョンに召喚された。訴訟の流れからすれば、被告人は免職を覚悟せねばならなかった。そこで教皇とその腹心の部下である二人の枢機卿をなきものにする計画が司教の胸にきざした。そうすればつぎの教皇と教皇庁のほうが今よりも自分に好意をもってくれるのではないかと期待したのである。司教はそれを実行するため二つの道具を使うことにした。毒薬と魔術とである。厳格な誓約によって司教に秘密厳守の義務を負っていたおおぜいの人物がこの企てを明かされていた。教皇宮殿に仕える二人の騎士が金を握らされ、教皇の食事と飲み物に少しずつ毒を混ぜることになった。ヨハネス二十二世は老人であったから、自然死に見せかけようというのである。さらに魔術用の蠟人形を使って、目標とする三人の人物を暗殺することも計画に含められた。蠟人形は当該人物をかたどり、その後、秘密の儀式で象徴的に殺されることとなった。

最初になすべきことは道具類の製作と、それらの正しい使用法について厳密な知識を得ることであった。この仕事を請け負ったのは、おもに教皇財務官エムリク・ド・ベルヴェゼである。そのためベルヴェゼはトゥールーズに赴き、ほかの共謀者がモンペリエから毒薬を、リモージュから蠟人形を取り寄せた。

予行演習が行われたのは一三一七年一月のことである。エムリクが最初の蠟人形をアヴィニョンに送った。と同時に、魔術を説明させるため一人のユダヤ人を送りこんだ。蠟人形は教皇の甥と枢機卿ジャック・ド・ヴヤを模して作られた。ある金曜日、司教邸で人形に水と聖香油とで洗礼が施された。そのときユダヤ人が一冊の書物からラテン語、ギリシア語、ヘブライ語の章句を朗読し、司教はユダヤ人の言うとおりに復誦した。月曜日、魔術師は司教の使用人の一人に魔術を説明した。魔術を始めた者は最後までそれをやりとげねばならぬ。週に一度刺すだけで足りるにちがいないが、それで不十分なら、つぎの新月のあとの毎週月曜日、水曜日、金曜日にそれをくりかえさねばならぬ、と。司教と、司教のもっとも信頼する腹心の部下であった主席司祭ピエール・フクイエは、銀の切っ先をもつ短剣を手にとった。教えられたとおり、司教が蠟人形の脚部と腹部とを、主席司祭が両脇腹を、つぎのように唱えながら刺した。「この像を刺すごとに、アヴィニョンの枢機卿がわれらのために教皇と和解するまで、枢機卿の体に命中するがいい。そうでなければ命を落とすであろう」と。同時に二人は詩篇第一〇八を朗誦した。「ワレヲ迫害セル者ハ四散セシメラレルベシ……彼ノ残リノ日々ノ数エラレンコトヲ（Confundantur qui me persequuntur ... Fiant dies eius pauci）」。

その間もエムリクの工作がトゥールーズで進行していた。そして三人の貴族と二人の聖職者がこれに加担した。彼らは蠟を買い、洗礼を受けたあるユダヤ人のもとにそれを運んだ。ユダヤ人は彼らに、蠟で教皇と二人の枢機卿とを模した像をこしらえようと約束した。三日後に像は完成した。ミサを司式する司祭のごとき衣裳をまとった教皇と、その特徴をよく表す大きな帽子をかぶった両枢機卿とである。帽子は一部着色されていた。

同時にトゥールーズの共謀者たちは毒薬も調達した。そのうえヒキガエル、トカゲ、クモ、ネズミの尻尾を入手して薬屋に持参した。薬屋はそれを全部焼いて粉にせよと命じられた。そのほか薬種の一覧表も渡された。二、三日して彼らは注文の品を受けとった。粉だけでなく砒素も、さらには砒素と豚の胆汁を混ぜあわせたどろどろした白い液体、それに水銀を受けとった。薬種のなかにはセンナの葉とクマツヅラとサルヴィアがあった[7]。

翌日、共謀者のうち二人がトゥールーズの処刑場へ向かった。一人が絞首台に梯子をかけた。もう一人がそれに登り、絞首刑にされた罪人の脚部から肉片を切り取り、ほかにも髪と手足の爪を採取した。二人はさらに、地面に落ちている絞首用の縄の一部と、路上に見つけた死んだ犬の尻尾とを、その全体に添えた。

共謀者たちの求めに応じてガノスの司教ベルナール・ガスクは、一二人の証人の前で三体の蠟人形に洗礼を施した。それが教皇と二人の枢機卿にたいする暗殺計画であることを司教は知っていたといわれる。

つぎに像と毒薬とをできるだけ安全にアヴィニョンまで運ばねばならなかった。そのためにパン屋で適当な大きさのパンを三個買い、中をくり抜き、衝撃を防止するためガチョウの羽でつくった筒に像を納め、一つずつパンの中に入れた。さらに、硫黄を混ぜた毒薬を入れた箱と、絞首台にぶらさげられた男の体の一部、それに犬の尻尾の一部もパンの中に入った。人形の一体一体に添えられた白い羊皮紙には、共謀者の一人がみごとな手でつぎのような文句を書いた。

「教皇ヨハネスハ死スベシ、他ノ何者ニモアラズ（*Papa Johannes moriatur et non alius*）」。

「ベルトランドゥス・ド・ポアイエハ死スベシ、他ノ何者ニモアラズ（*Bertrandus de Poyeto moriatur et non alius*）」。

「ガウケルムス・ヨハニスハ死スベシ、他ノ何者ニモアラズ（*Gaucelmus Johannis moriatur et non alius*）[8]」。

パンは小麦粉を接着剤にしてうまく閉じあわせ、細心の注意を払って梱包された。粉と白い液体と砒素の残りは混ぜあわせ、サルヴィアと塩の入った袋と一緒に、二つ目の小包にした。

その秘密の荷を三人の使者がアヴィニョンへ運んだ。到着すると三人はとある旅籠に投宿した。そのうちの一人がまず毒薬を持ち、司教のもとへ運んだ。帰る途中、彼は他の二人の同伴者が身がらを拘束され、パンの包みも没収されたことを知った――おそらく匿名の密告があったのであろう。謀議の少なくとも一部を知らされていた者があまりにも多かったからである。この第三の男はその年の末までまんまと姿をくらましていた。

その小包から、教皇と二人の枢機卿にたいする暗殺計画が捜査当局の知るところとなった。しかし首謀者はだれだったのか。司教の饒舌が教皇代理に情報を提供した。

しかも捕まった使者はどちらもトゥールーズ出身であることを示す名を名のった。トゥールーズの共謀者のうち二人はただちに拘引され、拷問を受けることなく事件への関与を認めた。しだいに逮捕者が増え、たとえば薬屋と補佐司教ベルナール・ガスクにも事情聴取が行われた。ただしガスクは容疑を否認した。

エムリク・ド・ベルヴェゼも最初は無罪を主張したが、その後、拷問を受けて容疑の一部を認め、さらにもう一度これを撤回したのち、最後には罪を認めた。

一三一七年五月十日、司教ユグ・ジェロ自身がはじめて尋問を受けた。当初は全面否認していたが、複数の証人と対決し、おそらく拷問の使用を示唆されて、毒薬を調達させたのは自分だと認めた。しかし蠟人形については口を割らなかった。が、「控えめ」な責めを受け、六月、すべてを告白、枢機卿の蠟人形を刺したことも認めた。

六月十三日、魔術による暗殺計画の最初の試行で標的とされた枢機卿ジャック・ド・ヴヤが死亡した。当然のことだが、当時、枢機卿が、毒物か、なにか新手の魔術的暗殺計画の犠牲となって倒れたのだと信ずる人も少なくなかった。

ヨハネス二十二世は司教ユグ・ジェロを八月四日にはじめて召喚した。死亡した枢機卿ジャックの弟である枢機卿アルノ・ド・ヴヤ、枢機卿のもう一人の兄弟、二人の司教代理、書記官一人が同席した。司教が尋ねた。「そちはなにゆえこのような試みに手を染めたのか。この毒物とこの像とを準備するようにそちを仕向けたのは何か。そちはつねに公平な扱いを受けてきたのではなかったか」。司教は涙ながらに答えた。まちがったことをしたと自覚しております、「コノヨウナコトヲシタノハ、オノガ愚昧ユエ（*hoc facit propter stultitiam suam*）」、しかしこのような手段を使えば司教職を失うことはないと信じておりました、と。(9)

翌日からの数週間、被告人は教皇の前で自白を続けた。これにもとづいて教皇は、教会法に照らすならば、毒殺は剣によってなされる殺人よりも罪が重く、魔術を用いた殺人には毒殺よりもさらに重い罰が科せられる、なぜなら像に洗礼をほどこし、刺しつらぬくときに呪文を唱える以上、そこには瀆聖行為があったからである、結局のところこれは国王殺害にも比せられるべき暗殺計画にほかならない、しかし地上における神の代理人をなきものにせんとするものであるから、余の見るところその影響は甚大である、と言明した。

これが判決であった。一三一七年九月三日に執行された処刑については、ある年代記に読むことができる。「この年、一三一七年に、かつて教皇クレメンスの伝旨官を務め、現在カオル司教であるユグ・ジェロは、教皇ヨハネスにたいし暗殺を企てたとの告発を受け、一三一七年初めに［司教としての地位の濫用のとがにより」終身刑を申し渡されていたが、その後一三一七年八月に聖職を剝奪され、頭髪を剃られ、布に覆われた姿で、世俗の司直、すなわち教皇軍の元帥に身がらを引き渡された。元帥は同人を何頭かの馬の尾につなぎ、教皇宮殿より市中をくまなく引き回させ、ついに同人は野において火刑に処せられた」[10]。司教の共犯者のうち主席司祭ピエール・フクイエも同様に処刑されたものと思われるが、他の共犯者にはおそらく懲役刑が科せられたであろう。

徹底した捜査のおかげで、事件の経過が実際にどのようなものであったか、かなりの程度まで再構成できたのではないだろうか。魔術による教皇暗殺が計画されている、といったどんなうわさにも頼ることなく、「罪びと」が探索され発見されたのである。一三二〇年にロンバルディア出身のある聖職者が、ミラノのヴィスコンティ公爵家からこの種の謀議に加わるよう働きかけを受けたという話を持ち込んだとき、ヨハネス二十二世は、おそらく一方の証人だけでは証拠不十分だと判断したからであろう、これに応じなかったのである。一三三七年にもベネディクトゥス十二世は、ベジエ教区の数名の聖職者と俗人が自分たちの司教ギヨームにたいし、同司教が蠟人形を使ってヨハネス二十二世をなきものにしようとしたという嫌疑をかけたとき、これに反対する態度を示した[11]。

ジェロ事件における信頼すべき証言と自白とを手がかりにすれば、学者魔術、とくに加害魔術が実際にはどのように使われたのか、その形式を洞察することができる。ここには同じ時代にジャック・フルニエがモンタイユーで目のあたりにした民間の迷信、たとえば死人の髪と爪をお守りにするなどの迷信と一致する点も少なくない。が、総じてむしろ相違点のほうが多かった。暗殺計画のために、どうやら専門家が起用されたらしい。一つは薬物と毒薬の調合のために、そうしてとくに蠟人形の製作のために、しかも技術上の関心から専門家が呼ばれただけではなかったようである。像による魔術を扱いなれた専門家も必要だったのである。モンタイユーでもそうだったように、ここでもユダヤ人が呼ばれた。これは偶然ではない。むしろ、おそらくはスペインのキリスト教、ユダヤ教およびアラビアの混淆文化に、アラビアや、さらにアラビアをつうじて間接的にヘレニズムおよびインドの秘伝知識が伝えられたことと、関係があったものと思われる。スペインでは一二五六年にアラビアの魔術指南書『ピカトリクス』がラテン語に翻訳された。ここには愛の魔術に用いる蠟の護符の製作についても言及がある。しかし「マレフィキウム」すなわち加害魔術に関する記事は見当たらない。この手の危険な知識はおそらく秘伝扱いされ、口頭で伝えられていったのであろう。[12]

『ピカトリクス』の影響がいっそうはっきりと見てとれるのは、一三二〇年代にカルカソンで起きた愛の魔術の一件である。あるカルメル会修道士が、たびたび「デーモンの助力を請いながら」、すなわち異教の神々（おそらく惑星の位置に注目したという意味であろう）に呼びかけながら、都合五体の蠟人形を作り、これを卑猥な目的に使用したかどにより、当地の宗教裁判所で「永久禁錮」の判決を受けた。織物をまとわせた人形に、ヒキガエルの血と修道士自身の鼻血および唾液とをもって洗礼をほどこし、これらを情欲の対象となった女の住む家の敷居の下に、ひそかに埋めておいた。女のうち三人は恋に狂った修道士の求愛に応じたといわれるが、他の二人にたいして思いを遂げることがかなわなかったのは、単に男が他の修道院に配置換えとなったからにすぎない。「成功」後、男は蠟人形を川に投げ入れ、その際、突風でその存在を知らせたデーモンに一匹の蝶をささげたという。ただ、この箇所は話ができすぎている。蠟人形を刺しつらぬくと人形が出血したという主張も同様である。このとき宗教裁判官たちは被告人から、あからさまな悪魔の関与という答えを無理やり引き出したとみなしていいであろう。しかし魔術に像が用いられたこと自体はいかにもありそうなことであるが、そうでなくてもこの一件からは、少なくとも宗教裁判官が魔術関連文献に精通していたことがわかる[13]。

一三二三年にトゥールーズの大司教裁判所で行われた証人尋問も、実際にあった事件をかなり忠実になぞったものと思われる。これは加害魔術あるいは愛の魔術ではなく、透視術をめぐる裁判であるが、魔術の道具として、ここでも像、この事例では鉛の像が使われた。道具はペトゥルス・ライムンドゥス・スパルネーリウスなる人物の家で発見されていたが、そのため、当初介入した世俗裁判所は本件を聖職裁判官にゆだねた。容疑者は詳細な自白を始めた。

「数年前、同人がローマ教皇庁より帰国した折、同人宅に居住するサンクトゥス・スプリーキウス修道院長が上の階でペトゥルス・エンゲルベルトゥス、ペトゥルス・ファーベル、およびその心酔者ベルトランと密談していた。四人がようやく階下に下りてきたので、いったいどのようなことを密談していたのかと同人は修道院長に尋ねた。修道院長は同人に、『貴君には関係のない話だ、なにしろ貴君は話好きだから、ひとに漏らさないではいられまい。しかしだれにも話さないと約束するなら、教えて進ぜよう』と答えた。証人がそれに同意すると、修道院長は一枚の羊皮紙を見せた。そこには人の絵が描いてあった。『ひとに悟られず、この絵にあわせて石の型を作ってくれそうな人物を探してくれと、ペトゥルス・エンゲルベルトゥスに頼んだのだ。その型で鉛の人形をこしらえたら、人形がしゃべるだろう。われわれ月に一度、人形は尋ねられたことについてほんとうのことをわたしに教えるだろう。たとえば、われわれとのあいだに悶着の起こっているアルクィンナについて真実を語るだろう。それから、ヴィコント・ブリュニケリの娘どもに男がいるかどうか、ほんとうのことを教えてくれるだろう。なにしろヴィコントは娘に男がいると思い込んでいて、どんな手を使ってもいいから真相を探ってくれとわたしに懇望したのだ』。このほか同人は、ペトゥルス・エンゲルベルトゥスがペトゥルス・カルヴァエッツリを模した人形を作らせたとも語った。その型で鉛を溶かして三体の人形を作り、修道院長が長持ちに保管していた。長持ちの鍵は証人の母親が修道院長に渡したものだった」。

証人に立ったトゥールーズの聖職者ペトゥルス・エンゲルベルトゥスはこの供述が真実であることを認めたうえで、さらにつけ加えて言った。わたしと修道院長のいる前でペトゥルス・ファーベルは、鉛の人形に話をさせる能力が自分にはある、ただし作るときその条件をみたすような星位でなければならない、そうすれば人形は隠された宝の場所を明かすだろう、と言った。わたしとペトゥルス・ファーベルのいる前で修道院長が鉛を溶かして像をこしらえた。しかし正しい星位のときにこしらえたものではないから、なんにもならない、と。像にはサソリの絵と、その背景に文字が描かれていたが判読できなかった。しかしそこにはソロモン王と書かれていたように証人は思った(14)。

学者魔術を相手にしたこのような経験があったからこそ、ヨハネス二十二世はこの種の術を撲滅する布告を出した最初の教皇となったのである。何人かの歴史家のように(15)、迫害妄想と紙一重の魔術信仰やデーモンへの畏怖がこの教皇にあったとみなすのは当を得ていない。問題が幾重にも折り重なり、教会の迷信と科学的合理性とを対立させる単純な発想が説得力をもたないことは、金をこしらえることができると主張する錬金術師たちを牽制するある決定を読めば明らかであるが、この決定をこれらの歴史家は一顧だにしない。「貧しい者たちがみずからつくりえない富を約束するのと同様に、みずからを聡明だと考えている錬金術師は自分の掘った穴に落ちる」。教皇の意思によれば、この手の詐欺師には、自分たちが作った贋金《にせがね》と同量のほんものの金を、贖罪として貧しい人々に与えさせる、それができなければ懲役その他の刑に服させるという。金を作るわざ、一般に錬金術と呼ばれるものは、よく知られているように中世の「科学」であって、ここでは魔術と自然学とが重なりあっていた。このことを念頭におけば、自分たちのなかから大多数の宗教裁判官を出していた大学出のドミニコ会士さえこの種の実験に手を染めていたとしても、とくに驚くにはあたらない。一三二三年、修道会総会はすべての会士にたいし、錬金術に携わることを禁止し、所有する関係書籍を焼却するよう命じた[16]。

実際に行われた学者魔術にたいして教皇ヨハネス二十二世がとったこの種の措置も、この文脈で考えることができる。枢機卿ギヨーム・ゴダンは、一三二〇年、教皇の名でトゥールーズとカルカソンの宗教裁判官たちに、つぎのような者への取締りを開始する権限、すなわち全権をゆだねた。すなわち、

―デーモンを崇敬し、目に見えるしるしとしてデーモンに文書もしくはほかの品を与える者。

―デーモンとのあいだで明文化された契約を締結する者。

―デーモンを呼びだすために、蠟その他の材料によって像を作り、もしくは作らせ、その像に洗礼をほどこす、ないしはほどこさせる者。

―魔術に用いる目的を自覚して、洗礼、堅信、司祭叙階の秘蹟をくりかえし行う者。

―聖別されたホスチア、その他秘蹟に用いる品を、予言（*sortilegia*）または加害魔術（*maleficia*）に濫用する者。訴訟は、異端者撲滅のために宗教裁判官と司教とに共通する措置を定めた諸規定に照らして進めるものとする[17]。

この決定の準備段階で教皇は、二名の修道会総長と五名の司教とを含む一〇名の指導的神学者――そのなかの一人がジャック・フルニエ、のちの教皇ベネディクトゥス十二世である――から、ある根本問題に関する鑑定書を取り寄せた。上掲のごとき魔術は単に予言術のごときものとみなすべきか、それとも異端行為と評価すべきか。これにはいかなる処罰を科するべきか。したがって、これがどちらかというと軽微な不法行為なのかそれとも重大な不法行為なのか、また、これらについて権限をもつのは司教

のみか、それとも――異端の場合ならば――教皇の宗教裁判官も権限をもちうるのか、という判断も、右の問題にたいする答え次第で変わってくるのであった。量刑について神学者たちは明快な回答を出すことができず、判断を教会法学者にゆだねたが、彼らの水準の高い詳細な論述には少なからず見解の相違も認められたものの、実行された魔術には異端の疑惑を生じさせるものがあるが、疑惑が正当なものか否かは、その場合に応じて決するほかないという点で意見の一致をみた。[18]

鑑定者の一人は魔術的儀式そのものについて自説を詳しく展開した。彼は魔術に用いる品それ自体にはなんら効力はないと断言した。したがって蠟人形に針を刺しても何も起こらない。犯罪そのものをなしうるのは超自然的能力をもつ悪魔だけである、と。教義史に照らせば、その背景には古代末期の教父アウグスティヌスの魔術理論がある。魔術儀式そのものにはなんの効力もないというのがアウグスティヌスの見解であった。それらはむしろ人間とデーモンとのあいだの同意のしるしであり、意思疎通の手段なのである。魔術を引き起こしうるのは悪魔だけであり、人間が手品を使ってもそんなことはできない、と。

アウグスティヌスのデーモン学は、「迷信（*superstitio*）」の多様な異教的、古代的形式、たとえば鳥の飛翔や内臓といったなんらかのしるしを観察したローマの司祭たちのやり方に対抗するものであった。こうして聖アウグスティヌスは、人間と悪魔との契約説という、中世および近世を長く支配することとなる思想の基礎を築いた。これを中世スコラ学派のもっとも重要な神学者トマス・アクィナスがさらに深め、とくに人間とデーモンとのあいだで明確に表明される契約、たとえば文書による契約と暗黙の諒解とを区別するなど、精密化したのである。[19]

一三二〇年の枢機卿の特別権能《ファクルタース》には、ことさら正式ナ契約（*pacta expressa*）という表現が用いられているが、しかしそれとても、人間のデーモンにたいする帰依の、いくつかの変種の一つとして言及されているにすぎない。

これをさらに発展させたものは、教会法で重要な位置を占める、一三二六年もしくは一三二七年のヨハネス二十二世の勅令「ソノ鏡ノ上ニ（*Super illius specula*）」にみることができる。この勅令の筆頭にあげられているのが悪魔との契約である。これこそ正真正銘の不法行為であり、それ以外はそのいくつかの現象形式にすぎない。

「余が悲しみもて確認したところによれば、死と盟約を結び、地獄と契約をかわし、デーモンに捧げ物をし、デーモンを崇拝し、魔術を用いて像、指輪、鏡もしくはグラス、あるいはその他の品々を作り、もしくは作らせ、そのなかにデーモンを呼び出さんとする——名のみの——キリスト教徒が少なからず存在する。この者たちはデーモンに答えを求め、受け取り、そのよこしまなる企てを達成せんがためにデーモンの助力を請い、そのもっともおぞましきもののためにおぞましき奉仕をなすが、なんたることか。このペストにも比せられるべき病はますます深刻にキリスト教徒を襲ったのである[20]」。

信者はこれらの信念を教え、学ぶことを厳しく禁じられた。ましてやそれを実行に移すことなど言語道断であった。これに違反した場合は即刻破門制裁を受けた。権限のある裁判官が、広域捜査、つまり対象を特定の容疑者に限定しない捜査を開始したとき、違反者は一週間以内に痛悔して名のり出なければならなかった。違反者はさらに、その行為に利用した書物と文書をも焼却のために提出しなければならなかった。魔術師がこれに従わず、その後発見されると、異端行為に科せられる刑罰、つまり死刑をも含めた刑罰が待っていた。

このような考え方を支えていたのが悪魔との契約という教説であるからといって、後世の魔女信仰の輪郭が当時から定まっていたのだと早合点してはならない。ここにはまだ魔女信仰の本質をなす構成要素が欠けている。すなわち魔女の飛行と魔女のサバト、それに人間とデーモンとのあいだの交情、性交がそれである。加害魔術（*maleficium*）という考え方も、教皇と国王にたいする暗殺計画があったにもかかわらず、まだ背景にとどまっていた。そうしてこの悪魔学にはまだ魔女とのつながりが想定されていなかった。事実、才智に長《た》けた魔術師というのはすべて男であり、しかも聖職者であったからである。魔女一味の存在は信じられていても、その信仰は未発達であり、魔術師といってもそれは知的な存在であった。この二つの要素が、宗教裁判の訴訟手続きが住民のほぼすべての層にまで滲透することを妨げていた。訴訟件数が急速に増加し、大量迫害が行われるのは、もっとあとの時代になってからである。一三二〇年から一三五〇年にかけてフランス南西部が魔女迫害の巨大な波に襲われたと主張する歴史研究も、まだ二、三十年前までは、あるにはあった。カルカソンの宗教裁判所は四〇〇〇人もの人々を告発し、そのうち二〇〇人を処刑した。トゥールーズでは六〇〇〇人のうち四〇〇〇人が燃えさかる薪の上で果てた、と。しかし一九七五年から七六年にかけて、歴史家リヒャルト・キークヘーファーとノーマン・コーンがそれぞれまったく別個に、これらの数字が一種の虚構であることを立証したのである。この数値は一八二九年に、教権反対の立場をとっていた小説家エティエン＝レオン・ド・ラモト＝ランゴンが論争的性格をもつフランス宗教裁判史を書いて世に流布させたものであった。これは啓蒙主義末期の教会批判の産物ともいうべきもので、原典史料に関する知識が乏しく、歴史学の研究方法も未熟な者が、空想と信念に物言わせて書き上げた作品である。(21) 実際には、近世を特徴づける宿命的な魔女概念が発達するまでになお一世紀ほどの時間を要し、中世の終わりに最初のいくつかの大規模な魔女迫害が起こって世間の耳目《じもく》を聳動《しょうどう》するまで、さらに五〇年の歳月が流れる。

学者魔術師が魔女のしわざだと言われるような損害をねらうことはめったになく、むしろ理想的にはファウストのように、「世界をその奥の奥で統べているもの」[22]を究めるために自分の知識を増やしたいと考えていた。しかしたいてい彼らは、おそらくもっと世俗的な関心ももっていた。一三三九年のある教皇文書を読むとそれがよくわかる。この文書をしたためたのはヨハネス二十二世の後継者、ベネディクトゥス十二世である。かつてパミエの司教であり良心的な宗教裁判官であったあのジャック・フルニエその人である。

フルニエは当時モンタイユーの農民から魔術に関する証言を得ていたが、それはまだ原始的な段階のものにすぎなかった。ところが教皇となってから、一三三九年に、これらとはまた次元の異なる事例を耳にした。事件について教皇はミルポワ司教区のあるシトー会修道院長にこう書き送っている。

「リュー司教区の聖職者ギヨーム・ド・モセ、レモン・フェノル、および貴修道院の他の三名の修道士は俗界の欲情をもよおし、地上における富と、およそ魂をそこなうもののすべてと、愚行と申すほかないことどもを求めてやまなかった。この欲望に動かされ、この者たちはひそかに錬金術を試さんとして修道院門前に集合し、みずから企てた錬金術は他言無用であるとたがいに誓約を交わした。上述のギヨームが修道士たちに語ったところによると、リモゾ村の近くに魔法をかけられた山があり、そこに宝が魔術によって隠されている、同じく魔法をかけられた一人の女がその見張りを任されているという。錬金術を実践して宝を山から取りだすため、修道士たちはことばを話す蠟人形を製作し、それに洗礼をほどこさねばならないと語った。この像はその後ギヨームが買い取り、パミエの市民ピエール・ジロの家までその家の下男に運ばせた。像はピエール宅から持ち出され、上述のレモン・フェノルの手でひそかに上述の修道院まで運ばれ、修道院門前聖カタリーナ礼拝堂の祭壇上におかれたが、その像が瀆聖を行うために製作されたものだとはだれも気づかなかった。像はその後も数日間そこにおかれていた。そうしてレモンが上述のピエール宅に像を戻すと、ギヨームはピエール・ジロのいる前で、像に洗礼をほどこしたかとレモンに尋ねた。洗礼などすることはできなかったので、レモンはこれを否定した。しかしそれに続いてピエール・ガロディが貴下に像を手渡したとき、貴下は像が運ばれてきたときの箱の中に九本の針を発見したが、それらは像を刺しつらぬくのに使われたものに相違ないのである。上述のレモンはここにしたためたとおり供述した。しかもレモンが洗礼典の次第を説明する一冊の書物を入手し、手もとに持っていたことは、さる俗人が証言するとおりである。ベルナールはモンタイユー教会から洗礼に関する書物を持ち出してこれを所有し、レモンに送付したと告白した由である。レモンはこれを数日手もとにおき、その後、同教会の助任司祭に返却した。モンタイユー教会のある聖職者もベルナールから教会の聖油を分けてほしいと頼まれたが、同人はベルナール修道士に聖油を扱う資格はないと述べてこれを拒絶したと報告した由である」。

修道院長はこの一件をひそかに調査し、修道士たちが逃走しないよう手を打ち、彼らの書物と文書、その他の品物を検査し、証人への聞き取り調査を実施し、これらを教皇に報告することとなった(23)。

この訴訟の結末は、教皇がフレジュス司教区の二人の女にたいする聞き取り調査を命じた一年前の別件同様、定かでない。この女たちが取調べを受けたのは、「身も魂も悪魔に捧げ、収穫の一部を年貢として約束し、ときにはまた金銭を渡し、迷信めいたことと劫罰に値することとを悪魔とともに、ことばとわざもて、恐るべき方法で実践した」からだという(24)。現物納付の年貢は、のちに悪魔との契約として解釈された豊穣祈願の魔術の兆候を示しているように思われる。

これは数世紀にわたる歴史において、教皇みずからが迫害を指導した最後の魔術事件である。教会裁

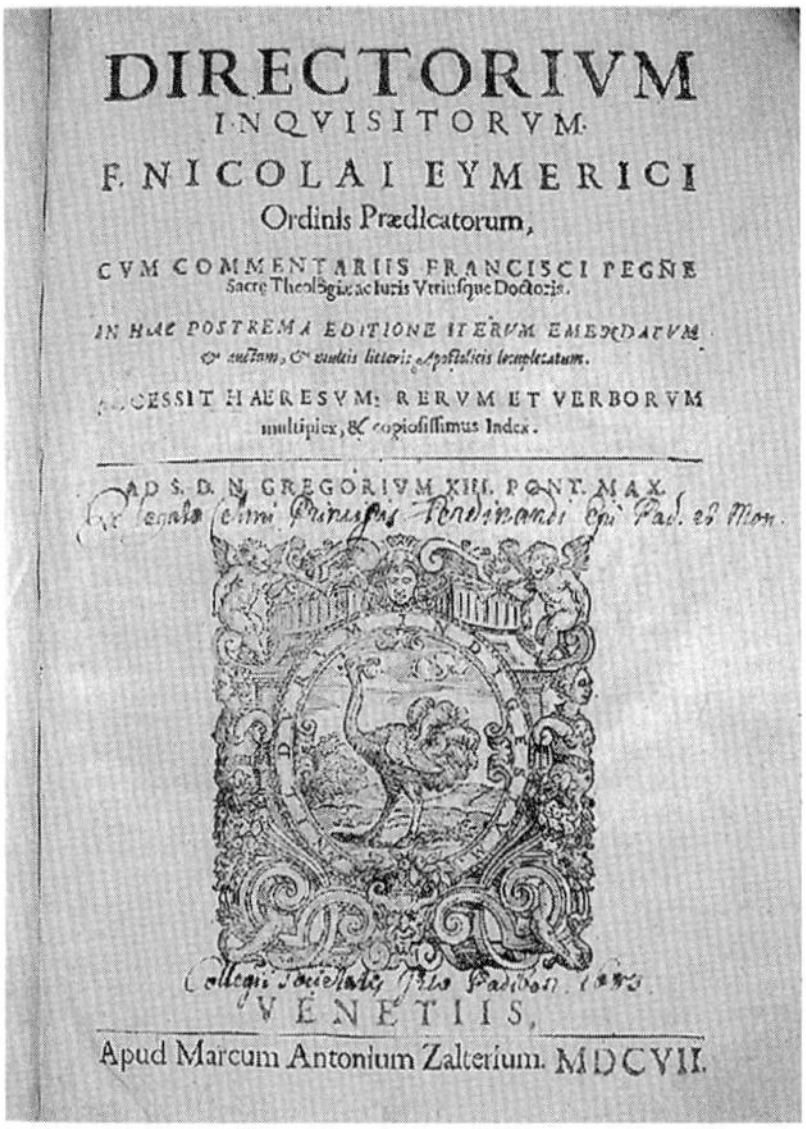

ニコラウス・エイメリクス（1399年没）『宗教裁判官指南』（ヴェネツィア版，1607年刊）．この冊子はパーダーボルンの領主司教フェルディナント・フォン・フュルステンベルクの蔵書であったが，1683年のフュルステンベルクの没後，パーダーボルンのイエズス会神学院が引き取った（現在はパーダーボルンの大司教アカデミー図書館蔵）．

判所においても世俗裁判所においても、一三九〇年ごろまでは魔術がなんらかの役割を果たすということはほとんどなかった。西ヨーロッパと中部ヨーロッパについていえば、伝えられる訴訟は年平均一件にとどまり、そのほとんどが加害魔術であったが、かずかずの魔女集団をまるごと迫害するまでにはいたらなかった(25)。腺ペストと肺ペストの大きな流行の波、一三四七年以降全ヨーロッパで猖獗《しょうけつ》を極めた黒死病についても、おもしろいことに井戸に毒物を投じた犯人として責任を問われたのは魔女ではなく、ユダヤ人であった。

神学研究の立場と教会法の運用実態とを同時に力説したのは、ドミニコ会の神父であり、アラゴン王国の宗教裁判所長官であったニコラウス・エイメリクス（一三二〇頃―一三九九年）の、一三七六年に刊行された『宗教裁判官指南（*Directorium Inquisitorum*）』である。この書物は中世晩期における宗教裁判の手引としてもっとも重要であり、包括的、体系的であると同時に変わることのない実践的価値をもつため、一五〇〇年以降何度も印刷された。もっとも価値の高いものは、一五七八年にローマで、エイメリクスの同国人であるスペイン人フランシスコ・ペーニャが公刊した詳注付きの周到な新版である。さらにこの版本は、その後も一部に時代に即応した改訂が加えられ、一六〇七年までにイタリアで五種類（ローマで三種類、ヴェネツィアで二種類）の新訂版が刊行された[26]。

この書物の第一部には、教父の著作と公会議および教皇の決定、さらに、エイメリクスの所属する修道会の偉大な修道士トマス・アクィナスの神学を論拠として、キリスト教とカトリックの信仰がその根本から詳細に論じられている。続く第二部では、異教の哲学者からヴァルド派とフラティチェリ[27]のような新しい異端にいたるまでの各種邪説と、その代表者、異端の首魁《しゅかい》、信奉者、支援者が詳しく紹介されている。最後におかれた第三部は、異端撲滅の手段、宗教裁判における訴訟手続きを主題としている。

エイメリクスは第二巻で二つの章を割いて魔術を論じている[28]。著者はここでまず予言（*sortilegi*）と透視（*divinatores*）とを扱い、つぎにデーモンに祈願する者（*invocantes daemones*）を論じて、両者を区別する。考察の大部分を占めるのは、すでに一三二〇年にヨハネス二十二世が顧問官たちに提示した問題、すなわち迷信一般は教皇の宗教裁判官の所管事項か否かという疑問である。答えは、教皇アレクサンデル四世（一二五八―一二六〇年）の教令によれば、それが異端行為かどうかによるというものであった。エイメリクスは、手相見のごとき庶民のあいだで広く行われているわざを異端行為とはみなさなかった。エイメリクスによれば、サクラメントやその他の宗教儀式が模倣されたのか、それとも本来の目的から外れて実践されたのか、これが区別の指標であった。「他方には、神（*latria*）もしくは聖人

(*dulia*)にのみふさわしい敬意をデーモンに表明し、「霊媒としての」男児に再洗礼をほどこすなどして、未来を予見し、もくしは意思を変化させる者があるが、これらはもはや単なる予言者、透視者ではなく、異端に巻きこまれているのである。かかる行為は明らかに異端だと疑われて当然である」。

　エイメリクスが透視者にもまして詳しく論じているのはデーモンを呼び出す者である。エイメリクスはすでに一三六九年にそれを主題とする論文をしたためているが、この不法行為に関する著者の深い造詣を示す冊子であり、その一部は右の手引書にも使われている。この不法行為を法体系のどこに分類するのか、その決定的な判断基準は、デーモンが神や聖人のごとく崇敬されたか否かである。その場合、本来は神のみが受けるべき崇拝《ラトリーア》の栄誉のしるしは、つぎのようなものであった。「捧げ物をすること、崇拝すること、デーモンにわが身を捧げること、デーモンに臣従を約束すること……、デーモンをたたえるための頌歌に和すること、膝を屈すること……、黒もしくは白装束を身にまとってデーモンに敬礼すること、像もしくは知られていない名をもってデーモンを呼び出すこと、デーモンのために明かりをともし香を焚くこと……、デーモンに動物を捧げること、デーモンにみずからの血液を捧げること……、塩を火にくべること」。

　デーモンを呼び出す者は聖人をあざけるとき、「その邪悪な祈りのなかで聖人の名をデーモンの名と混ぜ合わせ、神にたいしてとりなしを祈願するのに仲介者としてデーモンの名をあげ……、デーモンの名代として、もしくはデーモンのために神に呼びかけ、地面に円を描き、その圏内に一人の男児を立たせ、その前に鏡と剣と花瓶その他の品をおく。そのとき霊を呼び出す者は本を手にとり、その一部を朗読してデーモンに呼びかける……。未来を知るためにデーモンに呼びかけ、デーモンに答えを求めるのは、明らかに異端の疑いがある。なんとなれば創造者の本質をなすものは被造物に付与されるからである」。

したがってデーモンへの崇拝と崇敬はこの問題の異端的性格をみきわめる決定的な判断基準であった。これにたいして当の人物がデーモンに何か命令を発しようと試みた場合、その背後によこしまな意図が隠されていたとしても異端とはみなされなかったのである。「純潔な女を誘惑せんとしてデーモンに助けを求めるのは、デーモンが、みずからの本質をなす事がら、すなわち誘惑のために助けを求められるのであるから、有害でおぞましくもあり、万死に値する罪ではあるが、デーモンへの呼びかけが命令のかたちをとり、崇拝にはいたらないことを前提とすれば、明らかな異端とはいいがたいのである」。

したがってエイメリクスの魔術理解は、具体的な儀式、とくに透視と予言、重大な事例においてはデーモンへの呼びかけと崇拝をともなう儀式を、その特徴とする。人間はデーモンと契約を結びはするが、その際、霊が実体をもつということはない。とすると、デーモンを相手にした性交もなければ、魔女のサバトも存在しない。エイメリクスは空中飛行をも立ち入って論じているが、デーモンを呼び出す者を扱う章の最後の箇所に限られる。この点についてエイメリクスは『司教規範《カノーン・エピスコピー》』を引用してこれに同意し、やはり、ディアーナとヘロディアスを信奉する女たちは、その邪宗によってキリスト教から離反し、悪を求める者であるがゆえに重罪を免れない、という見解を示している。しかし女たちが現に空を飛ぶことも、デーモンに捧げ物をすることも、エイメリクスにとっては確実な事実ではないのである。

第4章　魔女のサバトの成立

エイメリクスのやや無味乾燥な「迷信（*superstitio*）」観に魔女集団という考え方はない。先に述べた教皇とその宗教裁判官たちの発言や行動からも同様な像が浮かび上がってくる。しかしカタリ派とヴァルド派にたいする迫害は、このような観念に傾いていく端緒となった。つまり両派ともサタン崇拝の疑いをかけられた。サタンに捧げ物をし、サタンを崇拝し、サタンおよびその手の者と性的な交わりをもっているというのである。カタリ派ということばの語源には諸説あるが、その一つを中世晩期のある著者はつぎのように説明している。「カタリ派という呼称は猫《カーター》から来ている。よく言われるように彼らは猫の尻にキスをする。彼らの主張するところによれば、ルチフェルは猫の姿で彼らの前に現れる……」[1]。一三八七年、トリノ近郊でのヴァルド派にたいするある異端訴訟には「ヴァルド派集会（*synagoga valdensium*）」への言及があり、説教と聖体拝領が終わると明かりが消え、「持テル者ハ奪ウガヨイ（*Quis habet, habeat*）」ということばを合図にセックスの無礼講が始まると書かれている。

この手の空想のほんとうの眼目は迫害される異端者たちの秘密集会にあった。追い払われたヴァルド派の人々は、とくにヴェストファーレンとジュネーヴ湖周辺地域に集まっていた。さらにその東方、上部イタリア、あるいはシチリア島でも、夜間飛行となぞの女神との会合といったかなり古い観念がまだ活きいきと働いていた。これらの観念はすでに『司教規範《カノーン・エピスコピー》』以来、異教の迷信として迫害されてきたが、それが今宗教裁判官の目に、前例のない、なまなましい現実感のある意義をもつこととなった。その事実が見て取れる最初の事例は、一三八四年と一三九〇年にミラノで起こった訴訟である。(3)供述によると、訴えられた二人の女は金曜日の夜、定期的に、オリエンテ別名エロディアースおよびその仲間たちと会っていた。二人の女が「マドンナ・オリエンテ」とあいさつすると、「ようこそ、娘たちよ」という答えが返ってきた。参加者のなかに男はいない。女ばかりだが、なかには死んだ女もまじっていた。首をはねられたり、くくられたりした女はひどく恥ずかしがっていたからか、頭をあげようとはしなかった。ありとあらゆる種類の獣もやって来るが、ロバだけは例外だった。「ロバは十字架を運ぶから」である(おそらく聖金曜日に)。一種類でも獣が来ないと、世界は滅亡するだろう。食事に際して獣がほふられ、食卓に供せられた。オリエンテが獣の骨を皮で包み、ステッキの握りで触れると、獣はまた生き返った。しかしその獣は以後ふたたび使役できなくなる。好んで金持ちの家に集まった。飲み食いをし、愉快に時を過ごしたが、その家は清潔で整頓されていなければならない。その条件をみたしていれば、女主人が家を祝福するだろう。オリエンテはすべての質問に答え、未来を予言することもした。薬草の知識、各種病気の処置、盗まれた品の発見、呪いの方法を女たちに教えた。これらの答えを被告人はほかの者にも伝えたが、秘密集会への参加が罪になるとは思ってもみなかった。あそこでは神のことばは好まれなかった。キリストがこの世の主であるのと同じように、オリエンテはあの集団の主人なのだと、被告人はひたすら信じていた、と語った。

これらの自白からは、「白い魔女」、精霊にたいする民間信仰がおぼろげながらも見て取れる。「白い魔女」はデーモンの崇拝者たちとはちがい、よからぬことをたくらんではいなかった。この種の信仰はシチリア島にも、またその男性版ともいうべき、イタリア北東部地方フリウーリのベナンダンティにもみられた(4)。

教会にしてみれば、これは異教の迷信であり、是が非でも根絶しなければならなかった。一三八四年にこの宗教裁判官が申し渡した判決が厳しいもの(重イ形式ニヨリ *de vehementi*)になったのも当然のことである。二人の女は邪宗を誓絶し、無期限で、手の平と指三本の幅の二つの黄色の十字架を、人前では衣服につけていなければならなかった。また、日曜日には隔週で聖フランチェスコ教会の前に、月の第三および第四日曜日には、同じく他の二つの教会の前に行き、ミサのあいだじゅう中央入口の外に立っていなければならなかった。そのうえ、二人とも一〇グルデン金貨の罰金刑を申し渡された。

重イ形式ニヨル処罰には、累犯では死刑が科せられる場合もあるという含みがあった。事実この二人の女は累犯にいたった。一三九〇年の新たな訴訟で、一方の女はその後も毎週あの集会に出かけたとみずから罪を認めた。もう一人は、そこへ出かけたのは二回だけであるが、それは二度目に川に石を投げ込んだため、二度と参加できなくなったからだ、と供述した。こうして被告人は再犯者として一三九〇年に死刑判決を受け、処刑された。この訴訟を担当したのは別の宗教裁判官であったが、この人物はどうやらこの一件をきわめて深刻に受けとめ、どうしても極刑を断念する気にはなれなかったようである。ある重要な細部において、不法行為の評価が前任者のそれとは異なったものになっている。前任者は一三八四年に自白を記録させる際、その冒頭に、「なんじは以下のごとく信じた」という文章を書き込ませた。これにたいして後任の審問官は、「なんじは以下のとおりであった」と断じ、要するに典礼集会が実話であることを前提にしたのである。これによって宗教裁判がはじめて『司教規範』以来の伝統であった懐疑と一線を画するにいたったことが確認されるのである。しかし新しい魔女集団の存在が信じられていたかというと、それはまだ萌芽の段階にとどまっていたにすぎない。一五〇年前に教会が、猫《カーター》、すなわち悪魔の頭目を崇拝するといわれたカタリ派になすりつけた容疑とは異なり、ミラノの女たちの場合、瀆神はなんの役割も果たしていない。ただし被告人の一人はすでに、ルチフェロと称する霊に連れられて何度も集会に出かけたと述べている。わたしはその霊と盟約を結び、それに一滴の血で判を押した。霊はまたそこに、わたしが霊に忠実であると書きとめた、と。自白のこの箇所がどの程度まで尋問を担当した宗教裁判官の圧力によって引き出されたものであるのか、それには答えられないというほかはない。いずれにしても宗教裁判官はここに悪魔との契約を見て取り、ある大きな人間集団がこれに関与したという事実を認定したのである。

この事件はミラノで起こったが、ここから北西方向にあるアルプス地方は、十五世紀前半に異端者迫害が魔女迫害へと転ずるかたちで新しい魔女信仰の温床となった。[5] この事実は言語のうえからも確認できる。フランス語圏東部で用いられるヴァルド派の意の *vaudoise* と *vauderie* は異端一般の意味に用いられるようになり、一四三〇年以降はそのまま「魔女のわざ」の意味に移行していった。[6] ドイツ語では——スイスのドイツ語圏から始まり——それまで優勢であった、おもに加害魔術を含意する「魔術師（Zauberer, Zauberin）」という語（低地ドイツ語では *toverer, toversche*）に代わって「魔女（Hexe）」が徐々に滲透することによって、新しい魔女像が生まれるにいたった。「魔女（Hexe）」は元来おそらく *hagzissa*、境界をなす垣根の上方にとどまるデーモンのごとき存在を意味する語であった。

新しい魔女集団の概念は、法学者と神学者の想像力の産物であった。彼らは悪魔の召使いにたいする迫害だけで満足せず、自分たちの想念の産物を実際に「学術」論文として発表したのであるから、ここに「イデオロギー」という現代の概念を持ち込むことに遠慮はいらない。五篇の基本論文は、驚くことに一四二八年から一四四三年ごろまでのおよそ一五年間に書かれた(7)。最初はルツェルン市史の執筆者ハンス・フリユントが残したヴァリスにおける魔女迫害の記述である。ついで一四三七年ごろ、ドミニコ会士ヨハネス・ニーダーがウィーンで伝道師の手引書『蟻塚（*Formicarius*）』を著した。ここにはフランス（ディジョンの西方オタン）とスイスのオーバージメンタールとから寄せられた情報が活かされている。ヴァレ・ダオステでは匿名の著者による『ガーザ人ノ狂気（*Errores Gazariorum*）』が書かれ、同じころ、ドフィネの世俗裁判官クロード・トロザンが『魔術師オヨビ大罪ノ狂気ユエニ（*Ut magorum et maleficiorum errores*）』を著し、つづいて聖職者マルタン・ル・フランの韻文小説『婦人の敵（*Champion des Dames*）』が最後を飾った。

あげられている犠牲者の数は驚くべきものである。フリユントの年代記によれば、ヴァリスで一年半のあいだに処刑された人は一〇〇人を超える。ドフィネ地方では一四二八年から一四四七年までのあいだに、一一〇人の女と五七人の男が犠牲になった(8)。対立教皇フェーリクス五世の秘書官を務めたマルタン・ル・フランは、かの地のアルプス渓谷で三〇〇〇人から一万人ほどの人間が魔女のサバトに参加し、六〇〇人以上の女が悪魔との猥褻行為を自白したと語っている。

いずれの刊行物にも共通しているのは、魔女集団の存在を信ずる態度である。つまり個々の行為者や小集団だけでなく、悪魔と盟約を結んでいるかなり大きな共同体もあったというのである。悪魔は黒猫、牡羊、もしくは熊の姿で現れ、魔女たちと密会する。それは、その後魔女が悪魔の配下として、魔術の道具を使って信心深い人たちに危害を加え、とくに幼い子どもたちを殺して、その脂から毒物に用いる軟膏を採ったり、飛行手段を得たりするためである。わけても魔女のサバトと魔女の飛行は、将来に禍根を残し、宿痾《しゅくあ》にもなりかねないものだと証明された。今日のティチーノ州、サン・ゴタールド峠の南側にあるレヴェンティーナ渓谷で一四五八年ごろに発生した迫害では、早くもこの信仰がまるごと受け入れられ、二〇人もの刑死者を出す原因の一つとなった。

この新しいイデオロギーのほんとうの核心部分と、イデオロギーが生まれるにいたった原因をつきとめるのは困難である。魔女のわざは、論文や公文書のなかでは異端、あるいはキリスト教信仰からの逸脱だと説明されており、これは各地に追い払われたヴァルド派とのつながりを示唆する。十三、四世紀の宗教裁判官はカタリ派の根絶を仮借なき態度で遂行した。ところがヴァルド派はドフィネ地方に残存していたことから、一三九四年、ヴァルド派にたいする正式な十字軍が派遣された。地理からいえば、十五世紀前半における初期の魔女迫害が、言語圏（フランス語、イタリア語、ドイツ語）とは無関係に西アルプスの両側に集中しているのは示唆に富んでいる。南のドフィネ・アルプス地方から、ヴァレ・ダオステとジュネーヴ湖を含むサヴォイア公国を経由して、ヴァリス州とミラノおよびコーモの北側に広がるアルプス渓谷にいたる地域である。近年の研究が明らかにしたところによると、このイデオロギーの拡大を強力に後押ししたのはバーゼル公会議（一四三一―一四四九年）であるが、それがこのとき決議されたからというのではない。この問題は公式の議事日程には含まれていなかった――この公会議で協議されたのは教会分裂の是正の問題だった――からである。しかし参加者相互が意見交換した可能性はあるという。バーゼルには、スコラ神学者、教会法学者、世俗法学者、司教が、とくにフランス、イタリア、ドイツから集まっていた(9)。ここでドミニコ会士の学者ヨハネス・ニーダーはおそらくフランスとオーバージメンタールにおける魔女組織と魔女迫害に関する情報を得て、のちにそれらを加工して一篇の論文にしたてたものと思われる。

とはいえ宗教裁判官が最前線にいたわけではない。ハンス・フリュントの描くヴァリスの迫害もレヴェンティーナ渓谷のそれも、たとえばクロード・トロザンのごとき世俗裁判官のしわざであった。魔女という不法行為には、神からの離反という宗教的な側面と、加害魔術という世俗的な側面との両面があったのであるから、教会も「国家」も自分たちにこそ扱う権限があると主張していい根拠があった。

それにしても教皇たちは魔女集団の存在を信ずる風潮にたいしてどのような態度をとったのであろうか。かつて宗教裁判官であったベネディクトゥス十二世（一三三四―一三四二年）とは異なり、その後継者たちは個人としては魔術の不法行為に関心をもっていなかった。教皇は積極的な行動を示さず、もっぱら援助を求める現地宗教裁判官の求めに応じるにとどまった。一四〇九年、教皇アレクサンデル五世は、一三七四年に前任者がとった措置にならい、南フランスの宗教裁判官に、「新しい分派」を創設した離教者、キリスト教徒、ユダヤ教徒と、デーモンに祈願するキリスト教徒およびユダヤ教徒などを、現地の司教と協力して取り締まる権限を与えた。「新しい分派」にすでに魔女が含まれていたかどうかはにわかに決しがたい。一四一八年と一四三四年に教皇マルティヌス五世とエウゲニウス四世も同じく南フランスの宗教裁判官にこの権限を与えている。[10] そのためにエウゲニウス四世の公文書は「余ノ衷心カラナル願イニヨリテ（*Summis desiderantes affectibus*）」という型どおりの文句を使っている。

これにたいしてエウゲニウス四世の一四三七年のある文書は、これとは性格の異なるものである。この文章は、そのままのかたちで、あるいは少し手を加えて、いろいろな場面で使える一つのひな形となった。ということは、ローマ教皇庁はこの文書から、行動を起こす必要性を一再ならず読み取ったという意味をもつ。事実この文書は一四四五年に、カルカソンの宗教裁判官に相応な権限を与えるために使われた。

「大いなる驚きをもって余の聞き及ぶところによれば、闇の王がその劫罰と堕罪とに関与せしめんとして、キリストの血もてあがなわれし多数の者にたくらみを弄して魔法をかけ、またこの者たち自身もゆゆしき無知蒙昧から、闇の王とその追従者のおぞましき教唆とまやかしの導くがまま、デーモンどもに捧げ物をし、デーモンを崇拝し、デーモンの応答を期待し、受け入れ、デーモンに忠誠を誓い、そのしるしとして文書その他を手渡し、ことば、接触、あるいはなんらかの合図があれば、相手と場所とを選ばず危害（*maleficium*）を加え、もくしはこれを除去し、病気を癒し、悪天候を引き起こし、あるいはその他の犯罪のために、もしくはほかに計画していることのために契約を結ぶ義務を負っているという。この者たちが像などをすえつけたり、製作させるのは、祈願に応じて加害魔術（*maleficia*）を行う義務をデーモンどもに負わせるためである。この者たちは、洗礼、聖体、その他の秘蹟《サクラメント》と、これらに付随する道具のいくつかを、透視術と魔術（*sortilegiis et maleficis*）のために濫用し、この種の呪文を唱えながら製作した蠟その他の像に洗礼をほどこし、もしくはほどこさせてはばからない。くわえて、われら全人類のために牧者《キリスト》その人がはりつけにされた至聖なる十字架の秘儀を恐れることなく、いまわしきしぐさもて、彫像その他のかたちで十字架を侮辱し、模倣することを許されぬ秘蹟をあえて模倣する」[11]。

これよりも古い勅書と同じようにこの文書も、白魔術と透視術、およびこれらの術に必要な、秘蹟の濫用を含む手続きを禁じている。しかし加害魔術とその基礎となる悪魔との契約は、従来にもまして具体的に記述されている。ここで不安の原因となっている、たとえば教皇など特定の人物にたいする大罪（*maleficium*）という問題もさることながら、魔術師が悪天候を引き起こし、それによって作物に壊滅的な被害をもたらせば、社会全体が、たとえばその生活基盤を脅かされたのである。ただし、この時代に生まれた魔女概念からは、悪魔との情交、魔女の飛行、魔女のサバトといった要素が抜け落ちている。にもかかわらず、かつての教皇声明と比較したとき、ある種の過激化は見まがうべくもない。

エウゲニウス四世がこのように力点をずらすにいたったのはなぜか。ヴェストファーレン地方で起こりつつあった魔女狩りに関する報告以外にも、教皇自身がかつてまだ枢機卿であった一四二六年にローマで蒐集しえた見聞からも大きな影響を受けていた可能性はある。

魔女迫害に手を染めた聖人がいるとすると、このいかがわしい名誉は、一四五〇年に早くも列聖されたシエーナのベルナルディーノ（一三八〇―一四四四年）に与えられるであろう。[12] 影響力のある民衆説教師であったこのフランチェスコ会の修道士は、度重なる旅の途次、一四二六年に永遠の都に入り、その際、過激な魔女批判を展開した。サヴォイア家のピエモンテにおける迫害を熟知していた修道士は、新たな強迫観念を人々のなかに植えつけようと試みた。悪魔との契約のほか、妖怪どもが軟膏の材料とする脂を採るために行う幼児殺害、サバトへの飛行といった恐怖の光景がそれである。

ローマ人に夢を見ているのだと思われたと、一年後、シエーナでのある説教でベルナルディーノは語っているが、これはローマの人々には名誉なことである。それはおそらく魔女の飛行の理論に関係するものと思われるが、その後も長くローマには滲透しなかった。エウゲニウス四世の勅書もそれについては語っていない。しかしほかの点ではシエーナのベルナルディーノは成功を収めた。ベルナルディーノの説教の影響から、魔女にたいする、今日知られている最初の火刑が、ローマで執行された。おそらく一四二六年のことである。二人の女のうち一人は悪魔の助力を得て猫に変身し、猫の姿で多くの子どもを殺害したことを難詰された。ベルナルディーノ自身は動物への変身に批判的な意見をもっており、それを悪魔の幻惑だとみなした。ローマの魔女の一件はおおいに人々の注目を集め、十五世紀中ごろになってもまだスイスとバイエルンの学術論文に語り継がれた。

しかし当時の教皇マルティヌス五世の立場を知るうえで、個別的な事例にすぎないこの魔女訴訟の意義を過大評価すべきではないだろう。同じ時代にサヴォイアとヴァリスで見られたような、パニックにも似た迫害の波にはいたらなかったからである。魔女のサバトの新理論にたいする懐疑が、アルプス地方で今や典型的なものになりつつあったこの種の暴発を、テーヴェレ川のほとりで抑止したのだといっていいであろう。

先に言及した対立教皇フェーリクス五世（在位一四三九―一四四九年）がもし自分の意志を押しとおしていたら、もしかすると歴代教皇も魔女の火刑をもっと強力に支持したかもしれない。フェーリクス五世はバーゼル公会議によって選任される以前、サヴォイア公アメデーオ八世時代に、配下の法学者と神学者のヒステリーを焚きつけ、自国を過激な魔女迫害の牙城とし範を示していたからである[13]。奇妙なことに、フェーリクス五世は、彼自身が悪魔の申し子（*primogenitus*）であり、その故国にとくにおびただしく存在する男女両性の魔女にそそのかされたのだというエウゲニウス四世の非難を、甘んじて受けるほかなかったのである[14]。

しかしフェーリクス五世は教会史最後の対立教皇となった。その退位とともに教皇権強化の長い時代が始まった。それは一四八〇年から一五三〇年まで、イタリアの諸侯を、またときには皇帝を相手にした政治闘争によっていささか暗翳《あんえい》を投げかけられはしたが、宗教改革でさえ、少なくともイタリアにたいするローマの宗教的覇権をゆるがすことはできなかったのである。と同時にローマは人文主義と初期ルネサンスをとおして文化的栄華にもあずかった。新しい学識を代表するもっとも輝かしい人物は、一四五八年から一四六四年まで教皇ピウス二世として君臨したエネーア・シルヴィオ・ピッコローミニである。

人文主義の教養を身につけた教皇たちは魔女の活動にどのような立場をとったのであろうか。人文主義は啓蒙主義の初期形態ではなかった。学識と魔術信仰が共存していたことは、一四五〇年代の各教皇の文書が示すとおりである。一四五一年、ニコラウス五世がフランスにたいする主席宗教裁判官の権限を拡大したため、たとい明確な異端とはいいがたくとも、主席宗教裁判官は今や透視術をも取り締まることができるようになった。同様にカリクストゥス三世は一四五七年、ヴェローナ、ブレッシャ、ベルガモ、クレーマ、ピアチェンツァ、ローディ、クレモーナにおける教皇大使兼代理人に、迷信および魔術にもとづく悪魔への嘆願にたいしても行動を起こしうる権限を認めた。そうして名高いピウス二世は、一四五九年、ブルターニュ地方トレギュイエ司教区の三人の聖職者に、一部エウゲニウス四世のあの模範書簡を使ってつぎのように書き送っている。「大いなる驚きをもって余の聞き及ぶところによれば、闇の王がその劫罰と堕罪とに関与せしめんとして、キリストの血もてあがなわれしブルターニュ公国の多数の住民にたくらみを弄して魔法をかけ、またこの者たち自身もゆゆしき無知蒙昧から、闇の王とその追従者のおぞましき教唆とまやかしの導くがまま、大胆にも死期その他の事がらを人々に予言し、他の祈願により病気と倦怠とを招き、また、キリスト教信仰に各種の誤謬を広め、永遠の救済を得るためには処女であり未亡人であり独身であることが絶対条件であるなどと男女に語ってはばからない」。教皇は「各種魔術ニ精通セル者（*artium magicarum studiosos*）」にたいして審問を行う権限をも彼らに与えた。[15]

三つの公文書のすべてに共通しているのは、これらが受取人の要請にもとづいて交付されたことである。つまりこの点で歴代教皇は自分から積極的に行動を起こしたのでもなければ、新しい実体法を定めたのでもない。しかしフランスの主席宗教裁判官がこれ以後、異端とはいえない魔術にたいしても取締りを行うことを許された事実は力説しておかねばならない。ここに宗教裁判官の権限拡大の傾向がおぼろげながらも現れ始め、その後十六世紀になるとこの傾向にますます拍車がかかることとなった。

第5章　『魔女の槌』

魔女問題にたいする教皇発言のなかで、つぎに採り上げるべき価値があるのは、ドイツで活動していた宗教裁判官ハインリヒ・インスティトーリス（クラーマー）とヤーコプ・シュプレンガーを支援するために交付された、悪評高いインノケンティウス八世の大勅書、一四八四年の「余ノ衷心カラナル願イニヨリテ（*Summis desiderantes affectibus*）」である。[1] この文書が今日なお好んで引用されるのは、インスティトーリスが、一四八七年にはじめて印刷された著書『魔女の槌』の劈頭《へきとう》にこれを掲げ、魔女迫害者のためのこの手引書と、さらにはその著者の活動までもが、さながら公認されたもののようにみえるからである。一四九一年、ニュルンベルク市参事会のためのこの書物の簡約版のなかで、インスティトーリスは、「彼の措置により……すでに二〇〇人を超える魔女が捜し出され、処刑された」と自画自讃している。が、教皇にはどれほどの共同責任があったのであろうか。[2]

　はじめにこの宗教裁判官の履歴に触れておきたい。[3] ハインリヒ・クラーマーは一四三〇年ごろ、アルザス地方の小さな帝国都市シュレットシュタットに生まれた。ここのドミニコ会修道院に入り、事実この修道院にたいしてつねに忠実に義務を遂行した。一四七四年、修道会指導部は彼を宗教裁判官に任命した。その四年後、教皇シクストゥス四世がクラーマーの権限を「上部ドイツ全土ノタメノ（*per totam Alemaniam superiorem*）」宗教裁判官と確認し、明確に規定した。(4)

インスティトーリスはローマ訪問を契機に教皇庁と個人的な関係を結び、一四八三年には早くも魔女迫害者としていささか名をなした。すなわち、教皇シクストゥス四世に取り入って、シュレットシュタット修道院を訪れるすべての人に贖宥をかなえさせたのであるが、その収入が、修道院の、とはすなわちインスティトーリスの、異端撲滅の努力を支えることとなった。(5)ちなみに異端のなかには「信仰ヲ否定スルアル種ノ女タチ（*quarundam mulierculiarum fidem abnegantium*）」も含まれていた。そもそも女性に迫害の焦点を合わせたのは教皇ではなくインスティトーリスである。しかしインスティトーリスとて、悪魔と盟約を結んだ女たちとその根絶だけをひたすら追い求めたわけではない。彼の目には教皇権とほぼ分離しがたいものと映っていた教会を擁護することこそ、その職務上重要であった。事実この宗教裁判官は、魔女だけでなく、とりわけ公会議首位論者に目をつけていた。すなわち、教皇だけを至上の存在とみなす教皇首位説を論難し、公会議を、教皇と同等の権利をもつ教会教導職の担い手とみなした神学者たちである。(6)この目的のためにインスティトーリスはローマで、公会議首位論者の取締りを認可する大勅書をやっと手に入れた。それは彼の願いにかなうものであった。ところが魔女の弾圧を支持してくれるはずの特権には失望していた。この希望を心にとめ、宗教裁判官に助言と助力とを与えてその活動を支援するような、聖職者と俗人とからなる兄弟団を設立するのが、インスティトーリスの構想であった。ローマはこの共同体を認可したが、その規模はインスティトーリスの立場からみるとまことに不十分なものであった。会員はせいぜい一〇〇人どまりで、申請した恩恵と贖宥は貧弱なものに終わった。

教皇庁にとってはどうやら魔女よりも公会議首位論者との対決のほうが重要だったらしく、魔女迫害に従事する一宗教裁判官の希望を一から十まで聞き入れてはくれなかった。けんか好きなドミニコ会士は一四八四年二月のシクストゥス四世宛書簡で、「デーモンどもの前でカトリック信仰を否定するある種の女たちの」異端行為を取り締まるための大勅書がそのできばえに遺憾な点のあることを嘆いてみせたが、インスティトーリスの女性にたいする集中攻撃の姿勢がこの書簡でふたたび明確に打ち出されたといえよう。

このような経緯にもかかわらず、一四八四年秋、インスティトーリスはボーデン湖からさほど遠くない帝国都市ラーヴェンスブルクで魔女迫害をたくらんだ。具体的にいうとそれは当初つぎのような様相を呈した。インスティトーリスは教皇宗教裁判官の辞令の写しを各地の教会の扉に掲示させ、何度かの説教をつうじて、疑わしき者があればこれを密告せよ、さもなくば処罰されるであろうと、全市民に要請した。市参事会も尋問と逮捕に協力した。その結果二人の女が、悪魔に身を捧げ、悪魔の助けを得て雹と悪天候とを引き起こしたと自供したあと火刑に処せられた。しかしほかの女たちはあくまでも合法的に釈放された。南西ドイツの他の領邦における訴訟で、インスティトーリスはおそらくもっと大きな成功を収めたので、七年後に「処刑された者（Gerichtete）」二〇〇名、と総括したほどであった。

しかしそのことばとは裏腹に、この宗教裁判官は一四八四年にあまりにも多くの抵抗にあったため、ローマに助けを求めた。論敵たちは形式上合法的な論拠をもって立ち向かった。インスティトーリスには彼らの故国において魔女問題を扱う権限がない、と彼らは説明した。このような考察は、被告人や容疑者の弁護人として招聘された法学者、俗人、聖職者の発案にちがいない。事実インスティトーリスの辞令には、おおまかに上部ドイツとだけ書かれ、魔女の不法行為についてはまったく何も書かれていない。とはいえ、この論証の基礎は脆弱であった。なぜなら、第一にインスティトーリスは、上述したとおり事実上部ドイツすなわち南ドイツで活動しており、第二に、魔女術は教皇と宗教裁判官がこれを異端行為でもあると評価し、それゆえ宗教裁判所の管轄でもあったからである。この意味でインスティトーリスは、一四八四年八月に逝去したシクストゥス四世の後継者インノケンティウス八世に、一四八四年十二月五日付の大勅書を交付させることに成功したのである。その内容をみると、魔女の不法行為の記述がもっぱらといっていいほど加害魔術に集中している点が注目される。導入部で、「あまたの男女住民が自分自身の魂の救済を無視し、キリスト教信仰を踏みはずし、インクブス(7)およびスックブス(8)なるデーモンと肉の交わりをなし」ていることを嘆き悲しんではいるが、これに続いて執拗に描き出されるのはつぎのような光景である。すなわち、この者たちは「女の分娩、家畜の子、農作物、葡萄の実、木の実、くわえて男、女、運搬用役畜、大小の家畜、その他各種の獣、また、葡萄山、果樹園、牧草地、放牧地、穀物、その他大地の恵みを壊滅させ、息の根を止め、滅ぼしている。さらにまたこれらのやからは、男、女、牽引動物、運搬用役畜、大小の家畜、その他の動物に、体内体外の激痛と災厄を与え、苦しめ、そのうえ男が子をなさぬよう、女が受胎せぬよう、夫が妻に、妻が夫に婚姻の務めを果たしえぬよう妨害する。のみならず聖洗礼典の拝受に際して受け入れた信仰を、神を冒瀆する言辞によって否定し、他の多くの卑劣な行為を……人類の敵の教唆を受けて実行……することを厭わないのである」。

このように数え上げながら、なお欠落があるのは興味深い。一つは魔女のサバトと魔女の飛行である。これら魔女学の新しい要素に疑いの目を向けていた教皇庁のそれまでの路線が継承されている。第二は、魔女の軟膏を得るための嬰児殺害がここにないことであるが、それはむしろアルプス地域に「特有」な魔女像であった。女だけでなく男も犯人にあげられているのは、インスティトーリスの魔女像にそぐわない。逆に加害魔術の犯罪が具体的に列挙されているのは、むしろインスティトーリスの見解にくみするものである。『魔女の槌』を読めば明らかだが、この宗教裁判官が、背教よりもむしろ不法行為の世俗的側面に、したがって社会の損害に重きをおいているのは驚くほどである。とすれば、インスティトーリス自身は何がなんでも魔女を迫害せずにはおかないと考えていたわけではないということになる。司教裁判所、もっとふさわしいのは世俗の司直が魔女の根絶を標榜していたら、インスティトーリスにとってむしろ好都合であっただろう。宗教裁判所が「国家」を益する権限を手放したとすると、それは教会の伝統と袂を分かったということである。したがって『魔女の槌』の著者が情熱を注いだのは、宗教裁判所側の大いなる権威、すなわち、自身の所属する修道会の先輩であり、少なくとも重大な事例においては魔術を宗教裁判所の管轄事項とみなしたニコラウス・エイメリクスに反論することであった[9]。

魔女迫害を世俗の司直にゆだねるというインスティトーリスの驚くべき「謙譲」は、被告人たちにとって長く致命的な結果を招くこととなった。しかもそのことがこの宗教裁判官の意識の底にはあったのだと考えていいであろう。つまり被告人にとっては、教会裁判所で申し開きをさせられるほうが民事裁判所で弁明を行うよりも生き残るチャンスがかなり大きかったのである。というのも、教会のゆるぎない法原理に照らせば、初犯なら、痛悔すれば比較的軽微な処罰ですむことを期待してよかったからである。他方、「国家」の法はこの点でまったく情け容赦のないしろものであった。

一四八四年秋のラーヴェンスブルクにおける迫害が一部しか成功しなかったため、その後インスティトーリスは一四八五年にまたしてもローマに赴き、新たなキャンペーンにその人脈を活用しようとした。そのためにインスティトーリスは、六月十八日、インノケンティウス八世から三通の認定書を引き出したのである[10]。

第一に、教皇はマインツ大司教ベルトルト・フォン・ヘンネベルクにたいし、宗教裁判官シュプレンガーとインスティトーリス、および他のドミニコ会士たちと協力して、ヴェストファーレンのパーダーボルンからグラウビュンデン州クーアにいたる同大司教教会管区内の各司教区ごとに、同じ権限を有するもう一名の宗教裁判官を任命する権限を与えた。「上述の宗教裁判官自身がすべての地域を旅行し、そこで審問を行うことなどできないからである」。この指示を、シュプレンガーとインスティトーリスの権限を一部剝奪するものと理解すべきではない。その証拠に、代理人は両名の同意なしには招聘できなかったからである。それにインスティトーリスは、いや、おそらくシュプレンガーも、これらの使命を果たしうるのは自分だけだなどとは考えていなかったであろう。だからこそこの根拠には説得力がある。さらに教皇は、宗教裁判官を支援する兄弟団の構成を、指導的な立場にある人々、貴族と市参事会員だけにとどめ、この人たちだけが、必要とする完全な贖宥を受けることを認めた。なぜなら、そうすることによって平民が兄弟団に加わった場合よりもこの敬虔な事業への支援は効果的になると考えたからである。大勅書は魔女迫害についてことさらに述べてはいないが、それはあらためて言うまでもなく宗教裁判官の義務の一つであった。

第二に、インノケンティウスは大修道院長「ヨハネス・フォン・ヴァインガルテン」に書簡を送り、「異端者にたいする信仰の擁護に」格別な働きのあったことを称讃し、大修道院長にオーストリア大公への口利きを約束した。

第三に、インノケンティウスはほかならぬこのオーストリア大公にしてティロール伯ジークムントに、異端者ならびに魔女集団にたいする闘争の功労を謝し、「男女両性の魔術師が……教会ならびに皇帝の諸法に鑑み、その犯罪の重大性にふさわしい処罰を受ける」ためには、この敬虔な事業が後退してはならない、またその遂行のために宗教裁判官の活動を支援してもらいたいと訴えた。このほかインノケンティウスは、第二の文書で約束したとおり、コンスタンツ司教区出身のフォン・ヴァインガルテン大修道院長を信仰の有能な守り手として大公に推薦した。

この三通の文書はインスティトーリスがティロールで魔女狩りを準備するのに役立った。第一の文書によって、インスティトーリスはそれまで活動範囲としていた南西ドイツに、自分が不在のあいだ代理人を指名することが可能になった。ローマを発ったあとインスティトーリスは、七月二十三日、ティロール伯領、ブレッサノーネ司教領に入り、ここで教区司教の協力を得て教皇の魔女に関する大勅書を公表して宗教裁判を開始した。

それにしてもなぜわざわざティロールを選んだのであろうか。それはおそらくティロールの西方、ボルミオ伯領における一連の訴訟を範としたためであろう[11]。イタリア語圏に属する長く延びたこのヴァルテッリーナ渓谷の最北部はコーモ司教領の一部であった。一四八三年から八四年にかけてモンツァ出身の宗教裁判官アゴスティーノ修道士の手で、一四人ほどの人々が処刑された場所である。一四八五年三月初め、一人の女の逮捕から新たな迫害の波が始まった。このときの宗教裁判官は、現地司教の代理を務めたコーモ出身の司教座聖堂参事会員ニコロ・ダ・メナッジオと、ジェローニモ修道士なる人物である。インスティトーリスは『魔女の槌』で、ボルミオ伯領における一四八五年の魔女狩りに何度も言及しており、この事件のことをよく知っていたのである。ただしボルミオに保管されている公文書を見るかぎり、このとき四一人が処刑されたと書くインスティトーリスの数値には証拠がない。確実な証拠があるのは、一四八五年八月二十二日に執行された五人の女にたいする火刑だけである。これは、インスティトーリスが隣接するティロールで宗教裁判を行っていた、まさにそのときのできごとである。

この処刑の際、人々を震撼させる事件が起こった。有罪判決を受けた者の一人、きわだってかわいらしいと記されている十八歳の少女が、薄着もしくは裸体で、炎に焼かれて死を待つべく縛られていた杭から身をふりほどくことができたのである。娘は取り囲む人々のなかの一人、公証人に駆け寄って救いを求めた。しかし判決書に述べられているところによれば、少女はまさしくその公証人の娘を殺害したのであった。いくら懇願しても無駄であった。少女は連れ戻され、殺されてしまった。

ボルミオ伯領からは何人かの被告人がティロールへ逃亡した。彼らはここでハインリヒ・インスティトーリスの手に落ちた。しかしこの被告人と現地の魔女とを根絶する彼の計画は、地元の権力者たちにはばまれて挫折する。これは何よりも権限をもつブレッサノーネの現地司教ゲーオルク・ゴルザーの功績であった。インスティトーリスがローマから司教領に足を踏み入れたとき、ゴルザーはインノケンティウス八世の大勅書を正確に公表し、それによって五〇人にたいする通常の告発と七人の女にたいする最初の逮捕に踏み切った。しかし司教は自分のもつ共同発言権を遺憾なく利用した。事実、教皇宗教裁判官は裁治権者(12)が希望すれば彼らを宗教裁判に参加させる義務があったのである。領邦君主ジークムント大公もそれを望んだ。ゴルザーはそのために全権使節として法律に精通した一人の聖職者を派遣した。十月末、インスブルックに法廷が招集された。一方にはインスティトーリスと他の三人のドミニコ会士が、もう一方には四人の司教代理が陣取った。最初に司教代理が、一人の医師兼法律家を弁護人として被告人につけたいと主張し譲らなかった。弁護人はインスティトーリスのとった手続きに訴訟上重大な瑕疵のあることを立証しようと試み、保釈金をとって被告人を釈放すべしと提案した。ドミニコ会士の抵抗にもかかわらず、司教側はこの判定を全面的に受け入れただけでなく、司教領におけるインスティトーリスの活動は終了したと宣言した。領邦君主当局もこの措置を支持した。

しかし宗教裁判官がなお司教領にとどまり、むしろ反論を用意していたため、ゴルザー司教はさらに態度を硬化させた。ゴルザー自身はインスティトーリスをどう評価していたのか、ある友人に宛てた一四八六年二月十六日付の書簡に包み隠さず書いている。「司教領で、あの修道士はじつに鼻持ちならない……。この人物がかねて多くの教皇の下で宗教裁判官を務めてきたことは、たしかに教皇の大勅書を読めばわかる。しかしここブレッサノーネの修道会総会で当人の発言を聞いた印象では、年をとってすっかり幼児化したように思える。自分の修道院にもどり、そこにずっといたらどうだと本人に忠告してやった。わたしの目にはこの人自身がほんとうに狂っているように映る（*Ipse realiter mihi delirare videtur*）。もしかするとこの女たちの一件で動きたいのかもしれない。しかしそんなことはさせない」。同じ日付でインスティトーリスに厳しい口調の手紙を書き、貴兄が今なお司教領の、醜聞とまでは言わないが瑕疵の生じた法廷のそばから離れないのは不思議でならない、と言っているのは、これと同じ意味である。女たちの夫や親戚は宗教裁判官殿を見たら手荒なことをするかもしれませんぞ。だからご自分の修道院に引き揚げるしかありませんな、と。⑬

ここでようやくこのドミニコ会士は撤退した。しかしそれでもまだ完全にではなかった。インスブルックでの敗北が今度はまた別の戦術をとらせたからである。興味深いことにインスティトーリスはローマに助けを求めなかった。そんなことをしても見込みがないと考えたのかもしれない。相手方は法律の重装備を整えていたからである。そうはせずに、インスティトーリスはそれからの数カ月というもの、ある修道院に引きこもり、魔女裁判官のための手引書『魔女ノ槌（*Malleus Maleficarum*）』の執筆に余念がなかったのである。幼児化の兆候があるというゴルザー司教の非難を額面どおり受けとってはならない。語法と内容にいくつもの誤りがあるとはいえ、著者がおそらく準備稿を書きためていたとしても、わずか数カ月でこれだけ大部の作品を書くのは、やはりあなどりがたい頭脳であった。同じ修道会に所属し、ともに宗教裁判官を務めたヤーコプ・シュプレンガーとの共著であるというのが、かつてはほぼ定説とされたが、今日この説をとる人はほとんどいない。インスティトーリスはこの本のなかでティロールにおける敗北の憤懣を少なくとも外面的にはぶちまけることをせず、原則的な側面から魔女問題に取り組んだのである。インスティトーリスは、当時、およそ五〇年続いていた新しい魔女理論と、魔女の飛行とサバトを含むそのすべての構成要素を教義として代弁したが、その際の力の入れ方はまことに個性的であって、わけても女を犯人とみなし、加害魔術という点を力説することによって、とくに世俗の司直にたいし、迫害を引き受け、かつ容赦してはならないと訴えた。

発表と普及のためにインスティトーリスが使ったのは、まことに現代的な方法であった。四〇年前ヨーハン・グーテンベルクが印刷術を考案していたので、宗教裁判官はこれに目をつけ、シュパイアーのある印刷業者に発注したのである。読者に感銘を与えるため、開巻劈頭に一四八四年のインノケンティウス八世の大勅書「余ノ衷心カラナル願イニヨリテ」を掲げた。そのため、たしかに教皇が認可した出版物であるかのごとき印象を与えるかもしれないが、事実はけっしてそうではない。このドミニコ会士はくわえて研究者の推薦までとりつけようと試みた。一四八七年五月、ケルン大学神学部にもちかけ、自分に都合のいい鑑定書の作成を依頼している。本文を直接採り上げてくれたのは八名の教授のうち四名だけだった。教授たちは、どちらかというと理論篇に相当する冒頭二章は哲学者の見解や教会の教えと矛盾しないと書いた。第三部の扱いは慎重になった。「第三部も、ここで論じられている異端者に関する考察は、神聖な教会法規に大きく矛盾しない範囲で、少なくとも是認しうるものである」。八名の教授の署名があるもう一通の鑑定書は『魔女の槌』にまったく言及せず、「加害魔術は、悪魔の関与を前提とし、魔術師と魔女が神の許しを得てなしうるものであり、……それは聖書の記述に合致する。……加害魔術など起こりえないと説くのはまちがいである……」という点だけが力説されている。[14]

さて、この見解は当時の事情からすれば奇をてらうようなものでないどころか、厳密にいうと少しもインスティトーリスを支持してはいない。くわえて八名の教授も、学部として公式に共同鑑定したのではなく、あくまでも私的な所見にとどめたのである。しかしこのような微妙な点に読者の一部は気づかなかった。とにかく八名の教授が同意して署名したことに変わりはない。表面だけをみれば出版認可と理解できないわけではなく、著者としてはそれで十分意にかなうものであった。教授連の私的鑑定書に認められる誤った解釈に神学部は後日訂正を試みた。その後の研究で、インスティトーリスは八名の教授の判定を偽造したのだという見解が生まれたのはそのためである。しかしその論拠には説得力がない。インスティトーリスは熱心な魔女迫害者であり、著書を抜け目なく市場の好みに合わせられる人物ではあった。しかし文書偽造の烙印まで押す必要はない。[15]

この本が出版されたあともインスティトーリスはこの問題にこだわりつづけた。たとえば一四九一年にはニュルンベルク市参事会のための簡約版を書いた。ニュルンベルクの人々は鄭重に謝意を伝えたが、ドイツ国内の重要都市の大多数がそうであったように、このときも、またその後も、大規模な魔女狩りをあおりたてるようなことはしなかった。一五〇〇年、インスティトーリスはウィーン近郊クロスターノイブルク大修道院長とともに、教皇アレクサンデル六世から、ベーメンおよびメーレンにおいてヴァルド派と魔女を取り締まる権限を与えられた。[16] ただし、もはや特筆すべき成果は記録されなかったように思われる。いずれにしてもインスティトーリスは一五〇五年、メーレンに没した。

インスティトーリスが流させた血の痕にたいするローマの共同責任について冒頭に問題を提起したが、

こうと一概には答えられない。まず強調しておきたいのは、インスティトーリスが宗教裁判官として、教皇（最初はシクストゥス四世）の名の下に、教皇から全権を委任されて登場し、判決を申し渡した事実である。そのやり方に抵抗する者が現れたとき、インノケンティウス八世はインスティトーリスを支援することに躊躇しなかった。大勅書「余ノ衷心カラナル願イニヨリテ」は、教皇が魔女のわざと、とくに加害魔術とを重大な犯罪行為として位置づけていることを証明した。しかしよくよく読めば、そこに食い違いのあることは明らかである。インスティトーリスは血眼になって魔女狩りをしたが、教皇にとってみれば、それ以外の敵、公会議首位論者との戦いのほうが重要であった。宗教裁判官が女のしわざにばかり目を奪われていたのにたいし、教皇は魔女一味の男をも見逃さなかった。ついでにいえば、教皇から授けられた代理権も万能薬ではなく、強情な官吏と被告人に道理をわきまえさせるのはむずかしかった。ブレッサノーネ司教ゴルザーの抵抗が目ざましい成果をあげたことからもわかるように、たとい大勅書があったとしても、法律に精通した勇敢な世俗当局には、個々の具体的な事件において宗教裁判官への協力を拒み、そのことによって宗教裁判官の意図をくじく可能性がまだ残されていた――しかも宗教裁判官がローマに新たな介入を要請することはなかったのである。他方、南ドイツのほかの裁判権者はインスティトーリスへの協力を拒否せず、むしろ協同して火刑の薪に火を放ったのである。

インスティトーリスの登場とともにドイツの宗教裁判所は存在することをやめた。ドイツにはベーメンのフス教徒を別にすればほとんど異端者がいなかったため、すでに十三世紀から宗教裁判所は影の存在に甘んじてきた。ルターの宗教改革に対抗する武器として復活する可能性がなかったわけではない。しかしそれに成功したのはイタリアだけである。ドイツの諸侯は帝国がイタリアないしスペインの宗教裁判所から感染を受けるのを躍起になって妨害し、カトリック皇帝カルル五世もそのような人気のない手続きの導入を見送った。形式上は十八世紀にいたるまで規則正しくケルンのドミニコ会修道院の修道士が宗教裁判官に任命されたが、イタリアにおける同職とはちがい容疑者を逮捕することもできなかった。ましてや正規の刑事訴訟を手がけるなど論外であった。そのため修道士はほとんどの場合、書籍検閲官の職務で満足していた。

このような展開にインスティトーリスは不満であったかというと、少なくとも宗教裁判官たちによる魔女迫害に関するかぎりは、かならずしもそうではなかったであろう。インスティトーリス自身も同僚もこの難儀な荷物を背負うことにけっして執心していたわけではないからである。司教や、あるいはもっとふさわしいのは厳格な世俗の法律家が魔女を根絶するなら、それにこしたことはないと彼は考えていた。『魔女の槌』は一五二三年までに一三版を重ねたことからみて、少なくとも関心を示し、その大多数は内容にも同意する読者を得た。ドイツの状況はインスティトーリスの願った方向をたどることとなった。皇帝、諸侯、都市が迫害を引き受けたのである。彼らにとって魔女のしわざは、インスティトーリスが宣伝したように、そして中世以来の伝統である加害魔術という考え方そのままに、信仰からの離脱というよりは、むしろまず世俗の犯罪であり、社会への攻撃であり、刑法典にも事実そのように定められていた。すなわち、最初にバンベルク大司教領の法書、一五〇七年の『バンベルゲンシス』に、つぎにこれを範として一五三二年に公布され、その後二、三百年ものあいだドイツ国民の神聖ローマ帝国に権威として通用した『カルル五世刑事裁判令』に規定された。その第一〇九条はつぎのような文章で始まっている。「さらに魔術によりて人民に損害ないし不利益を与える者は、これを罰して生より死へといたらしむるものとす。本刑罰は火をもって執行するものとす」。悪魔との契約、魔女の飛行、魔女のサバトについては何も書かれていない。また、訴訟を起こすための規定、たとえば徴憑《ちょうひょう》と検事側証人の発言を必要とする旨の規定があることから、あくまでも容疑者と被告人には、無罪を証明し、もしくは非難の証拠が不十分であることを主張するチャンスが残されていたということができる。しかし長きにわたって、とくに十六世紀後半には、ドイツの多くの法律家のあいだに、魔女のわざを例外的犯罪（*crimen exceptum*）とみなし、一般に行われていた立証水準を下げて被告人を犠牲にする傾向が定着していった。とくに魔女集団の存在を信ずる風潮が確立すると、これが魔女の飛行とサバトの考え方とあいまって、およそ一五九〇年以降に訴訟の雪崩現象を引き起こすひきがねとなった。教皇と宗教裁判官がこの過激化と無関係であったことは、二つの理由から明らかである。第一に、魔女問題における両者の影響はアルプスの北側ではごく限られたものでしかなかった。ローマなど見向きもしないプロテスタント領邦のみならず、カトリックの有力諸侯においても同様である。第二に、魔女迫害のこのような過激化はまったくといっていいほどイタリアを素通りした。少なくとも十六世紀のあいだはそうである。

第6章　宗教裁判所とヴェネツィアの闘争

一五〇〇年前後の数十年間はさしあたりそれまでとは異なる様相を呈した。西アルプスのフランス語圏、イタリア語圏で発生した大量迫害は北イタリアをも巻きこみ、教皇、司教、宗教裁判官がこれに関与した。すでに言及したコーモ司教区における迫害と、一四八五年のブレッサノーネ司教区におけるその試みの失敗と時を同じくして、迫害の波は両司教区の中間に位置するブレッシャ教区へと波及した。もっとも猖獗《しょうけつ》を極めたのはブレッシャの北、ヴァルテッリーナ渓谷と並行して走るプレアルプスの峡谷ヴァル・カモーニカであった。ここにはおよそ五万の人々が住んでいた(1)。

ここは、イタリアの地で最大の富と権力とをたくわえていたヴェネツィア共和国の支配下にあった。その頂点にあったのが、選ばれると終身官となる総督、ドージェである。ドージェは都市貴族と実権を分け合っていた。世俗諸侯の領邦がどこでもそうであったように、司教および教皇の宗教裁判官は訴訟を進めるにあたり、国家の協力をあてにしていた。一四八五年十二月にアントニオ修道士なる人物がヴェネツィアの参事会で、ここ数カ月ヴァル・カモーニカに魔女が出現していると報告したのは、そのような意図があってのことである。魔女たちはカトリック信仰を否定し、悪魔を自分たちの神として崇拝し、秘蹟《サクラメント》を汚し、子どもを殺害し、聖別されたホスチアを臼で搗《つ》きつぶし、子どもの死体を掘り返し、それをサタンへの捧げ物とし、悪天候を引き起こしている、と。(2) 翌日ドージェはブレッシャ駐在の代理人である行政長官と軍隊長にたいし、容疑者の逮捕と監視に協力せよと指示を出した。その際には「神と司法のために、事件が必要とするあらゆる知恵をしぼるべし」と。(3) 一四八六年九月、ブレッシャの司教パオロ・ザーネがこれに口をはさみ、独断での判決宣告は暴挙だと異議を申し立てた。(4) これは司教の当然の権利であったが、他方、ブレッシャ駐在のヴェネツィア総督府代理人も死刑判決を執行する前に公文書の閲覧を要求した。しかし宗教裁判官はそれを拒否し、念には念を入れるため、一四八六年九月末、ようやく教皇インノケンティウス八世からしかるべき委任をとりつけることに成功し、以後このような宗教問題への介入にたいしては官吏に破門制裁を適用しうることとなった。(5) 翌年になると教会と国家双方の代理人の関係はますます冷却した。ヴェネツィアの官吏のなかには被告人の弁護を引き受ける者も何人か現れた。これにいたく立腹した宗教裁判官は聖職についていた官吏の一人をローマへ召喚させ、公証人であった別の官吏を逮捕し、保釈金をとってようやくまた釈放するありさまであった。ドージェが厳重に抗議したのはその当然の結果である。(6) 魔女迫害がその後どのように展開したか、残念ながら文書の断片からは窺い知ることができない。いずれにせよ、ほかならぬヴェネツィアでは世俗代理人と教会代理人との関係がすっきりしなかった。一つには刑法典の正式な側面、つまり魔女訴訟にたいする国家の関与の問題がそこにはあった。他方、その背後に事件の内容に関する評価の不一致がかいま見える。領邦政府の指導者の一部には、被告人の罪に確信がもてない事例もかなりあって、手続きを進めることをあの手この手で妨害した。

宗教裁判官の立場を強化するため、教皇アレクサンデル六世は一五〇一年、ロンバルディアの宗教裁判官とその後任に、たとい相談役を起用するにしても、なお単独で魔女の取締りができる全権を委任した。それゆえこれまでの教会法の慣行とは異なり、もはや現地司祭を関与させる必要はなくなったのである。ましてや国家側からの要請についてはなおさら同様な扱いとなった。教皇ユリウス二世（一五〇三―一五一三年）がミラノ公国に属するクレモーナの宗教裁判官ゲーオルク・フォン・カザーレを支援し、魔女問題に関する同人の権限に異議をとなえる俗人と聖職者を牽制したのも、右の方針をそのままうけたものである。[7] つまりヴェネートだけでなくロンバルディアにおいても、魔女迫害を推進する宗教裁判官の職権とその行使について意見の衝突があったことになる。

それは一五一八年から二一年にかけてヴァル・カモーニカできわめて先鋭化したかたちで現れた。[8] これがイタリアにおける教会裁判史上最後の大規模な魔女迫害となった。その意味で、また右の意見対立の観点からも、これはとくに注目に値する。今回の推進勢力は教皇大使ではなく、当時まだ臨時代理を務めていたブレッシャ司教パオロ・ザーネとその四人の代理人であった。彼らはそのためにヴァル・カモーニカを四つの管区に分け、この四人がそれぞれの管区における宗教裁判を引き受けた。当初、一五一八年の夏に裁判はとんとん拍子に進み、一部は早くも結審していたので、ヴェネツィア共和国の首脳部が、七月に、またその後厳密にいうと八月に、ブレッシャから届いたある官吏の長い手紙によって事件をはじめて知ったときには、すでに既成事実となっていた。

「閣下よりこれらの魔女についてご報告するようご下命をたまわりましたので、事実ヴァル・カモーニカだけでなく、当地ブレッシャにおいても、いや、国内のいたるところに、この悪しき異端と、主なる神および聖人を否定するふるまいの蔓延していることを、ここにお伝えいたします。ヴァル・カモーニカでは四町村において男女約六四名が処刑され、ほかにも身がらを拘束された者がおります。その総数は五〇〇〇に達しますので、まことに信じがたいありさまです。すでにご報告いたしましたとおり、魔女八名の焼かれる様子を見るためピゾッニェにまいりましたおり、わたくしの見聞が事実であることを、火刑台を目のあたりにして納得した次第でございます。……

すでにしたためましたとおり、ヴァル・カモーニカに男女を問わず魔女が多数いるのは事実でございます。さりながら訴訟が適切に処理されたかと申しますと、かならずしもそうではないというのがわたくしの印象です。

宗教裁判所助任司祭のベルナルディーノ・デ・グロッシスの説明によりますと、この者たち［ピゾッニェの八人の女］はしぶとい、異端の魔女だとのことです。あえて申し上げますが、わたくしと他の数名が処刑前日、魔女との面談を許可していただきたいと司祭に申し出ましたところ、『この者たちの気持ちを乱してもらっては困る。すでに自白したのであるから』というのが司祭のお答えであったのは事実です。

また、女の一人がいよいよ火刑に処せられるほかなくなったとき、『わたしがアントニン・デクスと、シャバディーノさん、バルトロミオ・デイ・モーリのために有利な証言をしたことをけっして忘れないでください』と言うのを、たしかにこの耳で聞きました。女はほかにもいろいろと人名をあげましたが、そのとき、『以前トナールでこの人たちを目撃したというのはうそです。それはここにいる方々に力ずくで言わされたのです。わたしは自分の良心を救うためにあえて申し上げます』と語りました。

また、上記の女たちが生きたまま火刑に処せられたとき、その見せ物があまりにも残酷だと思われましたので、動顛してその場を離れたのは確かです。とくにほかの女たちが炎に焼きつくされない前に、すでに三、四人の女が絶命し、いわば黒焦げになったときにはそうでした。

また、魔女のなかに、常軌を逸した拷問を受けたことを公然と暴露する者がいるのも事実です。とりわけ告白をうながすために、ある女を火で拷問いたしましたが、その結果、火の暴力によりこの女の両脚は切り離されました。

また、あえて申し上げますが、一人の人間の死が問題になるこの種の裁判にあっては、経験を十分に積んだ人たち、たとえば敬神の念にあふれ、清らかな良心をもつ神学者と教会法学者によって進められてしかるべきだと存じます。

しかるにわたくしは閣下に断言するほかございません、この者たちの一部はまぎれもなく魔女でございました。女たちが最初に告白したのは、洗礼とイエス・キリストとその聖母とを否定し、十字架の上で悪魔と性交渉をもつということでした。女にさらに大きな快楽を与えるため、悪魔は二股の性器をもち、女たちの自白によれば、それを用いて同時に二倍の官能的悦楽を追求するのだとまことしやかに説きます。女がその気になるたびに悪魔を呼びますと、悪魔はいつでも奉仕に来てくれます。しかし女たちは男を相手にしたほうが快楽は大きいと告白しておりますが、デーモンは質量ともにデーモンらしい方法で女に奉仕いたします。ただし感じるのは冷たいモノだと女たちは申しております。同様に、男たちもそれぞれ愛人をもち、彼女たちを使用すると言っておりますが、相手がデーモンであることは重々承知しております。デーモンは上品な男のなりをし、若い男または若い女に変身しますが、足、と申しましても……獣の足ですが、あるいは角のごとき、デーモンの証拠をいくつかもっていることが女たちにはわかります(9)」。

この書簡に見まがうべくもなく現れている魔女信仰と懐疑との混在は、不当な手続きにたいする嫌悪

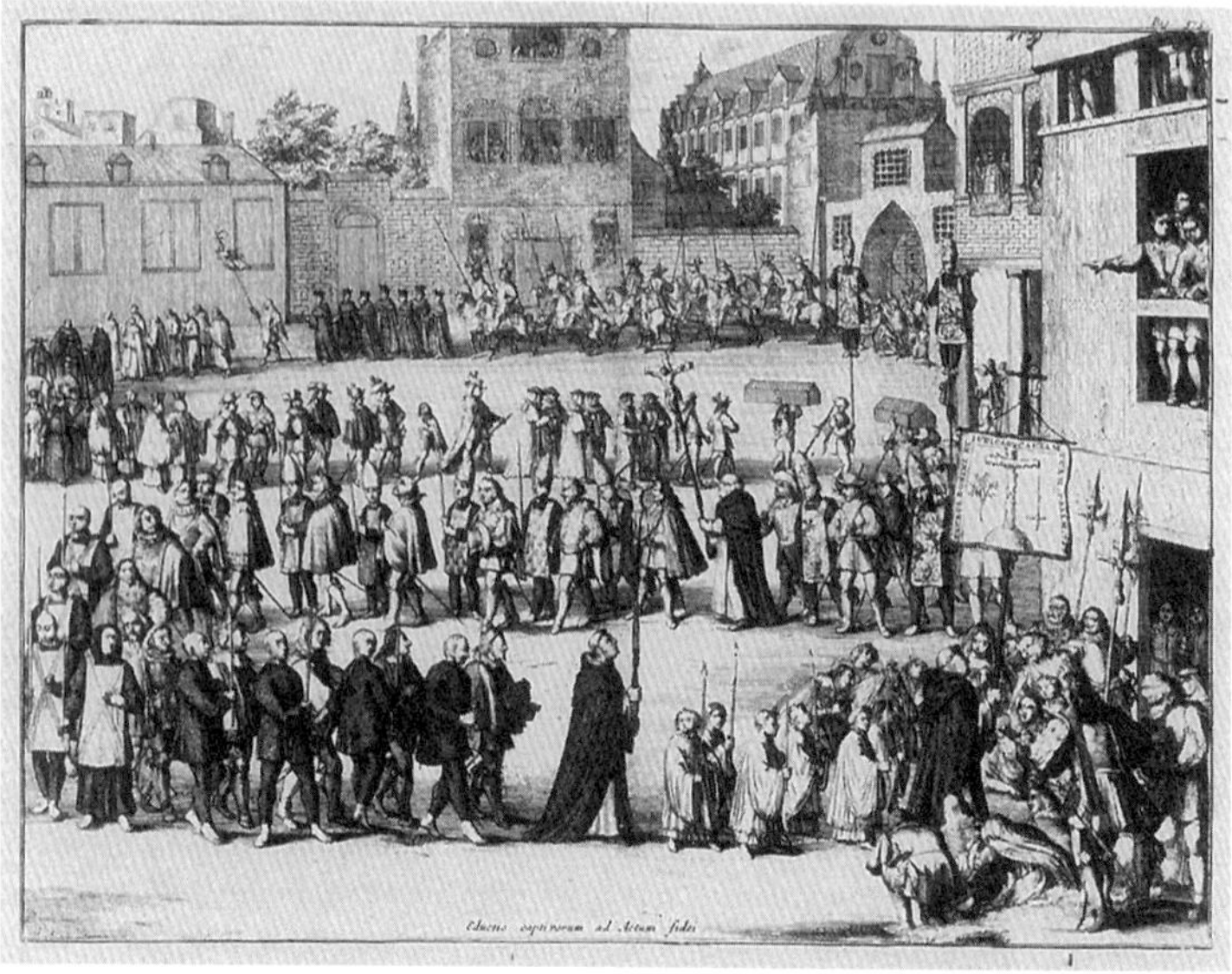

アウトダフェーに向かう行列．被告人たちは罪の重さの順に並んでゆっくりと進む．そのあとに続くのは，不在のまま，あるいは死亡後に死刑判決を受けた被告人たちの肖像とひつぎである．Philippus a Limborch, *Historia Inquisitionis*, Amsterdam 1692 より．

から出たものであるが、以後二〇〇年にわたって何度も、とくにドイツにおいて表明される、訴訟慣行にたいする控えめな批判の見本のようなものである。

しかしこの重い非難がすべて根拠のあるものかどうかは疑問である。これにたいする宗教裁判官の所見と訴訟記録の大部分が今となってはもはや閲覧できないため、検証はきわめて困難である。宗教裁判官は刑の免除をちらつかせながらうその自白を引き出し、その後約束を破ったのだと、火刑の薪を前にして被告の女たちが語った、このわけても重大な非難については、つぎのように言うことができる。ニコラウス・エイメリクスの権威ある手引書『宗教裁判官指南』によれば、宗教裁判官は被告人に、自白すれば死刑判決を下さないと約束してさしつかえなかったのである。「なぜなら多くの者は、脅して死の不安を与えないほうが、かえって真実を告白すると思われるからである」。ただし累犯にいたった犯人にはこのような約束を与えてはならない。宗教裁判官が約束を守るのは、エイメリクスにとって自明なことであった[10]。

このまことにもっともなエイメリクスの態度と正反対なのが『魔女の槌』におけるハインリヒ・インスティトーリスの立場である。裁判官は、「被告人が犯行を告白すれば死をもって罰せられるにもかかわらず、生命の維持を約束してさしつかえない」のかどうか、この問題についてハインリヒ・インスティトーリスは三つの立場を紹介する。

第一の立場によれば、被告人が生かされ、比較的寛大な贖罪、たとえば追放だけで放免されることを約束してもよいが、その場合であっても、実際にはしかし「水とパンとを与える終身刑」に処してもさしつかえないという。

ここに報告されている他の二つの法解釈はいっそうマキアヴェリ主義的であり、

――「魔女にたいし一時約束を守り、暫時経過してから焼いて灰にする」こと、

――「裁判官は安んじて魔女に生命の維持を保証してさしつかえないが、その後、当の裁判官自身が判決を下すのではなく、別の裁判官がこれに代わるようにする[11]」。

インスティトーリスはこの二つの立場を、ほかの箇所とは異なり、文書によって裏づけてはいない。つまり同僚――世俗裁判官および（もしくは）宗教裁判官――から口頭で伝えられた意見をそのまま引合いに出しているのだと考えられる。ただし、インスティトーリスがとにかく彼の個人的見解を同僚に言わせたのではないという前提が必要である。『魔女の槌』の著者が、たとえばこの醜悪な原則から距離をとることなく、それを引用するだけでよしとしているのは、いかにもインスティトーリスの正体を

暴露するものである。なるほどこの原則に明白に合意しているわけではない。しかしあえて公言しなくても、むしろその雄弁な沈黙が彼の本音を暴露している。

ヴァル・カモーニカで処刑された八人の女の事例に戻れば、女たちが裁判官に面と向かって、彼が（同職にある別の者ではなく）女たちに放免するとうその約束をしたと語っていることからみて、最後に述べた第三の方法が適用されなかったのはまちがいない。しかし宗教裁判官はもしかすると約束を破ったことに良心のとがめなどまったく感じていなかったかもしれないのである。ただし、すでに指摘したとおり訴訟文書が残っていない以上、いかなる評価を下しても絶対確実だとは言い切れないことを、公平を期するために述べておかねばならない。宗教裁判官を幾分なりとも免責するためには、これより二年後の一五二〇年にミラノ公国で同じ修道会に所属する同僚がとった態度と同様の態度を、この宗教裁判官もとったのだと仮定しなければなるまい。ミラノの宗教裁判官は訴えられた女たちに何度も寛大な判決を約束しておきながら、さしあたりはまだ一部しか自白していないとみた。たとえば悪魔との契約や情交については認めたが、他の魔女の名前は思い出せないなどと言い逃れをしていると判断したのである。このような態度を宗教裁判官は（罪なき者たちを救う試みというよりはむしろ）しぶとい黙秘だと解釈し、そう解釈することによって死刑判決を正当化したのである[12]。

では、ヴァル・カモーニカの司法スキャンダルの背後には何があったのであろうか。もしかすると、必要とされる「告白」の内容に関して、被告人と裁判官とのあいだに誤解が生じたにすぎないのであろうか。それとも、ヴェネツィアの観察者たちが評価を下したとおり、これを、公正な訴訟手続きを要求する自然法にも、また教会法にも頓着しない宗教裁判官の取りつく島もない態度だと決めつけていいものであろうか。結局のところ確実な評価は得られそうにないのである。

別のカテゴリーに属する被告人の場合、ハインリヒ・インスティトーリス型の宗教裁判官は、彼女たちを火刑の薪に乗せるのに法律の曲芸をやってみせる必要はなかった。累犯者（*relapsi*）だからである。たとえばベンヴェニューデ、通称ピンチネッラの場合がそれである。彼女の訴訟文書と死刑判決書（一五一八年、ヴァル・カモーニカのエードロ）が保存されている。ここにはっきりと見て取れる魔女像には、イタリアのアルプス地方に典型的なイメージが細部にわたってかなりよく映し出されている。北イタリアの「ブロッケン山」ともいうべきトナール山上での魔女のサバトには、「女と男の主人が黒の長い衣をまとって現れたが、この二人を女はイエスとマリアのごとく崇拝し、神として受け入れ、処女マリアとすべての聖人とを否定する信仰をもち、十字架を両足で踏みつけ、これをまた方法を変えて徹底的に冒瀆し……、悪魔から授かった軟膏を使って多くの人に魔法をかけて殺害した。しかし女はかつて［ある訴訟で］悔い改め、破門制裁を解かれたことがある……。数年後にまた罪を犯し、獄舎としてあてがわれていた家から無断外出し、もはや赤い十字架を身につけず、ずっと迷信医術を教えていた」。

判決を申し渡したのは司教代理を務めたブレッシャの司教座聖堂参事会員バッティスタ・カンプローノと、司教宗教裁判官の代理人であるブレッシャのドミニコ会士ラウレンティーウスであった。判決書には証人としてほかに八名の聖職者の連署があった(13)。

これらの訴訟にたいする批判は、ブレーニ地区で一人の男と七人の女が、かつて有罪判決を受けながら累犯にいたった魔女として処刑されたあとの六月、早くも声高になった。翌日、同地区の城砦傭兵隊長は上官に宛てて、魔女のサバトというのはデーモンどもが見せるまやかし（錯覚 *illusiones*）ではないのかと自問している、と書き送った。書き手が神学によく通じているのは興味深い。彼はある古い教令のなかに、人間が別の生き物の姿に（つまりたとえば獣に）変身しうるという主張は異教の迷信である、という文章を発見していた。もっと意義深く思われるのは、彼が『司教規範《カノーン・エピスコピー》』を参照すべしと書いていることである。「そこでは、夜ディアーナやヘロディアスとともに遠乗りをすることを信ずる女が非難されている」。さらに書き手はその批判のなかで、神学の最高権威アウグスティヌスとトマス・アクィナスを引合いに出している[14]。

これらの不吉な知らせがただちにヴェネツィアへ転送されると、七月三十一日、最高行政機関、十人顧問会（「カーピ」）は有無を言わせぬ命令を下した[15]。

各訴訟はさしあたり中断されることになり、宗教裁判官が訴訟文書を携えてこの潟に囲まれた都市まで来なければならなくなった。要するに教会側は自分たちの裁判にたいする国家の介入を尊重したのである。ここで教皇大使の登場となった。おそらく教皇大使は、文書を手がかりに事情をひととおり把握するまでのあいだは少なくとも譲歩するようにと、司教に働きかけていたのであろう。

教皇使節からの関与の希望に十人顧問会は譲歩し、国側の法律家たちは訴訟内容を研究したあと、その文書を教皇使節に手渡した。しかし教皇大使は問題を完全に掌握することを要求して譲らなかった。それは情報のためだけでなく、訴訟を牛耳るためでもあった。十人顧問会も一部これに巻きこまれた。しかし評定に当たる適任者の選任は顧問会側が教皇大使側に強く勧めたもののようにみえる[16]。

さて、この問題は原則に触れる意義をもっていたため、ローマも介入させられることになった。レオ十世は教皇大使に小勅書、すなわち短い書きつけを交付し、教皇大使自身に本件を引き受けるための全権を与えた。これを受けて十人顧問会はローマ駐在ヴェネツィア大使に、支援にたいする謝意を教皇に伝えるよう指示したが、同時に、別の指示をも出してもらいたいという希望を伝えさせた。すなわち、まず第一に、現在なお係属中の訴訟を放念する、つまりまだ身柄を拘束されている四〇人に判決を下さ

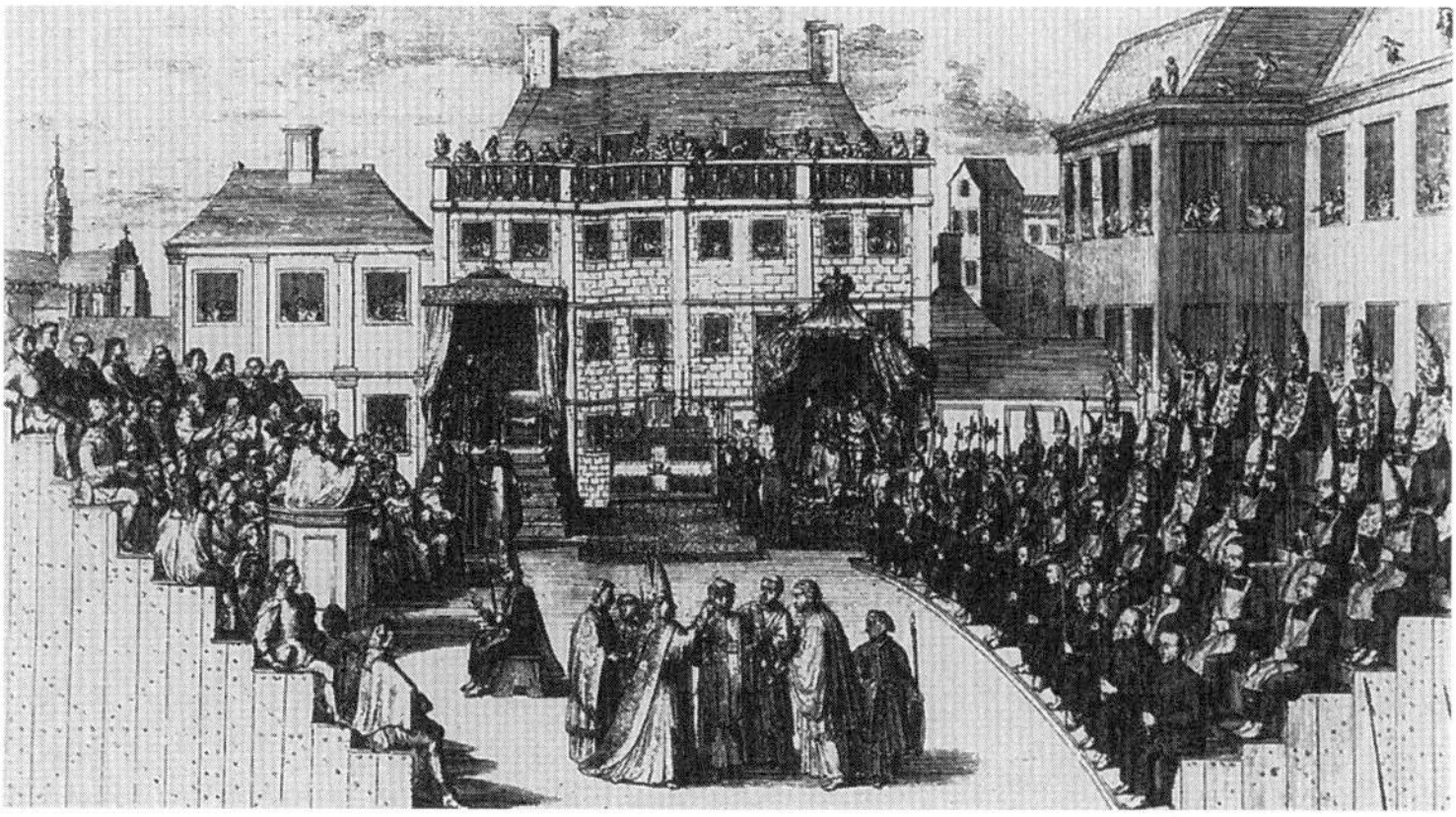

スペインの宗教裁判におけるアウトダフェー．中央で1人の司祭が判決を申し渡される前に聖職を剝奪されようとしている．そのために1人の司教が剃髪《トンスラ》を含む司祭身分のしるしを被告人から取り上げる．右側には被告人が罪の序列に従って6列に並んですわっている．左側，見物席の前の説教壇から1人の聖職者が被告人に判決を申し渡している．後方，ミサを挙行する祭壇の両側には聖俗賓客のための桟敷がある．Philippus a Limborch, *Historia Inquisitionis*, Amsterdam 1692より．

ないようブレッシャの司教とその助任司祭に命ずること、第二に、教皇大使がみずからヴァル・カモーニカを訪れて裁判官の責任を確定し、事と次第によっては裁判官を処罰するよう指示することである。司教と助任司祭が「職務を当然の義務として果たさず、うわさによれば所有欲に駆られ、法秩序ニ反シテ（*contra iuris ordinem*）非情にも訴訟を起こした[17]」からである。

九月二十二日に届けられた知らせによると、これまでに六六人が処刑されていた。ローマからの返事を待つあいだも教皇大使アヴェロルディは資料を精読した。その結果、少なくとも被告人の一部については有罪を確信したように思われる。事実、被告人の一人である司祭をヴェネツィアに呼び寄せ、みずから罪を認めたこの男を決定的な証拠として最高行政府に突きだした。目撃者の一人、ヴェネツィアの年代記編者サヌードはこう書きとめている。

「トナール山に行ってコミーナという名前の

愛人を得ようとしたのだと、男は大声で告白した。しかし悪魔はそこでビアンカ・マリーアと呼ばれる愛人を与えた。この女とはじめて会ってすぐに三度、事に及んだ。ふつうの『いれもの（*vaso*）』に一度、肛門に二度やった、と。男は最後に、自分の体も魂もそこに入っていったと語った。ドージェと全高官《シニョリーア》は男に多くの質問をぶつけた。［答］それは頭に角があり、ガチョウのような手をした悪魔でした[18]」。

　これらの陳述と訴訟記録はヴェネツィアの都市貴族のあいだに活発な議論を巻き起こした。訴訟をもっとも鋭く批判したのは副ドージェ、ルーカ・トローンである。トローンからみれば魔女の飛行や魔女のサバトなどというのはまったくもってばかげた作り話であった。

　しかしこの件はまだ決着がついていなかった。十月、教皇との意見交換の内容がローマ駐在ヴェネツィア大使から届いた。ヴェネツィアの宗教裁判官を解任していただきたいという願い出にたいし、レオ十世は、なんぴとも理由なくして罷免することはできないと答えた。しかし、ヴェネツィアにいる教皇大使に書簡をしたためよう、そして有能な助手を一人派遣しよう、とも語った[19]。これはヴェネツィアが希望した有無を言わせぬ介入というようなものではなかった。現地の宗教裁判官たちは好機到来を予感した。十二月には一人のドミニコ会士が五人の魔女を逮捕するなど、当座の訴訟中止をまったく意に介さない様子であった[20]。一五一九年二月にはブレッシャに隣接するベルガモ司教区の宗教裁判官ゲーオルク・フォン・カザーレが、トナール山に行った魔女を自分もいま逮捕させたところだと、ヴェネツィア政府に伝えている。そしてこのような異端は根絶されねばならないと言って、ヴェネツィアの同意を得たいと述べている。教皇大使に文書を送るべきだというのがドージェの見解であったが、ルーカ・トローンはこれに真っ向から反対した。「そもそもがばか話である。トナール山への飛行などありはしない

パレルモ（シチリア）におけるスペイン式宗教裁判のアウトダフェー．1724年4月6日，パレルモ市シッラ異端審問所法廷において厳重に執行された信仰の儀式に関する公文書（パレルモ，1724年）より．

のだ」と。[21]

ルーカ・トローンはとくにブレッシャの行政首脳部に盟友をもっていたが、ここの行政長官は宗教裁判官の特徴をつぎのように書いている。「率直に言ってこの人たちは、羞恥心も良心もなくしてしまった農夫が変装しているようだ。いや、当地にいる宗教裁判官の大半がそうだと言いたい。だからこの人たちはヴェネツィアへは行きたがらない。けんか好きと素行不良のためユダヤ人以上に悪くみられていることを自覚しているからだ……。修道服のおかげでどんなおぞましい大罪でも遠慮せずにやってみせる。わたしの念頭にあるのは、本人たちの言うとおり、俗人と世俗の貴族が自分たちにたいしてなんの力ももっていないのをいいことに、その行為から馬脚を現す、悲しむべき者どものことである」[22]。

論議は一五二〇年のあいだずっと続いた。教皇大使アヴェロルディはヴェネツィアとローマの同意を得て、調査権をほかの二人の聖職者にゆだねた。その一人、カポディストリアの司教にしてドミニコ会司祭であるバルトロメーオ・アッソニカが独自に四人ないし五人の「魔女」を逮捕させたとき、十人顧問会はついに堪忍袋の緒を切らせた。アッソニカにあっては、ただちにヴェネツィアでその行動の正当性を弁明せよ、すべての訴訟を一時中断し、教区から予審判事への必要経費の支払いを差し止めるべきだ、としている[23]。

今回の事案にたいする権限と魔女評価に関する教会と国との論争は、こうしてついに頂点に達した。一五二一年一月三日、司教が実際にヴェネツィアへやって来て、携えてきた訴訟文書が朗読された。これをきっかけにして教皇大使と副総督とのあいだで妖術のまことの信憑性に関して（*sulla verità effettiva della stregoneria*）激しい論争が勃発した。司教はヴェネツィア政府から、もう一度ベルガモに帰ること、しかし今後十人顧問会から指示があるまでは何もしてはならないという命令を受けた[24]。

教皇大使はそこで教皇に助けを求め、一五二一年二月十五日、小勅書を交付させた。このなかでレオ十世は、宗教裁判権にたいする共和国の介入を厳しく断罪した。ヴェネツィアにおける世俗委員会に司教を召喚するとはなにごとか、ヴェネツィア政府が現地の役所に、どんなことがあっても訴訟を支援するな、わけても死刑判決の執行によって支援するようなことがあってはならないなどと指示を出すとはなにごとか、文書の閲覧を要求し、それによって訴訟に関与するとはなにごとかと、教皇は批判した[25]。

その結果、十人顧問会はまたしても数週間にわたって集中審議を行った。年代記編者サヌードは他の多くの人と同様につぎのような確信を得た。「この貧しい人たちは殉教者として死んだ。トナール山など存在しない」。ルーカ・トローンと三名のカーピの提案にもとづき、枢密院は三月二十一日、つぎのような規則を制定した。その冒頭には、「異端者を追及し根絶すること、ただし先見の明と正義とをもって、正しくかつ法の定めるところに従い……また、主なる神の栄光とカトリック信仰とを奉じつつこれを実行すること」こそ、つねにヴェネツィア国家の意図するところであったと明言されている。これを確実に遂行するため、ブレッシャにおける訴訟に関しては、一名ないし二名の司教を宗教裁判官につけ、あわせて二名の博士、すなわち専門家としてブレッシャの法律家を配置することにした。つぎに、

火刑用の薪の準備．Philippus a Limborch, *Historia Inquisitionis*, Amsterdam 1692 より．

訴訟を彼らの都市で継続し結審させることとし、両学長、すなわちヴェネツィアの、行政長官の法廷を代表するにもっともふさわしい人物と、ブレッシャの他の四名の博士を同席させ、その助言を得るように計らった。宗教裁判官は「今日までに発生した誤謬をくりかえさないだけの学識をもち、善良で尊敬に値する……人物でなければならない……」。上述のごとくこれまで何度もみられたように、金銭欲から……罪なき人あるいは軽微な罪人に永劫の罰を与えるべきではない」。教皇大使は諸経費の限度額に留意するよう言いつかっていたので、「これら貧しい人々が訴訟におとらず説教と信仰指導を必要としていること」を自覚していて当然の立場にあった。こうして十二月十二日の訴訟停止以来行われていた差し押さえの無効が宣せられた。

これは教会の裁判権にいかなるかたちであれ国家が口をはさむことを禁じた教皇の小勅書とは正反対の内容である。驚くべきことには、おそらく教皇庁との協議のあと、教皇大使は四月十二日、この決定を無条件に受け入れたのである[26]。誇り高い都市君主は教会とのいさかいにおいてあくまで自分たちの主張をつらぬいてきた。ローマが折れたのはなぜかは判然としない。この点についていえば、教皇はもっと大きな心配事をかかえていたのではないか、つまりマルティーン・ルターおよびドイツにおけるその信奉者たちとのしだいに激化する闘争が、このうえヴェネツィアにまで敵をつくるのは望ましくないという計算を働かせたのではないか、あるいは、勃発したばかりではあるが、上部イタリアをも巻き添えにしたフランス国王フランソワ一世と皇帝カルル五世とのあいだの戦争のほうが、もしかすると重要だったのではないかなど、あれこれ推測することはできる。が、いずれにしても十人顧問会は一五二一年七月二十七日、ブレッシャにおける他のすべての訴訟を停止し、同時に、「焦眉の急たる事件」のために必要であるとの理由から、教会の特任裁判官の活動をも差し止めた[27]。

死刑判決を受けた被告人たちが刑場へ兵士に護送されていく．同行する聖職者が，せめて魂だけでも救われるよう，罪の告白を被告人にうながす．Philippus a Limborch, *Historia Inquisitionis*, Amsterdam 1692 より．

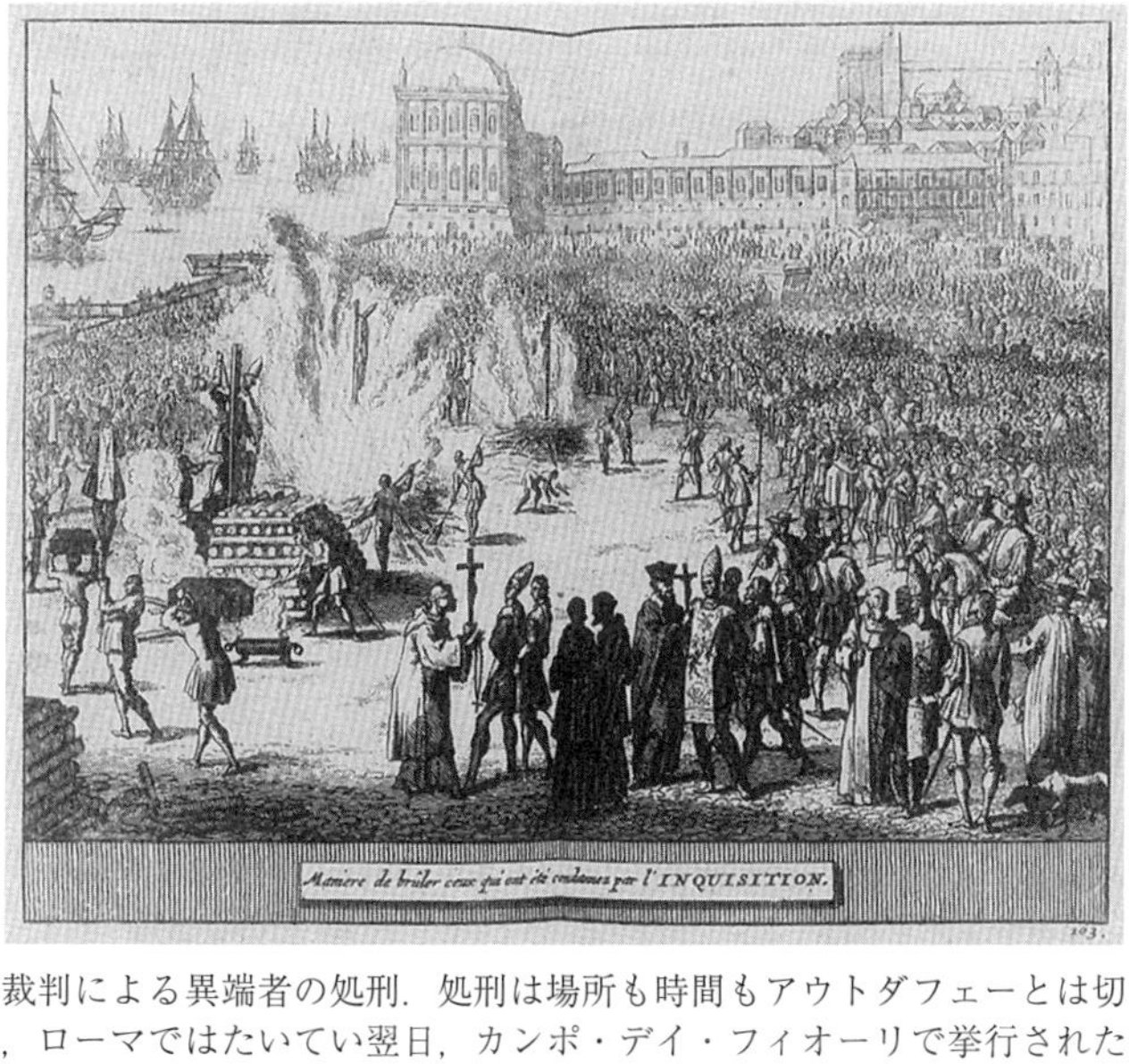

宗教裁判による異端者の処刑．処刑は場所も時間もアウトダフェーとは切り離され，ローマではたいてい翌日，カンポ・デイ・フィオーリで挙行された（リスボンにおけるアウトダフェーの様子を伝えるフランスの銅版画，18 世紀）．

こうしてイタリアにおける最後の大規模な魔女迫害は終熄した。命を落とした人はおよそ八〇人にのぼる。数値がこれほど高くなったのは、十五世紀に発達した魔女学をこの地で宗教裁判官が全面的に受け入れ、実地に適用したからである。これにたいする抵抗は三つの論拠を軸に展開された。第一に、宗教裁判官たちの審理の遂行と出廷とを国の官吏が批判したことである。宗教裁判官はいつわって刑の免除を約束し、それと引き換えに自供を引き出した、被告人たちから実効ある弁護と釈明の可能性を奪い、わけても自分たちの懐を肥やそうとしたというのである。第二に、これまでどおり国家は司教ないし教皇の宗教裁判所の手先にすぎないのが当然であるのか、それとも、少なくとも魔女犯罪という聖俗両面にわたる不法行為の場合には、教会法廷を国家の監督下におくのか、あるいは少なくともそこに代表を送ることは許されるのかという、訴訟の指導監督をめぐる権力闘争があったことである。事実、絶大な権力を誇ったヴェネツィア共和国は、ローマの宗教裁判所がたえずその基盤を確立していった十六世紀全体をとおして、共和国の代表者が宗教裁判の法廷に座席と決定権とを有することを主張し、認めさせたのである。次元の異なるこの二つの問題はしかし、ルーカ・トローンが力説した問題提起の、実体法にかかわる核心部分を素通りした。魔女の実在にたいする信仰、より厳密にいえば、そもそも魔女とは何か、魔女は何をなしうるのかという問題である。(1)強欲にして、尊大あるいは見境なく当たり散らす宗教裁判官を批判する者でも、(2)その司法権にたいする世俗司法権の優位を力説する者でも、(3)悪魔の情婦にたいする「正規」の迫害を要求することができた。魔女は空中を飛んで魔女のサバトに出かけるのかという中心問題に、レオ十世が以前の教皇たちと同様、直接の明言を避けたことは、特記されてしかるべきである。この点について、大勅書に、すなわち法的拘束力をもつかたちで、これよりもさらに一歩踏みこんだ発言をした教皇は一人もいない。ローマと宗教裁判所の、魔女問題にたいする態度は、今後もさらに展開していくことになるが、この第三の本質的な見方が、その展開過程にとってとくに重要な意義をもったかというと、かならずしもそうではなかったのである。

第7章　十六世紀初頭の学術論争

　すでにヴァル・カモーニカにおける暴発以前から、十五世紀の後半には学界で魔女のサバトをめぐる論争が始まっていた。イタリア語圏に属するもう一つのアルプスの渓谷地帯、教会の所属でいえばコーモ司教区に属するヴァルテッリーナにおける迫害によってこの議論はさらに勢いを増した。

　一四八〇年代半ばに起こったボルミオ伯爵領での迫害ののち、一五〇八年ごろに、コーモ出身のドミニコ会修道士であり教皇直属宗教裁判官であるベルナルド・ラテンゴによって組織された一連の新しい訴訟がヴァルテッリーナを震撼させたのである。ラテンゴは一五〇五年にコーモの司教となった。みずからの経験にもとづいてしたためた『魔女に関する論考』は、魔女の飛行とサバトが単なる幻惑ではなくまぎれもない事実であることを立証しようとするものであった[1]。

　一五一五年ごろ、この司教の後任のもとで魔女迫害はすさまじい規模に達した。このことについて、ドミニコ会修道士バルトロメーオ・デ・スピーナ（一四八〇頃—一五四六年）は、一五二三年ごろの関連論文にこう記している。コーモ司教区では、一人の宗教裁判官と八人、一〇人あるいはそれ以上の代理人によって、わずか一年間におよそ一〇〇〇人の魔女が告訴され、さらに二、三年のあいだにそのつど一〇〇人以上が火あぶりにされた、と[2]。これに符合して、時代の証人たるコーモの年代記編者、法学博士フランチェスコ・ムラルトはより厳密な数字を示し、一五一四年の項で、宗教裁判官たちによって処刑されたコーモ管区の（*in Territorio Como*）三〇〇人の女性に言及している[3]。これは、かつて宗教裁判所によって行われた魔女迫害のなかでも最大規模といっていいであろう。残念ながらこの事件に関する資料ははなはだしく不足している。種々の公文書はおそらく永久に失われたままである。なぜなら、一七八二年、皇帝ヨーゼフ二世がミラノ公国における宗教裁判所の廃止にともない、公文書集の焼却をも命じたからであった。

宗教裁判官たちの暴挙にたいして抵抗があったことをムラルトは示唆している。魔女をあまりにも厳しく弾圧したため、宗教裁判官たちの多くが毒を飲まされたというのである。言うまでもなくこのような主張は疑わしいものであり、それどころか、この地で猖獗を極めた魔女妄想の一部でさえあるのかもしれない。しかし、集団迫害に対して一部の住民が抵抗を示したことは、一連の訴訟を批判したイタリアの著名な法学者アンドレーア・アルチャーティ（一四九二―一五五〇年）によっても証明されている。アルチャーティはミラノに生まれ、ボローニャとフェッラーラの大学で学んだ。法学博士の学位を取得して故郷に帰るとき（一五一六年ごろ）命じられた最初の任務の一つが、「アルプス山脈北部の渓谷地方における（*in subalpinas valles*）」魔女訴訟に関して所見をしたためることであった。この任務は管轄する（おそらくコーモ）司教の提案にもとづくものであり、司教はアルチャーティにこの件に関する記録を送った。すでに一〇〇人を超える女たちをこの宗教裁判官は火あぶりにさせ、「日々、新たな燔祭《はんさい》（*holocausta*）の炎を燃え上がらせていた[4]」。神に捧げられた動物を意味するギリシャ語由来のことば、ホロカウスタ（ホロコースト）がここでは魔女の火刑の意味に転用されている(5)。アルチャーティによれば、宗教裁判官による火刑の拡大を妨害したのは農民たちであった。彼らは武力に訴え、自分たちの言い分を司教に伝えることに成功した。

こうして、アルチャーティはその鑑定書において、魔女の集会が実在するか否かという問題と根本的に取り組むこととなったのである。記録文書からはつぎのようなことがわかった。ある事例では、一人の婦人が魔女の会合の場にいたことをほかの女たちが証言しているにもかかわらず、同じ時間に婦人の夫はベッドで自分の傍らにいる妻を見たという。この婦人にはアリバイがあったのである。新しい魔女学説の信奉者たちは、つぎのような主張によってたくみに障害を避けた。すなわち、ベッドのなかの妻はにせものであって、悪魔がこの亭主を欺くために人間になりすましていたのだ。これにアルチャーティは異議を唱えた。「なにゆえその悪魔は仲間たちと一緒に集会に参加しなかったのか、そしてあの婦人が事実ベッドのなかにいたのはなぜか。なにゆえ現実の肉体を架空の舞踏会と関連づけ、架空の肉体を現実のベッドと結びつけるのか。……記録にはこう記されている。集会の場で、一人の女がイエスに呼びかけると、踊っていた者全員がその情婦ともども即座に消えてしまった。もしもこれが現実の肉体であり、架空のものでないとしたら、このような事態が起こりえたであろうか。……果たして医師たちは、このきわめて大掛かりな作用の原因を思考力の錯乱と想像力のいたずらとに帰している……、にもかかわらずそれは薬を用いて治療されるのである。この問題については、このような神学者たちよりも、むしろ教皇の判決と、われわれと同じ［法学］博士たちの一致した見解とに賛同する。なかんずくアンカラの公会議によって決定された事がら（『司教規範《カノーン・エピスコピー》』のことを意味する）に関しては」。よりにもよってここで教皇の判決、すなわち、いまだかつて魔女の飛行と魔女の集会の実在を承認した教皇はいないという事実を引合いに出すのは、宗教裁判官にたいする皮肉であった。さらに、デーモンによって肉体が他の姿を与えられることはありえないというアルチャーティの法解釈のよりどころは、ほかでもない教父アウグスティヌスであった。

この鑑定書だけでなくのちの著作のなかでも、アルチャーティは新しい魔女学説を批判した。たとえば、宗教裁判官がある女を処刑するため世俗裁判官に引き渡した事例にたいして、アルチャーティはつぎのような立場をとった。この女は二種類の不利な証言のために世俗裁判官の手にゆだねられることとなった。すなわち、一、女は惚れ薬を調合した、つまり愛の魔法を使った。二、集会で他の魔女たちに目撃されていた。これにたいしアルチャーティはこう述べている。愛の魔法は信ずるに値するが、しかしこれは聖職裁判官の管轄に属することではない。さらに他の魔女たちの証言に関しては以下のように述べる。これは信用できない。なぜならこれらの魔女たちは、すでに『司教規範』の示すとおり、デーモンの引き起こす幻覚によって生じたものだからである。

アンドレーア・アルチャーティは当時の指導的な法律家の一人となった。人文主義者として古典古代の研究に取り組む一方で、フランスのブールジュ大学の教授職にあったとき法律学の革新的な流派を結成したが、この流派は、「フランス学説（*mos gallicus*）」としてドイツの法律学にも影響を与えることとなった。十六世紀の終わり、ある急進的な魔女迫害者は、フランスの著名な法律家たちがアルチャーティの魔女裁判批判に同調するのに不満を表明した。そのなかの一人が、かの有名な、また作家としてその名を知られるようになった、ミシェル・ド・モンテーニュ（一五三三—一五九二年）である。(6)

しかし、イタリアでは事態はどのように進んでいたのであろうか。アペニン半島の状況に比べると、フランスでは宗教裁判所と教会法学の地位がさほど高くはなかった。十五世紀の半ばまでには「科学

魔女のサバトの実在性と証人の供述の証拠能力をめぐる論争（1525年ごろまで）

年	賛成	年	反対
1458	ニコラ・ジャキエ OP	1468頃	法博アンブロージオ・ヴィナーティ
1487	神学博士ハインリヒ・インスティトーリス OP	1480	アントニオ・ガラテーオ（人文主義者）
1506	ヴィンチェンツ・ドード OP	1489	法博ウルリヒ・モーリトーア
1508頃	ベルナルド・ラテンゴ OP		
1520	ジルヴェスター・プリエーリアス OP	1505	サムエーレ・カッシニス OFM
		1515頃	法博アンドレーア・アルチャーティ
1521	ペードロ・チルエーロ，サラマンカ		
1523頃	バルトロメーオ・デ・スピーナ OP	1510	神学博士マルティーン・フォン・アルル（パンプローナ）
1525頃	法博パオロ・グリッランド	1520頃	法博 J. F. ポンチニビオ

OP＝ドミニコ会修道士　OFM＝フランシスコ会修道士　法博＝世俗法に関する法学博士

的」な魔女学説が形成されていたが、その後、魔女のサバトをめぐって活発な議論が行われるようになった。上の表が示すとおり、一五二〇年ごろまでは反対者と賛同者はほぼ互角に渡り合っていた。(7)

決定的なことはまだ何もなかった。ローマの教皇領に勤務していた判事パオロ・グリッランドは「異端者と魔女について」という論文のなかで、当初自分は『司教規範』と同じ立場をとっていたが、今では、魔女の飛行の実在を主張するジルヴェスター・プリエーリアスの見解に賛同する、と告白した。したがって少なくとも中期的にみると、アルチャーティとその同志たちの専門家としての判定は、まだ学界全体の承認を得るにはいたらなかったのである。一五二三年、ヴァルテッリーナで起こった魔女狩りの際、年代記編者ステファノ・メルロが宗教裁判官に激しい非難（盲目的狂信、豪奢な生活に浸りきった貪欲）を浴びせたことはこの事実に合致している。ほんの数年前にヴァル・カモーニカのヴェネツィア人官吏が語ったのとほとんど同じ非難である。(8)

十六世紀後半にいたるまで、教皇領においてさえ魔術は世俗の裁判によって裁かれていた。つまり異端とはみなされなかったのである。集団訴訟という事態にはまだいたっていなかった。一五二五年のローマにおける一人の魔女（*striga*）の処刑は示唆に富んでいる。裁判を管轄したのは、もっとも古い都市刑事裁判所であり、市参事会員の運営する市の裁判所であった。大規模な魔女狩りの発生する危険が迫っていた。その証拠に、時代の証言者、マントヴァ駐在大使は故国の辺境伯に宛ててこう書いている。「そのような根拠にもとづいて多数の女が、貴族のご婦人さえも、中傷されました。さらにその女は、自分と交際（*pratica*）したとして多くの人品卑しからぬ紳士方を咎め立てしてしまいました。女は魔術を用いて、かって耳にしたこともないようなことをやってのけました。たとえば、一匹の犬にことばを教え、この犬を使って共犯者に消息を伝えさせました。ほかにも多くの恐ろしい悪事をしでかしたために、女は司法当局によって正当な罰を与えられました。訴訟の過程でこの女の名指しした多くの人々が中傷されることがないよう、教皇［クレメンス七世］は種々の記録を焼却させせられました」(9)。おそらく告発された共犯者が貴族身分であったがために、裁判官と教皇は被告人の告発を信ずるに足りないものとみなし、個々の訴訟を大量迫害へと発展させなかったのであろう。このできごとは事件そのものを超えて、ローマの法律家と神学者が根本方針としても魔女による魔女の「告発」にたいして慎重な態度をとる原因となったのかもしれない。このテーマが学者のあいだできわめて集中的に議論されたのであればなおさらのことであった。

急進的な路線の支持者の大半がドミニコ会と宗教裁判所から出たのは奇妙である。教皇宮廷付き神学顧問として教皇庁で重要な地位を占めていたジルヴェスター・プリエーリアス（一四六〇―一五二三年）もその一人であった。教皇庁でプリエーリアスは初期におけるルターの断固たる敵対者として頭角を現した。プリエーリアスの過激な姿勢は自身の魔女概念にのみ由来するものではなく、彼の支持した罰則主義にもその原因がある。プリエーリアスは伝統に逆らい、もしも魔術による殺人罪を認めさせたならば、痛悔し、初犯であっても、教会をつうじて「魔女」にたいして死刑を宣告させるべきであると主張した。

このような学術論争にたいして、歴代教皇はさしあたり、原則としてみずからの立場を明らかにしなかった。これはつまり、迫害に熱心な宗教裁判官たちの欲するがままにふるまうことを教皇が許していたのに等しく、せいぜいその他の機関（司教、国家）が彼らにじゃまだてする可能性があるというにすぎなかった。

しかし、教皇のこのような政策は十六世紀にしだいに変化していった。次章以下でこの問題に立ち入るとして、その前にイタリアを離れ、いま一つのカトリック大国に目を転じることが望ましい。スペインである。

イタリアとは異なり、ポルトガルを除くイベリア半島は、カスティーリャのイザベラとアラゴンのフェルディナンドとの婚姻によって両王国が統合され、十五世紀末以来統一されていた。文化の点からいっても、また経済と政治の側面においてもスペインはイタリアと親密な関係にあった。サルデーニャ王国、シチリア王国、ナポリ王国（下部イタリア）は、同君連合というかたちでスペイン王室と結びついていた。一四九二年にはムーア人からグラナダを征服してこれに加え、さらにこの年、国王夫妻の依頼を受けたコロンブスが大西洋の向こうに新世界を発見した。こうして、それまで周縁部におかれていたスペインは、十六世紀にヨーロッパにおける指導的な勢力となった。フランスで絶対王政が成立するはるか以前から、スペイン王室は離反しようとする諸身分の勢力を中央に束ねていた。一四七八年のスペイン宗教裁判所の創設もこの王室の政策に貢献した。中世の異端裁判所と近代的な国家権力との一風変わった融合物、それがこの宗教裁判所である。スペインの宗教裁判所は中世におけるその前身とは異なり、半官半民の組織であった。たしかにこの組織はドミニコ会司祭によって構成されていた。しかしこれらの司祭は、教皇や彼らの属する修道会によってではなく、枢機卿である宗教裁判官によって任命された。さらにこの宗教裁判官は国王によって選出され、あとはこれを教皇が名目上任命するにすぎなかった。国王はまた、スペイン宗教裁判所の最高評議会「ラ・スプレーマ」のメンバーをも任命した。そしてこの宗教裁判所がさらに地方の宗教裁判所を牛耳っていた。スペイン宗教裁判所のネットワークは、本土全体から、さらにサルデーニャ、シチリアに及び、ついには新世界（メキシコとペルー）に達した。しかしながら宗教裁判の法廷は、どちらかというと人口の多い中部および北部イタリアのように、すき間なく網目のように存在していたわけではない。それゆえドミニコ会修道士である判事は、しばしば自分の受け持ち管区を巡回しながら職務を遂行した。

あらたに獲得された、かつてアラビア人の支配下にあった地域においても徹底的なキリスト教化を進める試みが、スペインの宗教裁判所設立の動機になっていた。多くのユダヤ人とムーア人が程度の差こそあれ強制的にキリスト教へと改宗させられた。しかし、依然としてひそかに先祖代々の信仰とのつながりが保たれていることを教会は危惧した。こうして十五世紀の終わりに、異端者および背教者との嫌疑を受けた人々を対象とした苛烈な迫害が引き起こされ、何千という処刑が行われるにいたった。これと並行して多数のユダヤ人がスペインから追放されたことを、教皇は支持こそしなかったが受け入れた。スペインの宗教裁判所がまずはじめにイスラム教徒とユダヤ人のあいだに引き起こした恐怖は、十六世紀半ば以降プロテスタントのあいだにも広がっていった。まず第一にスペイン領ネーデルラントに、さらにフランスのユグノー、またイングランドの清教徒と聖公会信徒のあいだにも。宗教戦争の時代にあって、この恐怖はプロパガンダとして利用し尽くされ、いっそう粗暴なものに変えられて、ついにあの

「暗黒の伝説」にまで行き着いたのである。たとえばシラーの『ドン・カルロス』とヴェルディの同名のオペラにはこの「暗黒の伝説」の残響を感じることができるが、今日なお通俗的な歴史感覚のなかにその余韻を認めうるのである。

このような過激な迫害の心性を前提にすれば、スペインではもう一人の異端者、すなわち魔女もまた同じようにあっさりと片づけられたであろうという推測がおのずと成り立つのである。ここにいたるためには、何よりもまず新しい魔女学が滲透する必要があった。フランス南西部に境を接するピレネー山脈が侵入の足場となった。さらにバスク地方には小王国ナバーラがあった。一四九八年と一五〇〇年に、この王国の宗教裁判所が二人ないし三人の女性の処刑を命じた[10]。この事件に関連して、スペインではじめて魔女のサバトに関する詳細な記述が残された。このことはまた学術的な論争の出発点ともなった。パンプローナの神学教授であり司教座聖堂参事会員であるマルティーン・フォン・アルルは、一五一〇年リヨンで、「魔術と予言術ニ抗スルタメノ迷信ニ関スル論文（*Tractatus de superstitionibus contra malefica seu sortilegia*）」を刊行した。著者は魔女の集会を信じていなかったが、その際に根拠としたのは『司教規範』であった。一五一〇年から一一年にかけて、男たちが行っていた学者魔術にたいする迫害が起こり、二人の処刑をもって終熄した。一五一二年にはサラゴサで二人の女が殺害された。この年、折しもピレネー山脈の南側に位置するナバーラ王国の一部がスペインに併合され、同国の宗教裁判所の管轄下におかれることとなった。スペインの宗教裁判所がはじめてこの新たな問題を強く認識したのは、ようやく一五二五年になってからである。巡回裁判官として町から町へと渡り歩いていたある世俗の判事が、ナバーラで少なくとも四〇人の魔女を逮捕させ、そのほとんどを処刑させたのである。ナバーラの宗教裁判所の法廷は、これらの件をみずからの裁量で処理しようと試みたが無駄であった。同じころ、

「かの地には男女を問わず多くの魔女がおり、甚大な被害をもたらしている」という報告がサルデーニャからラ・スプレーマにもたらされた。そこで、ナバーラを発信源とする報告にもとづいて、この問題が根本から論じられることとなった。魔女たちは実際にサバトに参加しているとナバーラの宗教裁判官は考えていた。しかしラ・スプレーマは慎重な態度をとるよう勧告した。「男女を問わず魔女がみずからそこへ赴き、彼らが自白内容どおりのことを行っているのか否かについて、われわれはつねに多少の疑念をいだいてきた。しかしそれでもなお、われわれは貴官がこれらの訴訟にたいし裁判権を有するべきものだと考える。ただし法にもとづいて訴訟を起こし、ラ・スプレーマの定める方法で裁判権を行使しなければならない」[11]。

一五二六年二月、マドリッドが四件の訴訟記録を手に入れると、魔女問題に関する特別委員会が設置された。委員会は一〇人の高位高官のメンバーによって構成されていたが、そこには、のちに枢機卿の位にあって宗教裁判官を務めることとなるフェルナンド・デ・バルデスも名を連ねている。一五二六年十二月、委員会は要綱を完成させた。そこにはまずある種の明確な現状分析が示されている。「王国のほとんどの法学者は、魔女など存在しないことはまず疑いようがないとみている」。にもかかわらず委員会は六対五で「魔女たちは実際に集会を行っている」と結論づけたのである。しかしそれ以外の可能性が排除されたわけではなかった。そこから以下のような結論が導き出された。「いかなる者も、他の魔女の密告にのみもとづいて逮捕され、あるいは有罪判決を下されるべきではない」。魔女のサバトに出席している人々がほんとうにそれを行っているのか、それともベッドのなかにいるのかということを検証するには、とくに周到な慎重さが必要である。かりにこのような意味で有罪判定が下されても、痛悔の情をいだいた初犯者は慈悲を期待することが許されるという教会法上の伝統的な原理が――アルプス地方を除いて——効力をもっていた。彼らの財産を差し押さえることさえ禁じられていた。他方また累犯者の場合も、宗教裁判官がみずから死刑を宣告することはできず、あらかじめラ・スプレーマとの協議を経なければならなかった。

魔女のわざはまず第一に、刑事司法およびその手段である火と剣の扱うべき領域とはみなされず、司牧の問題としてとらえられていた。それゆえ、最高宗教裁判所は予防策として宗教的な手段を推奨していた。たとえば定期的なミサへの参加、方言での説教、悪魔の教唆にたいする防御手段としての十字架の携帯、魔女のサバトが行われる場所付近に定期的なミサを執り行うための庵を建設することであった(12)。

このような方針をつらぬくのは容易なことではなかった。一五三二年のアウトダフェーから六年後、ナバーラで再び魔女迫害が起ころうとしていた。このときラ・スプレーマは宗教裁判官に宛ててつぎのように書き記している。

「[サバトに]出かけるとき魔女たちが眠り込むという貴官の報告に関しては入念のうえにも入念に事実を調査されたい。魔女たちがそのような行動をとっているというのは確実なことではなく、またみずからがそうふるまっているという彼女らの主張が思い込みである可能性もある。ゆえに、規定に従って調査を進めていただきたい。……貴官は、指導的な、またもっとも分別ある住民と話し合われるべきであろう。そして、収穫がかんばしくなかったり果実に被害が出たりしたときには、われわれの罪ゆえにそのようなことを許したまうのは神かもしれないと説明するがよい。でなければ、それは単に天候のせいであるかもしれないのである。また、このようなことは魔女のわざに関する疑惑の存在しない地域でも起こっており、それでもやはりワインは雹と霜によって被害をこうむり、同じように収穫物は全滅させられるのである。貴官は住民たちに教えねばならない、そのようなことをしでかすのは何も魔女ばかりではないと考えるべきだ、と。

さらに『魔女の槌』に書かれていることをうのみにしてはならない。その証拠に、細心の注意を払って真実をつきとめよ、このような性質の問題については、著者自身も他のすべての人と同じくらい容易に惑わされうるのであるから、と著者みずからが要求している」[13]。この時代になってもまだ人々が十五世紀起源の魔女学説とのあいだに一線を画することがほとんどできずにいたのは明らかである。ラ・スプレーマもまたこの路線に最後まで固執した。たといピレネー山脈地方の国の裁判所と住民が、東、すなわちフランスから入り込んだ観念を進んで受け入れたとしてもである。したがって、スペインの宗教裁判所はユダヤ人とムーア人にたいする迫害ゆえに、意のままに扱うことのできる身代わりの山羊には不自由しなかったから魔女に手を伸ばす必要がなかったのだとよく言われるが、そうではない。それよりもむしろこの点では、現実を見極める比較的濁りのない視点が決定的な影響力をもっていたのである。たしかに魔術が実在する可能性は否定されなかったが、しかしその立証にたいする要求は厳しいものであった。そのため、当時のヨーロッパにおいて最大の権勢を誇ったこの国は、十六世紀の最後の三分の一以降も、未曾有の規模に達した大量迫害を免れ続けたのである。では、このときイタリアがとった立場とは、そして、その動きとかかわりながら教皇がとった立場とは、どのようなものであっただろうか。

第8章　近代の宗教裁判

一五二〇年ごろのイタリア北部における大量迫害ののち、アペニン半島はフランスと皇帝カルル五世とのあいだに生じた大規模な政治紛争に巻き込まれた。なかんずく教皇領は教皇クレメンス七世の思慮を欠いた政策のためにこの争いのもとで苦しまなければならなかった。一五二七年、カルル五世の軍隊による悪名高い「ローマ却掠《ごうりゃく》」で、その首都は掠奪にさらされた。それからの数十年は教皇政治にとって、ルターの宗教改革との対決一色の時代であった。ドイツでは宗教裁判所の復活は考えられなかった。皇帝はカトリック教会の保護を、あるいはむしろ失地回復を試みたが、永続的な成功を収めるにはいたらなかった。一五三二年のカルル五世の新しい刑法典、重罪刑事裁判令では不法行為としての異端は除外された。スイスおよびオーストリアからイタリアへと宗教改革思想が侵入してくるのは時間の問題のように思われた。カルルによって招集された公会議をローマは複雑な心境で待ち受けた。一五四五年にトレントで開かれた会議である。このような一触即発の動向に直面して、一五四二年、教皇パウルス三世は新たな措置に踏み切る決意を固めた。大勅書「新タナル許可（*Licet ab initio*）」をもって教皇は枢機卿から構成される委員会を設置した。特別な代理権を与えられたこの委員会は、「異端者」との戦いを最重要課題として扱うよう指示を受けていた。「ローマ並ビニ全世界異端審問聖省スナワチ検邪聖省（*Sacra Congregatio Romanae et universalis Inquisitionis seu Sancti Officii*）」の誕生である[1]。

ここには中世後期の異端者迫害と比較していくつか違いのあることがわかる。計画は、これまでのように托鉢修道会、とくにドミニコ会が、主として分散したかたちで遂行するのではなく、頂点すなわち教皇庁が直接指揮をとることになった。たしかにこれ以後も現地で職務を遂行する宗教裁判官に枢機卿たちが全権をゆだねることもできたが、宗教裁判官はもはや司教区の司教と協力することを義務づけられてはいなかった。現地の裁判所にたいする不信感、別言すれば、ローマによる中枢支配への信頼が検邪聖省のモットーであった。

さらに、たくみに編成された機関が創設された。教皇と、とくにその資格を付与された協力者とが幹部を組織する。当初は六人、のちに約一〇人から一二人になった枢機卿が幹部の頂点にあり、その筆頭が「全権者（*commissarius*）」、すなわち主任告訴人にして、聖省による最終決定が下るまでの訴訟手続きの指導者であるドミニコ会司祭である。つぎに試補、すなわち、厖大な文書のやりとりを担当する教区司祭、そして最後に多数の「顧問（*consultores*）」、すなわち助言者、法学者および神学者、ならびに公証人である。教皇と枢機卿は毎週木曜日に集まって会議を開いた。議場はヴァチカン宮殿かクイリナーレ宮殿のどちらかだった。彼ら以外で出席を許されたのは全権者と試補だけである。また、水曜日には枢機卿と顧問による準備会議が開かれた。場所はたいてい最古参の枢機卿の住まいであったが、またしばしばドミニコ会の修道院サンタ・マリア・ソプラ・ミネルヴァも使用された。

この新設宗教裁判所の有する権威は、みずから表明するところによれば全世界に及んだが、実際はイタリア国内の枠から出ることはなかった。一五三〇年代は、その半世紀前の隣国と同様、半官半民の宗教裁判所を創設したスペインおよびポルトガル王国に、ローマは介入する必要がなかった。また、ドイツとフランスにたいしても、自覚的な領邦君主ないしは国王に対抗するだけの権力手段がなかった。しかしイタリアでは、教皇領の外にも長期にわたって安定した組織を築くことに教皇は成功したのである。すでに、十三ないし十四世紀このかた何度も満場の傍聴人を集めた宗教裁判法廷によって、その原型は用意されていた。この法廷が拡大されたのである。ここにいたるまでには、国と教会それぞれの立場からの強い抵抗を、現場で乗り越えねばならなかった。ナポリ王国ではそれがほとんど成功しなかった。宗教裁判官として全権を託された教皇特別公使の活動が容認されたのは、もっぱらここナポリそのものに限られ、イタリア南部の司教座所在地では抵抗を避けることができなかった。同君連合によってスペインと結びついていたミラノ公国では、スペインの宗教裁判を採り入れようとしてひじょうに激しい抗議を呼び起こしたため、断念を余儀なくされた。他方、中世におけるその前身に慣れ親しんでいたローマの宗教裁判所を引き継ぐことにたいしては、ミラノの住民たちもまったく異議を唱えなかった。ヴェネツィア共和国の住民たちは、先に触れたように、国の代表が法廷に参加することに同意した。

こうして、上部および中部イタリアは――スペインに比して――目のつんだ宗教裁判所の網の目に長く覆われ続けることとなった。ポストを埋める際に引っぱり出されるのは圧倒的にドミニコ会修道士であり、またトスカーナとヴェネートではフランシスコ会修道士であったが、これは伝統を引き継いだものである。たとえばイエズス会のような新しい修道会の関与はみられなかった。したがって、たとえば著名な神学者ロベルト・ベラルミーノ（一六二一年没）のようなイエズス会士が枢機卿宗教裁判官となることに成功したのは例外である。

サン・ピエトロ大聖堂の丸屋根から検邪聖省の建物を見下ろす．1570 年に建てられ 19 世紀に改築された検邪聖省の建物は，今日，教理省（文書館を含む）の所在地．その両側にサン・ピエトロ広場のベルニーニの柱廊と現代の教皇謁見の広間．謁見の間に隣接して，中世以来の「ドイツ人の聖なる畑（カンポ・サント・テウトニコ）」（ドイツ人のための聖堂と司祭学院，および墓地）がある（ペーター・シュミット撮影）．

長い目でみれば教皇の計画は成功を収めたといえる。ドイツ、フランスとは異なり、イタリアはカトリックにとどまった。しかしながら近年の歴史研究はこう主張する。この成功は――一般に認められている内部改革の努力と並んで――教皇の宗教裁判所が用いた弾圧手段にのみ帰せられるものではなく、あくまで司教区の司教とその下にあった聖職者たち、そして国の指導者層の努力のたまものである、と。国の指導者層はローマに反感をいだきながらも固い結束を守りとおし、プロテスタンティズムを拒絶したのである。そして十七世紀に初期の不信を克服すると、検邪聖省は聖俗のエリートたちのあいだで普遍的な威信を獲得するにいたった。

このような力の増大は魔女問題にたいする教皇の態度にとってどのような意味をもったのであろうか。一五四二年の聖省の設立は枢機卿ジャン・ピエトロ・カラーファの発案であった。カラーファ自身、一五五五年から一五五九年までパウルス四世としてカトリック教会の頂点に君臨した。前任者であるヨハネス二十二世とベネディクトゥス十二世によるアヴィニョンでの統治から二〇〇年以上を経て、カラーファは現地の宗教裁判官にたいする全面的な支援をとおしてだけでなく、みずからの手で、ある具体的な事例に即して魔女問題に取り組み、さらにこの問題に関して指標となる決定を下した最初の教皇となった。

この決定を理解するためには、まずこの教皇の人となりをかいつまんで説明しておかなければならない。就任時すでに七十九歳であった教皇は、しかしなお、当時の人々のあいだに――その驚きは各人各様であったが――讃嘆あるいは驚愕を呼び起こしたほどの活力を示した。その綱領宣言にあたる発言の一つはこのように述べられていた。「人々がペストに、あらゆる手段を駆使して、汚染された家屋と衣服の焼却という手段すら用いて立ち向かうのであれば……、肉体よりもいっそう重んじられるべき魂のペストとも同じように戦い、これを根絶しなければならない(2)」。パウルス四世がその初期の教令の一つをもってつぎのように定めたのは、このことばに合致するものである。すなわち、三位一体およびそれと不可分なイエスの神性を否定する者は、三カ月以内に進んでみずからの罪を認めなければ死をもって罰せられるべきである、と(3)。

宗教裁判所の管轄領域は拡大された。これ以後、瀆神もまた迫害の対象となったが、そればかりか大斎の掟への違反(なんとなればこれはプロテスタンティズムへの帰属の徴候であったから)さえも宗教裁判所の監視下におかれたのである。

一五五七年以降、司祭叙階を経ずにミサを行っていた詐欺師は世俗の手にゆだねられ処刑されることになった。これは彼らの犯罪が司祭叙階の秘蹟にたいする攻撃にあたるとみなされたからであるが、同時に聖体の秘蹟への攻撃であるとも考えられたからである。というのも、信者は詐欺師たちのもとで有効に聖体を拝領せず、むしろ、あたかも偶像崇拝のごとく、真に現在する神ではなく、物体、すなわちパンとぶどう酒とを崇拝するよう教えられていたからである。一五五九年、教皇はこの規定を拡大し、叙階を経ない聴罪者をも（告解の秘蹟への攻撃ならびに赦免の妨害にあたるため）その対象に含めた。[4]これは、従来の教会法では比較的寛大な処罰を望む権利をもつ、痛悔の情をいだいた初犯者にも適用された。

禁書の読者およびその所有者にたいしては、信仰裁判所判事に自首したうえ、それらの文書を提出し、さらに他の関与者の名前を明かす者でなければ罪の赦免を行ってはならないという、全聴罪司祭に向けて発せられた命令も、そのような峻烈きわまりない方針に沿うものであった。[5]

売春、売春仲介業、同性愛は情け容赦なく迫害され、ユダヤ人はゲットーに押し込められた。パウルス四世はまた占星術師にたいしても厳しい措置をとった最初の教皇である――その点で、これまでローマ教皇庁を支配していたルネサンス文化との訣別が成し遂げられた。占星術師たちは教会贖罪と教皇領からの追放をもって罰せられた。[6]さらにこれに関連して、一五五九年に編纂された禁書目録には予言術を宣伝したあらゆる書物の名が掲載された。そこには占星術を扱ったものも含まれていたが、「航海、農業、医術への利用のために書きとめられた自然観察」、つまりごく初期の段階の天文学、気象学および医学は除外されていた。[7]このような措置は、教会の敵対者とみなされた人々にたいする新たな戦闘的心性を象徴するものだが、同時に、外にたいする弾圧と内なる改革、たとえば聖職者養成のためのより高い水準の教育とも結びついていた。

パウルス四世はみずからの作品である宗教裁判所をこの政策実現のためのもっとも重要な手段とみなした。「宗教裁判所ほど誠実かつ真摯に神の栄光のために働く法廷はない、というのが余の考えである。

それゆえ余は、信仰箇条と関係のある、あるいはそれと関連づけられうるすべての案件をこの裁判所にゆだねる決意を固めたのである」。ある同時代人の見解はこのようなものであった。「枢機卿会議に費やされるべき三日間、……さらに二日間の公判……のうち少なからぬ日数を教皇は放棄しておられる。しかしながら、教皇おんみずから出席されるのを常としている木曜日の宗教裁判会議に欠席されることはけっしてない。たといいかなる邪魔が入ろうとも[8]」。

一五五九年、このような熱気のなかに、教皇領第二の都市ボローニャから知らせが飛び込んできた。同地で、女六人、男二人が魔女の術を用いたかどで起訴されたのである[9]。ボローニャではすでに一五四〇年代に、魔術を用いた罪により五人が宗教裁判所で死刑に処せられていた。ただし、これはまだ典型的な魔女裁判ではなかった。被告人は例外なく男だった。たとえば一五四三年の第一の事例は司祭で、わけても魔術に用いる目的でホスチアを濫用した罪を問われた。一五四五年の三人の男にたいする訴訟もこれに似ている。男たちは隠された財宝を探し出すために聖別されたホスチアを用いたのである。新しい魔女概念にもっとも近づいたのは一五四九年の訴訟である。このとき一人の男がサバトへの参加を理由に有罪判決を受けた。しかしこれらはまだ個別の事例にすぎなかった。

それから一〇年して、この地にかなり大きな迫害の波が迫ってきた。断片的にしか残っていない記録から、はじめに二人の女が自白し、さらに三人目の女が有罪をほのめかしたことが推測できる。二人の女の供述が、裁判の始めから彼女たち自身の自発的な空想の産物なのか、それとも教唆を受けて告白したものなのかははっきりしない。被疑者である紡績工の未亡人ドメーニカ・マラテスティは、過去に一度、愛の魔法を用いたかどで起訴されたことがある。今回もドメーニカは容疑事実を認めはしたが、ほかの二人の女にこの術を教えたことは否定した。だが、彼女に向けられた非難には、これ以外にも重要な要素が含まれていた。自分に不利な証言をした二人の証人との対決において、ドメーニカは証人たちのために悪魔との契約の手引きをした張本人だと断罪されたのである。二人のうちの一人、ラウラが説明した。木曜日の五時ごろ、裸で、乱れ髪を後ろに垂らして、自宅の上階の窓辺に立ちなさいと言われました。そうすれば何者かが男の姿で現れ、魂を要求するでしょう、と。「もし魂を与えれば、悪魔はわたしの望むものをなんでもくれるでしょう。そして、実際すぐに悪魔はやって来ました」。ドメーニカはまずこれに反論したが、もう一人の女、ヴィンチェンツァも同じことを主張するやくずおれ、いまやもう比較的害のない愛の魔法のみではなく、魔女犯罪の完璧な典型を、すなわち悪魔との契約、魔女の飛行とサバト、乱飲乱舞の酒宴、瀆神、さらに加害魔法とホスチアの濫用を自白するにいたった。サバトでは、五〇あるいは六〇人の男女が裸になって黒づくめの悪魔の頭目の前で踊り、そのとき、「タ、ナ、ナ、タ、ナ、ナ」と歌ったという。悪魔の頭目はそれに応えて、「わが魂よ、わが霊よ、タ、ナ、ナ、タ、ナ、ナ、かくのごとし（**Anima mia, spirito mio, ta na na, ta na na, sì**）」と言った[10]。食卓には牛肉が供されたが、悪魔は集めた骨の上にかぶせられた皮に杖で触れ、雄牛を生き返らせた。尋問のあいだ、ドメーニカは供述を取り消したが、親指ねじを装着され、さらなる自白を強いられることとなった。そして、「証言した」、すなわちほかの多くの関与者を告発したのである。そのなかには二人の男も含まれていた。彼らは都合四人の女たちとは異なり、拷問にもかかわらずけっして自白しなかった。女の一人は別の女のもとで堕胎したといわれる。

この一連の訴訟は、宗教裁判官エウスターキォ・ロカテッリと司教ジョヴァンニ・カンペッジとの共同で進められた。

事件の重大さに鑑み、両人は四月初めローマの聖省に報告を行った。その際司教は、魔女のサバトの描写が、法学者パオロ・グリッランドが一五二五年ごろボローニャで書いた魔女論の内容と合致していることを強調した。この申し立ては「科学的」な魔女学がいかにして迫害の基盤を強化していったかを示している。この宗教裁判官も時代の先端にいた。「再洗礼派に対する大勅書」に定められているように、罪を認めない二人の男をも「世俗の手」にゆだねるよう、宗教裁判官は進言しさえしたのである。

しかし、意見はけっして画一的に形成されたわけではなかった。このことは、一連の事件を審議するために司教と宗教裁判官が五月七日に招集した、神学者と法学者との協議で明らかになった。二つの主要な観点で意見に食い違いが生じたのである。

一、魔女のサバトの証拠としての価値。この問題については幻覚がかかわっている可能性があるため、慎重さが要求されるという点で顧問たちの意見は一致した。それにもかかわらず、数人の教会法学者はこれを罪の証拠として認定することに賛成した。さもなければ被告人に罪を認めさせることができないからだというのである。残りの人たちは反対した。ただしこの点では、ほかにもさらに有罪を示す徴憑《ちょうひょう》が発見された場合はこの限りではないと、再び衆議一致した。この議論の対象になったのはとくに二人の男のうちの一方である。彼について不利な材料を提供しているのは密告だけであり、その他の点では評判がよかったからである。この男の場合、有罪宣告に論議の余地はあったが、有罪を方向づける証言だけで、少なくとも訴訟を開始するには十分であった。

このようにどの専門家も、魔女のサバトの可能性と、法廷でその証拠価値を原則として認めうる可能性とを否定しなかった。アンドレーア・アルチャーティやジョバンニ・フランチェスコ・ポンチニビオのような徹底した懐疑家は、この一団にはいなかった。

二、量刑。自白し、かつ改悛の情をいだいた罪人をどのように扱うべきであるか。ある者は伝統的な教会のならわしにしたがって重イ形式ニヨル（*de vehementi*）誓絶と教会との和解（Rekonziliation）を支持した。またある者は死刑に賛成した。これは、世俗法では重大な加害魔術の場合、死刑が昔からの慣例であり、十五世紀以降は聖職にある宗教裁判官によっても死刑判決が下されてきたことに従ったものであった。

このような手詰まりの状態に直面して、現地ではなくローマで決断が下された。教皇パウルス四世がみずから判決を下したのである。その文書は教皇庁の公証人があらゆる形式で書き記したそのままのかたちで保存されている。

「われらが主イエス・キリストの降誕より一五五九年目の年の五月十一日木曜日、第二の十五年期にあたり、神の恵みによりて、われらが聖なる父にして主の教皇パウルス四世の御在位四年目の年、検邪聖省において上記教皇パウルス四世の御前で、やんごとなき枢機卿宗教裁判官閣下および上記の聖省に所属する他の者の列席のもと、なかんずくつぎのことが決議せられた。

ボローニャに拘留されたる四名の女魔術師すなわち魔女の件に関し、犯罪の重大さに照らし、法令ならびに教会法上の規範を拡大し発展せしめ、ありとあらゆる法律上の空白を埋めることにより、われらが教皇は、敬愛すべきボローニャ司教猊下とやんごとなき宗教裁判官閣下を介し、はなはだしく邪悪にして堕落したる女魔術師どもに相応の罰を科するべく、この者たちを世俗の裁判所にゆだねせしめるべき決定を下された。その際教皇は、上記の司教にして宗教裁判官、ならびに顧問各位においては、叙階の不適格障害の罪には相当しない旨、言明されている」[11]。

量刑の点で、この決定は急進的な迫害者の希望に沿うものとなった。教皇の人となりを思えばこのことは驚くに値しない。ただ、この件に関与した人々は、ここに来て従来の教会法がもはや規矩《きく》とはなりえず、教皇庁の権威にもとづいて新たな法が定められたことをはっきりと感じ取った――「法令ならびに教会法上の規範を拡大し発展せしめ、ありとあらゆる法律上の空白を埋めることにより」。

一五五九年五月二十七日、ジョヴァンニの妻でフェッラーラ出身のヴィンチェンツァ、ドメーニカ・マラテスティ、ラウラ・カンパーニ通称「ラ・ミンガレッラ」、およびエリザベッタ・ツォッキは、ボローニャの中央広場でまず絞首刑に処せられ、その後火あぶりにされた。二人の共同被告人、スザンナ・デ・モンテとマルゲリータ・ノーリは公の場で誓絶を行った。また、二人の男はおそらく生命の危険を免れたものと思われる。したがってこの点について教皇は厳格な規律遵守に賛成しなかったことになる。

他方、痛悔の情をいだいた「魔女」にたいする死刑は先例となった。急進的迫害者はこれをよりどころとすることができるようになったのである。宗教裁判官ロカテッリがローマからこの判決書を受け取ったのち、所轄の枢機卿宗教裁判官ミケーレ・ギズリエーリに宛てて、将来これが魔女のしわざにかかわる同様の事例にも適用されることを期待すると書いているのはこの意味である。

教皇は即座に反応した。六月十七日、パウルス四世は教令によって、「聖別されたホスチアを魔術のために用いた者は、初犯でも世俗の手に引き渡されなければならない」との命令を発した[12]。ならばこれに従い、あらゆる魔女がただちに教会で最高刑を科せられるかというと、かならずしもそうではなかったが、ホスチアの冒瀆はなかんずく厭うべき犯罪とみなされた。他方、この犯罪はほかならぬイタリアに流布していたように思われる。そのためこの新しい決定はおびただしい薪の山を築く口実となった。――ただしそれは、カトリック教会の頂点たる教皇と聖省がこの非情な政策を継続するという前提条件があったからである。

第9章　慎重論の高まり

一五五九年八月にパウルス四世が没すると、ローマの民衆は宗教裁判所へ強襲をかけ、身に受けた抑圧にたいする怒りをぶちまけた。一方、パウルス四世の後継者となったメディチ家のピウス四世（一五五九―一五六五年）は比較的穏健な路線をとった。その後は十七世紀にいたるまで、情け容赦なく異端者を取り締まる教皇と穏健派とが交互にペテロの玉座についた。さらにつぎの教皇ピウス五世、本名ギズリエーリ（一五六六―一五七二年）は、パウルス四世在位当時、検邪聖省でその右腕として名をなした人物である。新教皇はドミニコ会の司祭であったが、教皇庁で働く以前は、コーモとベルガモで宗教裁判官を務めていたので、司牧と異端者迫害の実践経験を土台にもっていたのである。新教皇は一五六六年に、さっそくヴァチカン宮殿付属の教会とドイツ人墓地（Campo Santo Teutonico）に隣接する、検邪聖省のための新しい豪奢な施設の定礎式を挙行したが、これによって教皇は宗教裁判所がいかに重要な地位を取りもどしたかを示したのである。この新築工事が遅れないよう、ローマではここ数十年でもっとも大規模な建築現場、すなわち再建中のサン・ピエトロ大聖堂からわざわざ大工を引き揚げたほどである[1]。この聖庁宮殿（Palazzo del Sant'Uffizio）は今日なお教理省の所在地である。爾来、検邪聖省の議事録は少しの漏れもなく保存されている。なお、一九九八年以降、この議事録は歴史研究のために閲覧することが公式に認められている。

ピウス五世も、その経歴に照らして考えれば、パウルス四世と同じく魔女迫害では強硬路線をとったのではないかと想像したくなる。ところが意外なことに、そのような徴候を裏づけるものは何ひとつない――むしろその逆なのである。このことは、一五六九年に起こった、検邪聖省とミラノ大司教である枢機卿カルロ・ボッロメーオ（一五八四年没）との意見衝突で明らかになった。ボッロメーオはカトリック改革および対抗宗教改革に携わった司教の典型で、深い教養をもち、禁欲と勤勉をむねとし、倦むことなく司牧にいそしみ、しかも敬虔さと品行において聖職者と民衆の模範であったから、一六一〇年に列聖されるにいたった。

この人物はまた、魔術と魔女の撲滅をみずからの義務とみなしていた。一五六九年、大司教は、四人の女が彼女らを密告した者と一緒に魔女のサバトに参加し、そのうえ子どもと動物を魔法によって殺害したことを告白した、とローマに報告した。さらに別の三人の女はキリストの象徴である十字架を冒瀆したことを認めた。他方、この被告人たちには前科がなく強情でもなかった。それゆえ、伝統的な教会法に従うなら、死刑を正当化する根拠はなかった。しかしカルロ・ボッロメーオはある枢機卿宗教裁判官に宛てた書簡のなかで、一〇年前のパウルス四世の決定を引合いに出した。「いまは亡きパウルス四世の時代には、教皇のご命令に従い、四名の罪人が、累犯でなかったにもかかわらず、検邪聖省によって世俗裁判所にゆだねられました。猊下はこのことを憶えておられるかもしれません[2]」。返書のなかで、枢機卿は慇懃に大司教の精励と熱意をたたえたが、しかし本件について批判を加え、処刑の前にまず罪体（**Corpus delicti**）を吟味せよと指示した。すなわち、各々の死亡例にたいし医学的な調査を行うように命じたのである。[3] このような回答が教皇の助言なしに出されたとは考えられない。この回答は、ローマがこれ以後、加害魔術に関しては、真相の解明、すなわち、自然死か魔法による死かの死因の確定をこれまで以上に重視するようになった最初の証拠である。ボッロメーオは激怒し、反撃した。そのような疑いはまったく論外だ、被告人たちは信仰上の犯罪だけでも、つまり悪魔と契約するなどしただけでもすでに有罪なのだ、と。

この衝突の結末ははっきりしていない。少なくとも二人の女は拘留中に死亡した。しかし、ほかの人々も処刑されたかどうかは疑わしい。もし処刑されていたら、おそらく当時の年代記が言及していたはずだと考えられるからである。他方、一五六九年にシエーナで五人の女が悪魔との契約と、その供述によれば一八人の子どもを殺害したかどで火刑に処せられたのは確実である。もっとも、その判決が宗教裁判所によって出されたものか、それとも世俗裁判所によって出されたものかは定かでない。[4]

この年、折しも一人の有力な神学者が、魔女のサバトの実在をめぐる根本的な議論を再開した。この問題について、自著『カトリック組織論（*De catholicis institutionibus*）』の第二版で仲介者的な立場をとったスペインの司教ディエゴ・デ・シマンカスその人である。

「あるいはこう尋ねる者があるかもしれない。魔女はたいていの場合デーモンに惑わされ、その幻覚（*illusiones*）は肉体を介さず、ただ心のなかでのみ起こるというのは事実か。さらに、魔女自身にたいしてであれ、他の者どもにたいしてであれ、その者たちを信用することはいかにして可能か、と。答え。ほかの刑事被告人とまったく同様に、本人の供述によって魔女の犯罪は立証しうる。というのも、魔女はたいていデーモンのまやかしに惑わされるとしても、目覚めた状態で犯行に同意するのであるから、やはり犯行に及ぶ悪しき意思は存在しているのである。……これにたいして、魔女がほかの魔女の犯罪関与を証言したとしても、その言い分を信じていいものかどうかという点については大いに疑問の余地がある。つまり、証人がみずからの五感によって知覚したことのみを証言しうるものであるとすれば、実際には見ても聞いてもおらず、デーモンのまやかしによって見たと思い込まされているものを魔女たちが知っていると言っても、そのような証言は意味をなさないのである」[5]。

シマンカスの見解は、おおよそ三〇年から四〇年前にスペインの宗教裁判所首脳部のあいだで交わされた議論をさらに進めたものである。魔女の飛行と魔女のサバトが一般にありうることだとしても、個々の事例についてそれらを法廷で立証することは困難であり、それゆえ証拠としての価値をもたない。悪魔に惑わされていたとしても、女たちに罪があることに変わりはないという、今日では理屈に合わないようにみえるこのような評価は『司教規範《カノーン・エピスコピー》』に由来する。なぜならそこでは、サバトに出席したと信じることがすでにデーモンの活動にたいする承認であると解釈されているからである。さて、当時ヴュルテンベルクのルター派神学者ヨーハン・ブレンツ（一四九九―一五七〇年）もこれに似た立場をとっていた。ところで医師ヨーハン・ヴァイアー（一五一五―一五八八年）といえば、ここ数十年間で、魔女裁判の批判者としてもっとも面目をほどこした人物であり、魔女の術は虚構である、したがって女たちに罪はないと結論したことで知られるが、ブレンツはこの人物を相手に、一五六五年から六六年にかけて執拗に自説を展開する書簡を送り、進んで悪魔と契約を結ぼうとするよこしまな意志をもつだけでも、契約成立の可能性の如何にかかわらず大罪に値し、峻厳な態度でこれを罰しなければならない、と述べた[6]。

一五七五年にローマでシマンカスの著書の第三版が出版されたことからみて、この書物はおそらくこの地で集中的に読まれ受け入れられたと思われる。教皇の首都で最後に女が魔女として火刑に処されたのは一五七二年であった。それ以前の数世紀をみても、永遠の都が魔女の処刑に関連して歴史年代記に現れることはごくまれである。一五七二年の四人の被告はローマ市民ではなく、イタリア南部出身の、互いに血縁関係にある女たちであった。この四人の女はナポリ大司教によってすでに死刑判決を受けていた。ところが、ピウス五世はその身がらをローマへ引き渡すよう命じた。ローマで教皇が下級裁判所の判決を追認した。その背後にどのような事情があったのかは判然としない。しかし、少なくとも、ここでパウルス四世の厳しい原則が、改悛の情をいだいた初犯者に適用されなかったのは確かである。いやもっと正確にいえば、何人かは累犯で、他の女は改悛の情なしとみなされた(7)。

ピウス五世の後継者となったのはグレゴリウス十三世（一五七二―一五八五年）である。みずから命じ、また彼にちなんで名づけられた、今日まで通用している暦法改革によって、この教皇がヨーロッパの近代化に寄与したことに疑いの余地はない。当時の他のいかなる教皇にもみられなかったことだが、グレゴリウスは死刑を許可することにためらいを感じていた。魔女問題についていえば、この教皇のもとでローマの宗教裁判所は慎重に事を運ぶ姿勢をさらに強化し始めた。一五六九年のカルロ・ボッロメーオへの対処にはすでにその徴候が現れている。一五七五年、ローマの南、セルモネータという町で、魔術を用いたとがにより六人の女が法廷に立った。まず世俗当局が女たちを告訴したのち、検邪聖省の委員が事件を引き継いだ。そのうち五人の被告は公の場での誓絶と「永続的な禁固」を申し渡された。しかし女一人は罪を認めなかった。容疑は「幼児殺害」であった。ここで委員は検邪聖省の広報担当者である枢機卿レビーバからつぎのような指示を受けた。「この女がほかの者とともに魔女のサバトで目撃されたということだけでは有罪を立証するにはいたらず、魔女のサバト以外の、異端あるいは背教を示す状況ないし事実が立証されないかぎり、罪を裏づける証拠としては不十分である」。
どうやらこの女について掌握していたことは、ほかの女たちが告発した内容の域を出なかったようである。枢機卿はこの証言を却下しはしなかったが、しかし彼の目から見て十分なものとはいえなかった。レビーバはさらにこう続けた。「殺人に関し、諸兄が本件調査に加わることを許されたのは、ひとえに、告白された不法行為が背教の結果として、悪魔にたいする奉仕と服従とを含むものかどうかをつきとめなければならないからである[8]」。

要するに枢機卿は、何世紀も前から行われているように、宗教裁判所判事の管轄外にある世俗の不法行為たる殺人と異端とを区別したのである。ただ、問題は魔女犯罪の場合にこの区別がどこまで妥当するかということであった。そこでは、世俗の罪、すなわち「マレフィキウム（不法行為）」と宗教上の罪、背教とがたがいに絡みあっていたからである。この実際の事件においては、レビーバは異端を否定したようである。そして、殺人罪の可能性を考慮し、世俗の司法当局にこれをゆだねるよう命じたのであった。

だが、宗教裁判所と世俗裁判所が同じ事件に異なる評価を下せば、どういうことが起こったであろう。被告人が一方の法廷で有罪判決を下され、他方の法廷で無罪とみなされるとしたら。

聖俗の司法権が一つの中枢に収斂したところでは、そもそもこのような問題は生じなかった。すなわち、教皇領である。ここでは教皇と教皇の主宰する枢機卿会議が世俗の判事にたいし、必要なら強大な権力を行使してでもみずからの見解をあからさまに押し通すことができたからである。

一五八二年、ローマの北、オルヴィエート近郊パッラーノ城の管理人、ジョヴァンニ・ピルッツィが――検邪聖省が怒りをあらわにして断言したところによると――四人の女を「魔女であるという口実を設けて」逮捕させ、さらにその財産を没収した。女のうち二人は激しい虐待を受けて死亡し、別の一人は強姦された。ローマの対応は厳しいものであった。判事はガレー船送りとなり、舵手として七年の労働に従事させられた。一方、死亡した二人の女の相続人は故人の遺品を返却され、生き残った女たちはさらに損害賠償を受け取った。ただしピルッツィがその金額を工面できなかったため、悪質な管理人を任命したという理由で、雇用主である城主がこれを賠償しなければならなかった。(9)

枢機卿会議が魔女問題に関してしだいに懐疑的な態度をとるようになっていったとすれば、では、地方の宗教裁判所、とくに比較的遠方の前哨にある宗教裁判所もまったく同様な態度をとったのかという問題が出てくる。一五六〇年代初め、ドイツ南西部に魔女裁判の波が打ち寄せ始めた。それは七〇年代まで続き、世紀の終わりにはかつて知られていなかった規模にまで達した。凶作が引き起こした疫病と物価高騰は窮乏をもたらし、贖罪の山羊を求める叫びとなった。一〇〇年前の『魔女の槌』の時代のように、南フランスと北イタリアとのあいだに位置するアルプス地方も大混乱に陥った。

災厄に見舞われたのはまたしてもコーモであった。一五七九年から八〇年にかけて、五人の女がローマの宗教裁判官の前で弁明させられた。拷問にもかかわらず一人は容疑を否認したが、ほかの者たちは型どおりの自白を行った。すなわち、悪魔との契約、魔女の飛行とサバト、それどころかホスチアの冒瀆までも。一〇〇年前、宗教裁判所の判事は死刑を申し渡すのにいささかも躊躇しなかった。今や宗教裁判官はすっかり様変わりしていた。女たちは全員生きながらえたのである。彼女らは公の場で誓絶を行い、贖罪者の衣を身につけなければならなかった。また、重病時や日曜と祝祭日のミサへの出席のほかは外出を禁じられた。(10)

ホスチア濫用の申し立てがあったにもかかわらず、死刑に関するパウルス四世の教令は適用されなかった。宗教裁判官は、その一人ひとりに判断がゆだねられていたら、おそらくこれに違反する勇気をもたなかったであろう。教令は正式に失効させられたのではなく、とにかく無視されたのである。その代わりに、枢機卿宗教裁判官フランチェスコ・アルビッツィが一六七〇年ごろに証言したところによれば、男性被告人は一〇年のガレー船送りとなった[11]。十六世紀末以降、宗教裁判所は同性愛にたいする弾圧をやめるか、あるいはごく控えめに行うにとどまったが、この事実もパウルス四世の教令が暗黙のうちに失効させられていた事実に合致する[12]。以下に記すように、ホスチア冒瀆という複合的な問題があらためて根本的に検討されるのは、ようやく一六七六年になってからのことである。

ふたたび大規模な魔女迫害が起こったのは一五八〇年ごろであった。南フランスのアヴィニョンはローマ宗教裁判所の勢力圏に属していた。十四世紀の亡命時代以来、ここでは教皇がまだ世俗の統治権を有していた。教皇は一人の枢機卿にその代理を務めさせていたが、ここにさらに数人の司教と宗教裁判官が加わった。

一五八二年一月、一人の「魔女」が処刑された。七月にもう一人の魔女が釈放されたが、その後魔女狩りはいよいよ本格化した。これについて宗教裁判官は手紙でローマに報告した。枢機卿会議での協議を経て、九月に宗教裁判官は回答を受け取った。「魔女および背教者に関する八月十七日付の貴翰にたいし、つぎのとおり回答する。この問題に取り組むにあたっては最大限の慎重さと賢明さとをもって臨まなければならない。女たちがみずから告白するとおり、魔女のサバトにおいてその目で見、また行ったことに関してはとくにそうである。実際、女たちがサバトでほかの者どもが種々のふるまいに及ぶのを目撃したと証言しても、それをうのみにすることはできない。なんとなれば、これらの者はほかの人々を夢のなかで見たのかもしれず、あるいは正気を失った状態で、さもなくば悪魔のつくり出すまやかしに惑わされて見せられたのかもしれず、ならば女たちはその手のやから「魔女」ではないと思われるからである。重ねて申し上げる。閣下が慎重さと思慮を用いられることをわれわれは信ずるものである」[13]。

期待は裏切られた。一五八二年十一月初旬、宗教裁判官は男六人を含む一四人の有罪判決と処刑とに関与したからである。今回も有罪判決はお定まりの要素を含んでいた。悪魔との契約および猥褻行為、魔女の飛行とサバト、加害魔術、ホスチアの濫用である[14]。

どうやら各地の裁判所は遠く隔たったローマの警告を無視していたようである。しかも宗教裁判官は、なんといってもアヴィニョンを管轄する枢機卿を後ろ楯にもしていたのである。

その一年後、もう一人のはるかに高名な枢機卿が、同じくローマの決定した方針に逆らった。ミラノ大司教カルロ・ボッロメーオである。同じ理由ですでに一五六九年の検邪聖省との論争に登場したあの人物である。一五八三年、ロカルノの北東に位置するアルプスの谷あいの町メゾルチーナで、ボッロメーオは大規模な迫害を開始した。枢機卿は狂信的な魔女迫害者であったわけではない――枢機卿のとった措置は、カトリックの改革者だという自己認識のなせるわざであったとしか考えられない。グレゴリウス十三世から彼は、スイスのカトリック諸州、主として原初三州[15]とグラウビュンデンにおける司牧水準の向上を命じられていた。枢機卿と助任司祭は旅の途中、イタリア語圏ではあるが、グラウビュンデンの支配下にあったメゾルチーナで典型的な魔女犯罪に遭遇した。ローマだけでなく当局までもが抵抗を示した一五六九年のミラノ公国とは異なり、グラウビュンデンおよび谷あいの町の地方政府と司教側宗教裁判官との考えは一致していたようである。それでも住民たちがむやみに怒りを爆発させるようなことはなく、「司牧の原則が、むろん「疑ワシキハ罰セズ」という方針も含めて無視されることはけっしてなかった。およそ一〇〇人の被告人のうち、嫌疑はかけられているものの罪を認めていない五七人の容疑者が、とにもかくにも「救いをもたらす贖罪」による教会の清めを受けたのち釈放された。別の一六人は自白することなく拷問に耐え抜くか、あるいはほかの理由によって嫌疑を晴らした。一四人の女、すなわち罪を認め、贖罪の態度を示した魔女は非公式に（つまり衆人環視の場で辱めを受けるようなことはなく）、しかし多くの立会人の面前で誓絶を行い、「救いをもたらす贖罪を経て」自宅へ帰された。同じく自白した五人の女と二人の男は年齢ゆえに改まったかたちでの誓絶を必要とされなかった。逃亡中の男三人と女二人は六カ月以内に出頭するよう命じられた。

しかし、一〇人の女と一人の男は死刑判決を受けた。聖職にあった男はかろうじて逃亡に成功したが、女たちは薪の山で命を落とした。あるイエズス会司祭は枢機卿ボッロメーオに宛てた手紙にこう書いた。女たちは悔い改め、神に身をゆだねて死に赴きました、と。[16]

一五八五年、かつて宗教裁判官であったフランシスコ会の司祭がシクストゥス五世としてグレゴリウス十三世の後継者となった。教皇は二種類の大勅書を公布し、検邪聖省が彼自身にとっていかに切実な関心事であるかを示した。教皇は在位一年目にさっそく「天卜地卜（*Coeli et terrae*）」を公布し、省の取締り権限をあらゆる種類の魔術にまで拡大した。詳細な勅書本文は、カトリック教会の頂点にある者が、「天文学（*astrologia*）」、「占い（*divinationes*）」、「予言（*sortilegia*）」なるものをどのように理解していたか、その全体像を知るうえでひじょうに有益である。[17]

一、あらゆる種類の予言術は、それが星辰の観察によるものか、それとも四大元素の観察によるものか、あるいは死者への嘆願によるものかにかかわらず——デーモンとのあいだに暗黙裡の契約があったものと想定される。サイコロや豆を使った運勢占い、さらには手相占いさえも告発の対象となる。

二、古代異教徒の卜占官《ぼくせん》と同じやり方の占い（おそらく鳥の飛翔占いと腸卜《ちょうぼく》が念頭におかれている）。(18)

三、明白なデーモンとの契約。すなわち、秘密の暴露、財宝の発見、あるいはその他の不法行為を行うためのデーモンへの嘆願。しばしば秘蹟《サクラメント》あるいは準秘蹟《サクラメンターリア》の濫用をともなう。

四、人間、とくに女を支配下に収めたデーモンへの問いかけ（悪魔憑き）。しかしながら、このとき悪魔は質問者を欺く。

五、鏡やグラスを用いた予言。たいていこれは「女」によって行われる。

農業、船舶の航行、医術を益するための自然観察にもとづく予言は——パウルス四世の禁書目録と同様——禁止項目から除外されていた。

司教および高位聖職者は宗教裁判官と同じように、「従来この種の事例の大半において厳しい取締りをしなかった、あるいはなしえなかったとしても」、これらの犯罪にたいして厳格な態度で臨むよう肝に銘じさせられた。また、関係の書物を所有し、読むこともまったく同様に処罰の対象となった。

もっとも広い意味での占星術が標的となったことで、エイメリクスの手引書ではまだ自明なことととされていた十三世紀以来の、異端の魔術と異端ならざる魔術との境界線は消滅し、これを契機に宗教裁判所の権限が拡大した。しかし「マレフィキウム」、すなわち加害魔術、ならびに悪魔との情交、魔女の飛行とサバトといった、魔女信仰を構成する大部分の要素がまったく抜け落ちているのは奇妙に思われる。悪魔との契約だけは例外であるが、これもやはり予言との関連において言及されるにすぎない。これにたいしてドイツでは、まさにこの数年のうちに、たとえばトリーアの補佐司教ペーター・ビンスフェルトのような悪魔研究者たちが、『魔女の槌』の様式にならって魔女のわざによる重大犯罪の観念を創り出し、武力を用いて悪魔崇拝者とおぼしき人々の根絶に着手した。同じようにローマもまた魔術にたいする闘争を激化させた。けれどもそれは――魔女の跳梁にくらべると――危険とまではいえない変種であり、しかもひじょうに広い範囲で実際に行われているものを相手にしていた。他方アルプスの北の魔女妄想は、少なくとも大量迫害においては、たいていなんの罪も犯していない人々を襲ったのである。

アルプスの北と南とでは、どうやら大きく異なる二種類の魔術論議が、国家と教会による宣伝活動とエリートたちの論争の性格を決定したらしいという右の見解は、第二の大勅書からみてもゆるがない。一五八八年、「永遠ナル神ノ広大無辺（*Immensa aeterni Dei*）」によって、シクストゥス五世は一五の枢機卿会議を再編成した[19]。これを境に検邪聖省ははっきりと他の省、たとえば禁書目録のための図書検閲聖省よりも高い地位を獲得した。このことは、検邪聖省においてのみ教皇がみずから議長の地位を占め、また実際に職務を遂行したという事実によっても明らかになった。この省の任務として定められていたのは、「明白な異端、離教（*schismata*）、棄教、魔術、魔法（*sortilegia*）、透視（*divinationes*）、秘蹟の濫用およびその他異端の気配の感じられるものに関するあらゆる案件における調査（*inquirendi*）、出頭命令、審理の実施、判決申し渡し、および訴訟に決着をつけることである。これはローマと教皇領だけでなく、およそキリスト教の及ぶかぎり地上のいたるところ同様である」。

さらに詳細に検討していくと、二つの大勅書にもかかわらず、「タカ派」のシクストゥス五世でさえ、魔女犯罪にたいする穏健な評価に向かって歩き始めた路線を捨てなかったことがわかる。このことに貢献したのが、各教皇の在位期間の長短にかかわらず維持された検邪聖省内部の人的な連続性である。たとえば枢機卿ジュリオ・アントニオ・サントーリ（一六〇二年没）は、一五八一年にはすでにグレゴリウス十三世のもとで、聖省の重要人物と呼ばれていた[20]。

サントーリとその同僚が一五八七年七月二十九日に署名した、フランシスコ会司祭アントニオ・ベッリネッリにたいする死刑判決は、検邪聖省が懐疑的かつ慎重な態度を堅持していたという観測と一見矛盾する。この判決は、八月五日、カンポ・デイ・フィオーリ[21]において絞首刑と遺体の火刑をもって執行された[22]。四十二歳の司祭は、そもそも一五八六年にナポリにある大司教の法廷に告発された。交霊術（デーモンへの嘆願）、ポッツォーリの大聖堂からの聖油の窃盗、およびいかがわしい事物の所持、なかでもある人物をかたどった蠟人形、血の入った瓶、黒い物質で作られた蠟燭、見たこともないような記号が血で描かれている数枚の紙、ならびに「カルタ・ヴェルジーネ（*Carta vergine*）」――文字どおりに訳せば「処女ノ紙」、こうした事物の所持が嫌疑の内容であった。これは、人間や動物の胎児の胎胞を包む胎膜を意味する。胎膜には、幸運のお守りとして魔術的な意味が与えられていた。

さしあたり、ベッリネッリはシチリアを経由してマルタへ逃亡することに成功したが、しかしそこで逮捕され、ローマに引き渡された。そして、拷問を受けることなく全面的に自供したのである。

一、ベッリネッリは自分だけに仕えてくれる霊（家ノ霊 *Spiritus familiaris*）を手に入れた。その際、共犯者が手を貸した。この男はベッリネッリに告解を聴いてもらったあと、森のなかで五夜、星に祈った。このとき男は手に「処女ノ紙」を着せた蠟人形を握り、生けにえの雄鶏をデーモンに捧げた。霊は白いひげをたくわえた七十歳の老人の姿で現れたが、その後、幾度かベッリネッリのもとを訪ね、いろいろなことを耳打ちした。

二、ベッリネッリは、交霊術師グループの中心人物であり、かずかずの魔術実験を行っていた。実験では、精霊を召喚するために、「ソロモンの鍵」、動物の血で書かれた星形と文字、また人間の血液と脂肪、髑髏《されこうべ》が用いられ、さらに乳香、聖水、聖別された蠟燭が濫用された。婦人の愛を獲得すること、隠された財宝を見つけ出すこと、武器の攻撃にたいして不死身になることが目的であった。三、逃亡中ベッリネッリは——偽造した教皇証書を用いて——エルサレム総大司教を名のり、当然のごとく破門されていたにもかかわらず司教ミサを行ったものと思われる。その際、司教は信徒たちの前で、あたりまえの司祭のように「願ワクハ主汝ラトトモニイマサンコトヲ(Dominus vobiscum)」ではなく、「汝ラニ平安アレ(Pax vobis)」と、司教の唱えるあいさつをした[23]。さらに、にせの贖宥状を販売して金を集め、またみずからの侍者にたいし教会の定める大小斎規定を免除した[24]。

この家ノ霊の話ほど、当時、とくに中央ヨーロッパに蔓延していた魔女妄想にぴったりと合致するものはない。これ以外に虚構の要素はない。魔女の飛行およびサバトと悪魔との情交が含まれていないのは特徴的である。告白の残りの部分、すなわち交霊術と名士を装った詐欺行為はいかにもありそうなことであるが、判決主文から読み取れるように、これだけでも枢機卿たちを憤慨させるのに十分であり、それゆえ彼らは慈悲を示すのは適当でないと判断した。

枢機卿サントーリは荒唐無稽な魔女のわざよりも、むしろ実際に行われた魔術を追及することを好んだ。この姿勢はとくに、一年後の一五八八年にジェノヴァ共和国で行われた一連の裁判に、検邪聖省の代表として枢機卿が介入したとき証明された。リグーリア海沿岸の小都市トリオーラでは、いまにも魔女妄想がアルプス地方を飛び出して南へ流れ出す勢いであった[25]。この時代、中央ヨーロッパがそうであったように、発火装置となったのは物価の高騰である。これがひきがねとなって住民のあいだで贖罪の山羊探しが始まった。ドイツ南西部と同様に、主導権を握ったのは教区集会であった。つまり当局ではなかったのである。彼らは魔女狩りの手はずを整えるよう行政長官に依頼した。そのための費用は喜んで引き受けようと教区民は訴えた。教会も、司教と宗教裁判所の代表をそれぞれ一名ずつ立てるかたちで介入した。おおぜいの人が逮捕された。逮捕者のなかに土地のエリート層に属する人たちも交じり、また何人かの女が拘留中に死亡すると、市参事会はジェノヴァの総督《ドージェ》に訴え、共和国の委員を派遣するよう要請した。しかしこの委員のもとでも逮捕者は増え続け、都合三〇人ほどになった。トリオーラとその周辺地域の未決監では、九人の女が拷問の連続に耐えかねて命を落とした。ほかの五人にたいして、委員は幼児殺しの罪により死刑判決を下した。この判決はジェノヴァの中央官庁によって追認されたが、鑑定人は執行の前にローマの意見を求めることに成功した。このため被告人たちは書類が送られてくるまでのあいだ、ひとまず猶予を得た。一五八八年十二月、枢機卿サントーリは総督《ドージェ》に宛てて手紙をしたため、枢機卿団は相当量の証拠書類を詳しく検討した結果、「裁判のいくつかにおいて閣下の委員が適切な司法権の枠を逸脱され、数人の哀れな女にかずかずの非情かつ無慈悲なしうちを加えられるにいたったという」結論に達した、と報告した㉖。

サントーリの助言がジェノヴァに受け入れられたのかどうか、残念ながら史料からは知るよしもない。ただ、ほかの二件の魔女迫害については、いずれも介入に成功した。

その第一の事件も一五八八年に起こった。ナポリで二人の女がもう一人の女ともどもみずから魔女だと告白し、魔女のサバトに参加したと供述したのである。そうこうするうちに、二人のうち一人が死んでしまう。自白を行っていない第三の容疑者の罪の有無については異論があった。南イタリアを管轄する宗教裁判所の代表者は、上位機関である検邪聖省にこの問題を報告したが、聖省を代表してこれに回答したのは枢機卿サントーリであった。「たといこの女たちの証言が、証言者自身にたいして証拠能力を有するとしても、第三の女が魔女のサバトで目撃されたことに関してまで立証能力をもつわけではない。なぜなら、このような場合、女たちは悪魔に惑わされて隣人を中傷している可能性があるからである。さらに注意を払うべきは、これら二人の証言が特異なものであり、自宅で発見された書き物や、その他迷信めいた品々のなかに、デーモンへの嘆願を明白に証拠立てるものが何ひとつ発見されないという点である。ゆえに第三の女は一時間三十分に及ぶ拷問により、みずから徴憑の示す有罪の嫌疑を十分に晴らしたと、われわれは確信するにいたった」[27]。ローマの介入によって、この女だけでなく、密告した女も、自分自身を「告発（besagen）」したもう一人の「魔女」も釈放された。自己告発も、他人にたいする告発も、まともには相手にされないほど、どうやら魔女のサバトの存在は信じられなくなっていたようである。

史料がよく保存されているおかげでこのことをいっそう具体的に説明してくれる事例として、一五九三年から九四年にかけて、同じく南イタリア（アプリア地方）の司教都市ビトントを震撼させた司法スキャンダルがある[28]。事件は高位聖職者を巻き込んだことから物議をかもした。サントーリと検邪聖省の顧問による下準備のあと、教皇クレメンス八世（一五九二―一六〇五年）がみずから最終判断を下した点でも、これは有益な事例である。事の発端はビトントにおける二人の女の悪魔憑きであった。女たちは不本意にもデーモンに支配され、その後デーモンの犠牲になったという意味で、ただ単に悪魔にあやつられるがままになったのではなく、同時に女自身が共犯者、つまり魔女だとみなされたのである。

十六世紀の最後の四半期以降、ヨーロッパ、なかでもフランスとイングランドで、悪魔憑きとその治療をめぐって活発な論議が始まった。イタリアでは、一五七八年に出版されて多くの読者を獲得した、祓魔師《ふつまし》にしてフランシスコ会司祭ジローラモ・メンギの著書『デーモンノ鞭（*Flagellum Daemonum*）』

が議論のきっかけとなった。著者はみずから記した悪魔憑きのいくつかの事例を真実と確信し、悪魔が性的欲望のままに好んで女を襲ったことを詳細に説明した。それゆえ魔女術との結びつきはまことに自明なことであった。ビトントにおいてもそれは同様である。

同地の司教フラミーニオ・パリシと助祭長オッターヴィオ・ボーヴェは、魔女を自称する悪魔に憑かれた二人の女の証言にもとづき、共犯者と称される者をも告訴しようともくろんだ。推進力となっていたのは野心的な助祭長である。悪魔祓いと魔女狩りにあたって主導的な役割を演じ、教階制度《ヒエラルキア》のなかで出世することを望んでいたのである。だからボーヴェはそれなりの見通しをもってローマの検邪聖省の出方をうかがっていた。ところがそのローマに、ビトントのもう一人の高位聖職者フェッランテ・ステッラッチョのしたためた、これとはまったく異なる報告書が届いたのである。ステッラッチョは悪魔憑きをとくに重視せず、ボーヴェの主張は針小棒大だと非難した。ステッラッチョの報告から、公開の悪魔祓いがいかなる騒ぎを町にもたらしたかがわかる。だれが取り憑かれた者の体に汝を入れたのか、というデーモンへの問いは命取りとなった。これにたいしてさまざまな名があがったのである。貴族や他の高位高官の名があげられているあいだは、観衆も沈黙を守っていた。ところが卑しい身分の者たちが槍玉にあげられると群集は襲いかかった。かつて一人の異端者に牙をむいたように。

ある青年の事例はひじょうに痛ましいものであった。青年は教会で祈っているとき、悪魔に取り憑かれた者の一人から、魔女の一味だと決めつけられ中傷された。この侮辱にたいし青年は声を荒らげて抗議したが、そのため祓魔師によって教会から追い出された。このとき祓魔師が激怒のあまり青年を乱暴に扱い、火あぶりにするぞと脅迫したため、哀れな若者はすっかり動揺して、逃げるように家に帰った。何時間も青年は身にふりかかった災難を嘆き、羞恥のあまり外出を避けるようになった。しかしある日、青年は――ひじょうな不安を感じながらではあったが――思い切って通りへ出てみた。そのとき何人かがおもしろがって叫び始めた。「魔女の一味を捕まえろ」。すぐさま青年は逃げ出し、身を隠そうと水の枯れた古井戸に飛び込んだ。青年は転落して頭を打ち、死んでしまったのである。

悪魔に憑かれた人間によって密告された者のうち幾人かが逮捕された。妊娠六カ月の女は、尋問のため司教の前に引き出されたとき、司教とほかの多くの人の見ている前で流産した。それ以上に惨憺たるありさまだったのは、他の二人の女の運命である。一人は未決拘留中の過酷な処遇のために命を落とした。司教の館に監禁されていたもう一人は、厨房の下にある井戸で死体となって発見された。これが逃亡を試みた際の事故だったのか、絶望からの自殺であったのか、あるいは拷問の結果の隠蔽であったのかは不明である。

ローマが介入するのであればこのときをおいてほかになかった。検邪聖省は顧問の一人である法学博士、ジュリオ・モンテレンツィをビトントに派遣した。モンテレンツィは悪魔に憑かれた二人の女も、この二人に密告された人々も、ともにローマへ送り、ビトント裁判所の干渉から被告人たちを守った。テーヴェレ河畔で事件は新たな展開をみせる。被疑者の女二人は妊娠していたためサント・スピリート病院に収容された。他方、悪魔憑きの二人は、検邪聖省城館内の牢獄に収監されていた。

教皇クレメンスは週に一度の会議のなかでみずからこの事件に取り組んだ。

何人かの娘は、魔女のサバトに行き、悪魔とみだらな行為に及んだと主張した。これを受けて教皇は数人の産婆に命じ、娘たちが「処女デアルカ否カ（*an sit virgo sive corrupta*）」を調べさせた。すると、悪魔と交わったという娘たちの主張に疑念が生じた。この試験は二人の「魔女」に有利な結果をもたらしたようである。その証拠に、これ以後の手続きはビトントの司教とその顧問官たちに反論するものと

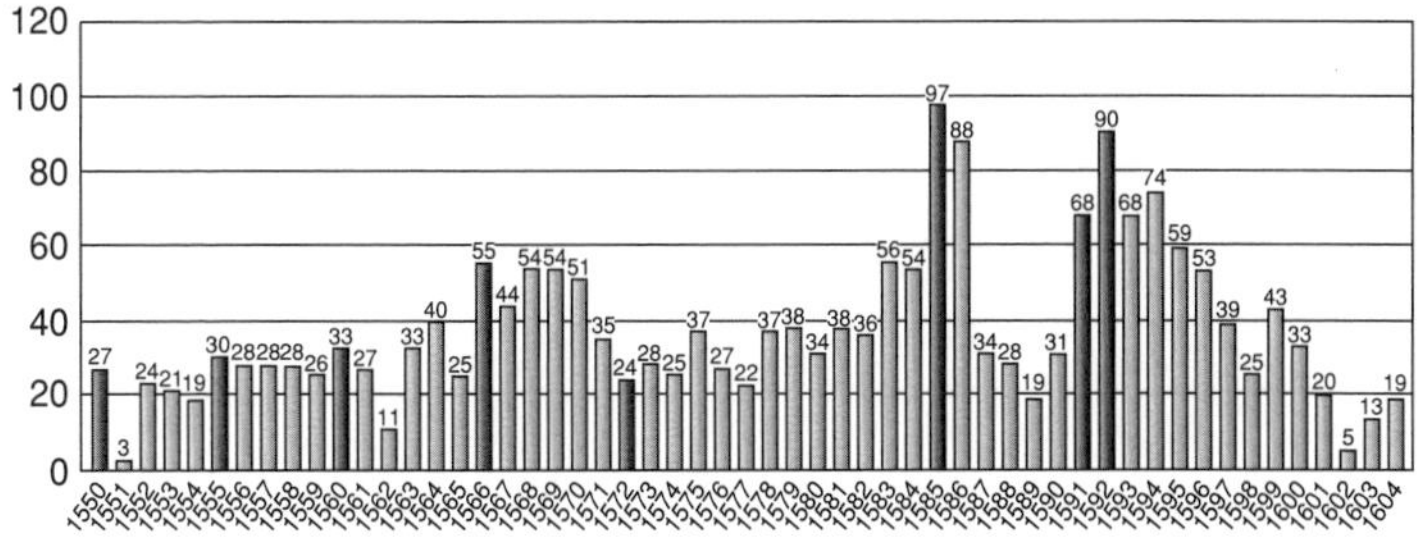

ローマにおける処刑（1551–1604 年）

Paglia（1551–1560 年），Blastenbrei（1561–1604 年），*Kriminalität*, S. 301，および書簡情報による．黒のグラフは教皇の在位第 1 年を示す．

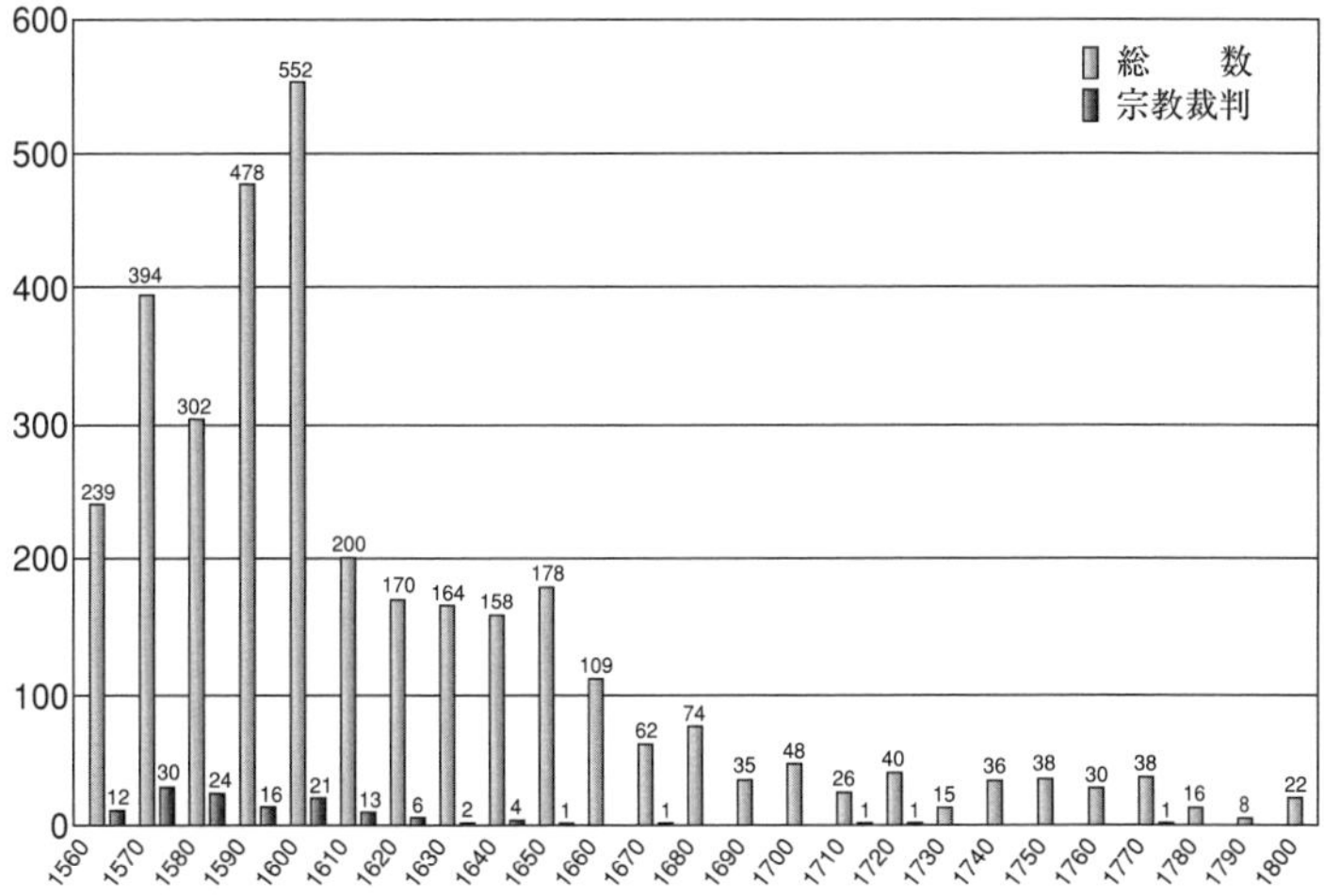

ローマにおける処刑（1551–1800 年）**の10 年ごとの件数**

総数は，Paglia（1551–1560 年，1701–1800 年），Blastenbrei（1561–1700 年），*Kriminalität*, S. 301，および書簡情報による．宗教裁判における処刑数は，Orano（267 ページ，注 3 に同じ）による．

なった。二人はローマへの出頭を命じられた。とくにビトントの女のうち一人の死については、司教側検察官の責任が問われた。モンテレンツィと他のすべての顧問は、さらに真相に近づくため、いわゆる検事《フィスカーレ》を独自に拷問にかけさせることに賛成した。教皇もこれに同意した。と同時に、死亡した女については、自殺でないことが確かならば、聖別された土地に、つまり名誉ある方法で埋葬させるよう命じた(29)。

この措置に沿って、数週間後、教皇は悪魔憑きの者に密告された「魔女」の釈放をも命じ、女たちの名誉が回復されるよう取り計らった。これにたいし、司教とその顧問官たちは根本的な法原理を無視したという理由で処罰された。すなわち、十分な徴憑もなく拷問し、しかも拷問を適用する前に十分な弁解の機会も与えず、上級審への控訴、つまりローマへの控訴の可能性も伝えなかったという理由からである(30)。

司教フラミーニオ・パリシとその助祭長オッタ一ヴィオ・ボーヴェにとってこれは停職処分に等しかった。つまり、ひきつづき高位の聖職にとどまることを禁じられ、そのうえビトントから追放されることをも意味した。くわえて、以後、教会の刑事訴訟に判事として参加することも許されず、また――助祭長の場合は――祓魔式を行い、告解の秘蹟を与えることも禁じられた。一六〇一年、二人はビトントに戻り、ふたたび職務に就くことができたが、そのほかの決定はなお効力をもち続けた。

同じ町に住む女たちを魔女として密告した女たちも、結局のところ裁判を免れなかった。偽証と「迷信（*superstitiones*）」の罪で、またこれに関連して、悪質な中傷すなわち「名誉毀損（*infamia*）」を理由に起訴されたのは四人の女である。一五九六年八月下旬、教皇クレメンス八世はジュリオ・モンテレンツィをふたたびビトントへ派遣し、解決策を提示するよう指示した。女たちはこのあと自由の身となったが、訴訟審理は依然として続いていた。一五九六年十二月初め、教皇は名前の記されていない二人の顧問――そのうちの一人はおそらくモンテレンツィであったと考えていいだろう――の所見を求めたあと判決を下した。すなわち、偽証と迷信の罪により救いをもたらす贖罪（*poenitentiae salutares*）が、また被害者の名誉を回復する義務が命じられたのである。[31]

自白した「魔女」の証言が法的に価値をもたないことは、遅くとも十六世紀の九〇年代にはローマの宗教裁判所における確固たる学説となっていた。[32] これはイタリアの専門家のあいだでは広く知られていたが、アルプスの北ではまだ認知されていなかった。一六〇〇年ごろバイエルン公の宮廷で、自白した魔女による密告は、ふだん非の打ちどころのない人物を逮捕し拷問することを正当化するか否かという問題をめぐって、激しい論争が生じた。[33] 公爵マクシミーリアーンはそのために学界の意見を求めるよう指示したが、ここにはボローニャ大学も含まれていた。イタリアの大学教授たちは、証言はいかなる場合にも拷問の使用を正当化する徴憑とはみなしえないと明言した。そのよりどころとして教授陣はローマの宗教裁判所の実績をはっきりと引合いに出した。

学識があり、同時にもっとも非情な魔女迫害者の一人である、オランダ南部のイエズス会司祭マルティン・デルリオ（一五五一―一六〇八年）は、このような専門家の鑑定を知って仰天した。なかんずく司祭を動揺させたのは、よりにもよってローマが、自分の所属する修道会がそのもっとも忠実な僕として仕えてきたローマが、この問題について不可解としか思えぬ態度をとるようになったことである。デルリオの反応には不信感が現れていた。とにかく宗教裁判についてのこのような主張が事実であるはずはない、とデルリオはミュンヒェンへ書き送った。この点でデルリオの視野がイデオロギーゆえに狭くなっているのはほとんど明白である。デルリオはさらに続けて、しかしかりにボローニャの鑑定が事実にもとづくものであったとしても、ドイツでもフランスでもスペインでも裁判の諸原則を変えるべきではないと、詳しく述べている。しかしこのとき、スペインの宗教裁判官の訴訟原理とイタリアの宗教裁判官のそれとがほぼ一致しているという事実は、司祭の念頭にはなかった。

バイエルン公国も魔女迫害にたいし、一転して慎重な態度をとるようになった。そのため、少数の裁判や処刑が行われることはあっても、十七世紀の最初の三分の一にドイツで何千という人々を薪の山へと運んだ大量迫害に大領邦が手を染めずにすんだのは、せめてもの救いであった。

第10章　魔女訴訟の手引

ビトントの騒動にたいして検邪聖省と教皇の示した冷静な判断は、従来の路線を逸脱するものではなかったが、仲間うちに異論の余地なく受け入れられたわけでもない。枢機卿サントーリは、ビトント司教にたいする訴訟をめぐって同僚が自分を非難したことに不満の声を漏らした。(1) 訴訟の手順をあらかじめ決定したのは、おそらくジュリオ・モンテレンツィだったと思われる。モンテレンツィは指令を受けてビトントへ赴き、みずから事態を検分したうえで、司教とその奸臣《かんしん》どもにたいする厳しい措置を追認した。

モンテレンツィは検邪聖省における魔女訴訟の第一人者となった。聖省からの依頼でモンテレンツィは魔女訴訟遂行のための手引書を著したが、一六二八年当時もなおこの書物は模範とみなされ、宗教裁判官に送付されて参考に供された。原文は保存されていないが、一六二五年以降版を重ねた有名なローマ宗教裁判所の魔女訴訟規定のなかに採り入れられたようである。これはモンテレンツィが検邪聖省の顧問として在職していた一五九三年から一六〇三年までのあいだに執筆したものとみてまちがいない。

モンテレンツィはボローニャ出身であったが、父親は一五三五年にここで法学博士の学位を取得した。一五五〇年に生まれた息子もこの地で学び、一五八〇年にやはり同じ学位を受けた。ボローニャはイタリア最古の名望ある法学校であっただけでなく、一五三七年から一五四一年までここで教鞭をとった十六世紀イタリアのもっとも著名な法学者アンドレーア・アルチャーティの影響下にあって、新しい人文主義的法学を受け入れる用意があった。魔女犯罪、なかでも飛行とサバトの要素にたいするアルチャーティの批判的な評価がモンテレンツィにも影響を与えたことは容易に推察できる。いくつかの官職を歴任したあと、一六一〇年、モンテレンツィはローマ総督（Governatore di Roma）に昇進した。「教皇領、あるいは少なくともその首都を管轄する包括的にして最終審たる裁判所」の長官として、モンテレンツィは「教皇領行政の序列における第二の人物」（ペーター・ブラステンブライ）となった。[2]さらに、一六一八年にはファエンツァ司教に、亡くなる直前の一六二三年にはフェッラーラの副教皇特使となった。[3]

一六一三年、ローマの宗教裁判所の枢機卿たちは、この魔女訴訟手引書の簡潔な要約版をはるかかなたのフランドルに送った。リールのブリギット修道院の二人の修道女が悪魔に取り憑かれ、仲間の修道女ほか数名の者が魔法を用いて自分たちの体に悪魔を呼び込んだと告発したのである。告発された者のなかには、リール出身の司教座聖堂参事会員ジャン・ルデュクもいた。当時リールはまだスペイン統治下ネーデルラントの一地方であったが、これはフランスにおける一連の悪魔憑き事件の一つに数えられている。それは一五六五年にランで始まり、一六三四年に主任司祭ユルバン・グランディエの処刑という事態にまで発展したルダンの聖ウルスラ会修道院（ポワティエ司教区）における悪魔祓いで頂点を迎えた。そしてルヴィエのフランシスコ会修道女のヒステリー（一六四三―一六四七年）とオソンのウルスラ会修道女のヒステリー（一六五八―一六六三年）がふたたびセンセーションをもたらしたが、その後これら一連の事件は人々の考え方を改めさせる契機となり、魔術への恐怖と魔女裁判への要求をむしろ抑制する方向に働いた。

リールのスキャンダルは、二年前にエクサンプロヴァンスの聖ウルスラ会修道女をめぐって起きた同様の事件と直接関係している。悪魔に取り憑かれたと思われる数人の修道女が、彼女らの聴罪司祭であるマルセイユ出身のルウィ・ゴフリディは魔女の一味で、おおぜいの人をそそのかして魔術の手ほどきをした、と告発したのである。当時祓魔師《ふつまし》として活動していたのは何人かのドミニコ会修道士で、そのなかの一人がセバスティアン・ミカエーリスであった。ミカエーリスは早くも一五八二年にアヴィニョンの副宗教裁判官として同地の魔女狩り計画に加わっていた。エクサンプロヴァンスの法廷で裁判が行われ、ゴフリディは一六一一年四月三十日に処刑された[4]。同じ運命がリールの司教座聖堂参事会員ルデュクにも迫っていた。エクサンプロヴァンスの二人の祓魔師、セバスティアン・ミカエーリスとフランソワ・ドンシオ（ドンプティウス）が動いていたので、そのおそれはなおさら大きかった。

すべてが、あの南フランスの残虐な騒動を再現するかのようであった。ところ

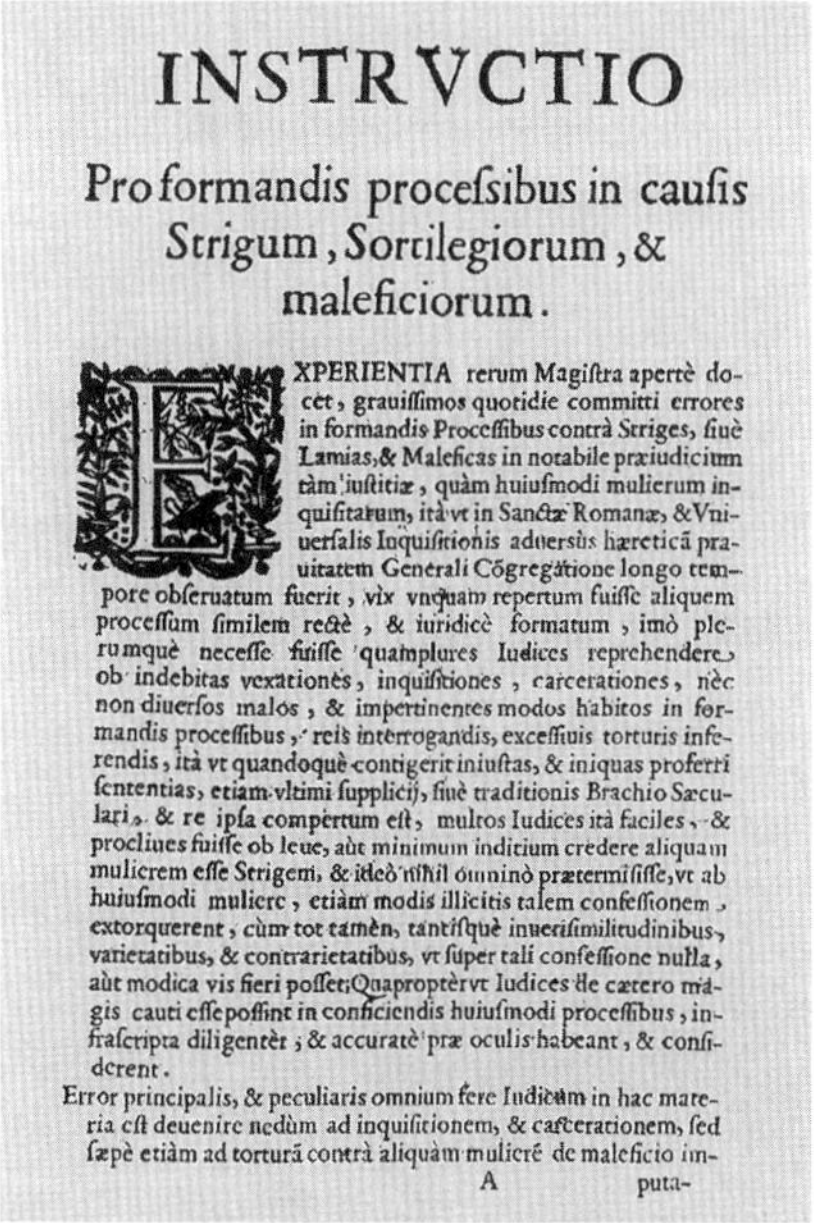

INSTRVCTIO

Pro formandis proceſsibus in cauſis Strigum, Sortilegiorum, & maleficiorum.

EXPERIENTIA rerum Magiſtra apertè docet, grauiſſimos quotidie committi errores in formandis Proceſſibus contrà Striges, ſiuè Lamias, & Maleficas in notabile præiudicium tàm iuſtitiæ, quàm huiuſmodi mulierum inquiſitarum, ità vt in Sanctæ Romanæ, & Vniuerſalis Inquiſitionis aduersùs hæreticã prauitatem Generali Cõgregatione longo tempore obſeruatum fuerit, vix vnquam repertum fuiſſe aliquem proceſſum ſimilem rectè, & iuridicè formatum, imò plerumquè neceſſe fuiſſe quamplures Iudices reprehendere, ob indebitas vexationes, inquiſitiones, carcerationes, nèc non diuerſos malos, & impertinentes modos habitos in formandis proceſſibus, reis interrogandis, exceſſiuis torturis inferendis, ità vt quandoquè contigerit iniuſtas, & iniquas proferri ſententias, etiam vltimi ſupplicij, ſiuè traditionis Brachio Sæculari, & re ipſa compertum eſt, multos Iudices ità faciles, & procliues fuiſſe ob leue, aùt minimum inditium credere aliquam mulierem eſſe Strigem, & ideò nihil omninò prætermiſiſſe, vt ab huiuſmodi muliere, etiàm modis illicitis talem confeſſionem extorquerent, cùm tot tamèn, tantiſquè inuerisſimilitudinibus, varietatibus, & contrarietatibus, vt ſuper tali confeſſione nulla, aùt modica vis fieri poſſet; Quapropter vt Iudices de cætero magis cauti eſſe poſſint in conficiendis huiuſmodi proceſſibus, infraſcripta diligentèr, & accuratè præ oculis habeant, & conſiderent.

Error principalis, & peculiaris omnium fere Iudicum in hac materia eſt deuenire nedùm ad inquiſitionem, & carcerationem, ſed ſæpè etiàm ad torturã contrà aliquàm mulierẽ de maleficio im-

A puta-

ローマの魔女訴訟手引書公認版本の最初のページ（1657年）

が、ブリュッセルの教皇大使ギド・バンティヴォグリオの介入によって事態は別の方向へ進み始めた。教皇大使は教会法上の裁判を行う権限を有していた。実際、ルデュクは逮捕され、教皇大使の派遣した判事の尋問を受けた。だが、この事件にはあまりに不審な点が多かったため、教皇の使者はローマの上司である枢機卿の親族、すなわち教皇パウルス五世の甥にしてきわめて親密な協力者であった、枢機卿シピオーネ・ボルジェーセに詳細な報告書を送った。枢機卿はさらに最高位の信仰の番人にこの件を取り次いだ。一六一三年九月六日、その代弁者として枢機卿ガルシャ・メッリーニは大使に宛ててつぎのような書簡をしたためた。「今月五日、本件は検邪聖省内において聖下の御前で審議せられました。聖下のご下命により、小職より貴兄に書面にてその結論を申し渡す次第となりました。すなわち、本件については慎重な措置を講じられたい……、魔女のサバトにおいて自分以外の人間を見たという、悪魔に取り憑かれた者および魔女の証言をけっして信じてはなりません。なぜなら、かかる儀式の際には錯覚が生じるからです。閣下におかれてはさらに、加害魔術だと臆測された案件ならびに魔女犯罪の罪体(*corpi delli delitti*)を検証せしめられたい。また、訴訟内容が、加害魔術および魔女のわざに起因する病であった場合も、かかる行為に関して知識にもとづいて鑑定しうる専門家の、宣誓によって真なることの保証された所見を、参照していただかねばなりません。複数の者を同一の容疑で逮捕する場合、この者たちを引き離し、別々の牢獄に収監してください。尋問の際には誘導尋問が行われないよう注意を払う必要があります。さらに、あらゆる質問を詳細に書きとめ、審問終了時に、当人が不利な証言をした相手にたいし、過去あるいは現在において、敵意、憎しみ、ねたみをいだいていないか、また紛争中でないかどうか、また、そこにいかなる理由があるのかを、個々の証人に尋ねていただかねばなりません。被告人への審問に際しては、裁判の過程で十分な徴憑が提示された行為と陳述に関してのみ質問がなされるよう留意してください……。閣下におかれましては、すべての訴訟記録の写しを送付してくださるようお願いいたします……、なんぴとたりとも誤った判決を下されたり、また名誉を侵害されたりすることなく正義が勝利者であり続けるためには、当方においても本件について適切な判断を下すことができなければならないからです[5]」。

この勧告は一般的な魔女裁判の手引書における根本的な考え方を明確に述べている。司教座聖堂参事会員ルデュクにとってそれは、敵対者の陰謀にもかかわらず、ルウィ・ゴフリディのように薪の上で命を落とさずにすむことを意味した。ローマと緊密な調整を行った教皇大使は、一六一四年一月七日、この地方の指導的な地位にある司祭、リール市参事会、および同地の司教座聖堂参事会に宛てて文書をしたため、この高位聖職者の無罪判決を厳粛に告知した。その後、一月十二日に同地の教会で、テデウム、すなわち救済への感謝として神に捧げる長大な讃歌が高らかに唱和された。教皇パウルス五世はさらに司教座聖堂参事会員にたいし、身に受けた苦痛の代償として昇進を通達した。ルデュクが高齢を理由にその恩恵を甥に譲ったので、甥がカンブレの教会禄を受け取ることとなった。彼の伯父をあやうく薪に乗せるところであった修道女たちはトゥルネーで収監され、最後にはみずから行った告発を撤回した。

ルデュクの敵対者たちは検邪聖省がかたよった情報しか入手しなかったという理由をあげ、ローマ駐在のブリュッセル大使をつうじて、なお判決を修正させようと申し立てたが、失敗に終わった。枢機卿ベラルミーノは、かの司教座聖堂参事会員を善良な人間だと考える、とブリュッセル大使に明言した。そして教皇は（かつて枢機卿メッリーニがそうしたように）ネーデルラント公使を接見した際、「当事者双方のすべての根拠が検討され吟味されたこと、また検邪聖省内に、フランドル全土にみられるこの種の問題に精通する者がいること」を強調した[6]。

したがってスペイン統治下のネーデルラントにおける悪魔憑きと魔術非難の事例として、これはセンセーションを巻き起こした唯一の事件ではなかったのである。四年後にローマはあらためて——ヴェルジェ修道院（アルトワ伯領）のシトー会修道女にたいする——魔女裁判を停止させ、本件が刑事裁判官よりも、むしろ司牧者の扱うべき案件であることを諭さねばならなかった。ここで悪魔に憑かれた修道女たちは、仲間の数人の修道女を、自分たちと一緒に魔女のサバトに参加した罪で告発した。二人の女が一六一四年に処刑され、残りの女たちも、その家族がシトー会のロース大修道院の院長であるヴァンサン・ロングスペという雄弁な弁護人を得なかったら、おそらく同じ運命をたどっていたであろう。この大修道院長は、かつてプロクラトル、すなわちローマ在住の修道会総代理人であったころ、悪魔憑きと魔術の問題にたいする教皇庁の穏健な態度を知るにいたった。ロングスペは、アラースの司教が自分と同じ考えをもち、「ローマ検邪聖省の決定を尊重するであろう」ことを期待した。というのも、司教はかつて教皇庁の法廷、すなわちローマ聖省控訴院の判事だったからである。それゆえロングスペは、この人物に審理がゆだねられるよう求め、この要求を達成した。しかし司教がこの事件にまったく個人的な関心を示さず、下級判事たちにこの件を任せてしまったことに、大修道院長は失望した。判事たちは、ロングスペが憤慨して断言したように、「このスキャンダルと混乱をただ拡大し、この国の教会と聖職者階級に損失を与えるだけの結果に終わった」。

いまやロングスペのみるところ出口は一つしかなかった。ローマの直接介入である。一六一六年五月、ロングスペは永遠の都にいる所属修道会の総代理人をつうじて、教皇に判事の交代と訴訟関係書類の送付を要請し、くわえて教皇大使には油断のない態度をとるよう指導させた。事実、検邪聖省が書類を届けさせると、ブリュッセルの枢密顧問官は不快の念をあらわにし、ローマに控訴することによって「国の特権に水を差す改革を導入した」罪でロングスペを告発したのである。この件は長引いた。だが、一六一七年秋、イタリアから希望のきざしとなる助言が届けられた。当代の卓越したカトリック神学者であり検邪聖省の指導的なメンバーであった枢機卿ロベルト・ベラルミーノは「驚きを隠さず、おおいなる同情を示し、はげしく憤慨した。彼は上首尾を期待させた」。

とすれば、一六一八年一月二十四日の会議でベラルミーノを含む枢機卿宗教裁判官たちが教皇の名代として以下のように命じたのは、もはや自然のなりゆきであった。「アラースの司教のもとで進められている裁判を打ち切り、代わって、カンブレ大司教に以下のとおり委任する。逮捕された修道女たちを釈放し、慈悲深い処遇を与えること。また、彼女たちがほかの人々と和解させられ、あらゆる禁域が守られ、加害魔術を根拠としてこれ以上の措置をとらぬよう、そして今後は悪魔祓いを行わず、より有益な手段を講ずるよう配慮すること。頻繁な秘蹟の拝受、女たちをやさしく慰め、彼女らの心から魔術の陰を取り除いてくれるある種の書物、説教の拝聴がそれである。また、女たちを救済にいたる道へと導く、聡明で深い教養をもつ敬虔な聴罪司祭を派遣する。必要があれば、修道院がいっそうの平安を得るため、また彼女ら自身の浄福のために、本人たちをカンブレ司教区内の他の同修道会所属修道院に移すことも可能である[8]」。

事実そのように取り計らわれた。悪魔に憑かれた修道女たちは他の修道院へと移され、逮捕された者は釈放され、すでに処刑された者には遅ればせながら無罪判決が宣告されたのである。

ちょうどそのころ、上部イタリアで長年宗教裁判官を務めたドミニコ会司祭デシデーリオ・スカリア（一五六八―一六三九年）は検邪聖省の代理人の地位にあった。一六二一年に枢機卿となり、さらに枢機卿としてすべての権限をもつ聖省のメンバーとなった[9]。スカリアはモンテレンツィの魔女裁判手引書の改訂に携わったようであるが、それだけでなく、多くの読者を獲得した宗教裁判官の便覧を著した。そこでは魔女問題が、モンテレンツィの指南書と同様ひじょうに冷静に論じられている。

ところが手引書の序文のほうはおよそ冷静とはほど遠い調子で綴られている。

「ものごとの教師たる経験が明瞭に教えるとおり、魔女、妖怪、女魔術師にたいして訴訟を起こすと き、各司教区の司教、助任司祭および宗教裁判官は、日々まことに憂慮すべき過ちを犯し、それが司法にも告発された女たちにも由々しき損害となっていることから、これまで法にかなう公正な裁判の名に値するものがほとんど行われたためしがなく、たいてい多くの判事が非難されてしかるべきであるという状況は、異端による堕落に対抗する検邪聖省のかねて知るところとなっている。では、なにゆえ判事たちへの非難がやむをえぬものかといえば、不当な虐待と捜査および逮捕、さらには訴訟の構成、被告人への尋問、度を越した拷問にみられる不適切な耐えがたい手段にその理由がある。その結果、ときに不公正かつ不当な判決が下されるどころか、死刑、あるいは世俗裁判所への引渡しにいたることさえある。本件は、あまりに軽率でだまされやすいために、きわめて不十分な徴憑を得ただけで、ある女を魔女であると判断してしまう判事が多数いることを明らかにした[10]」。

この序文は、ビトントの司教とその官吏が、あるいはアヴィニョンの宗教裁判官が犯した行き過ぎにたいする辛辣な批評のように読める。

手引書の著者たちは魔女の存在を否定しはしなかったが、多くの事件において実際に事を起こしたのは悪魔と契約を結んだ女ではなく、もっと罪のない魔術師であることを見て取っていた。だからこの女たちは、判事の暗愚によってはじめて絶対的な悪の権化にしたてあげられるのだという。「女というものがたいへん迷信深く、魔術、なかんずく愛の魔法にふけるものだとしても、だからといって、加害魔術を解いたり、他人の意思を意のままに操ったり、あるいはそれ以外のことをかなえたりするために魔術なりまじないなりを用いたからといって、ただちに正真正銘の魔女（*strix*）や魔術師（*sortilega*）になるわけではない。なぜなら、そもそも魔術はまぎれもない神からの離反がなくても行われうるものだからである。たといそれが、用いる魔術しだいで、程度の差こそあれ神からの離反の徴憑となるにしても……。多くの判事はそのような魔術がまぎれもなく神から離反して悪魔に身を売らないかぎりありえないことだと誤認しているために、欺かれるがままになっているのである。このような理由で尋問される女たちにとって、きわめて大きな不利益が生じるのはそのためである。つまり、経験が乏しいか、あるいは、たといふだんからだまされやすいわけではないにしても、誤った仮定にもとづいて書かれた魔術師と魔女に関するある種の書物を読んで惑わされるかしている判事たちは、拷問によって女たちから自白を引き出すという不法なやり方に固執するのである。その結果、女たちはみずからの苦痛と禁じられた手続きゆえに、もしかしたら一度も頭に浮かんだことがないかもしれない罪を、結局は自白させられるにいたるのである」。

再発を防ぐために、聖職裁判官は以下の原則を肝に銘じさせられた。

一、魔術による死亡と推定されず、しかも自然とはいえない死因はありうるのかという問題を解明するために医師の意見を求めること。

二、容疑者宅の家宅捜査によって罪体をつきとめること。その際、たとえば人形や針といった有罪を示す物証があるかどうか、寝床にいたるまで捜索を行う。しかし何かが発見されても慎重な態度が要求された。というのも、「女のいるところには針もある」からである。

三、魔女のサバトに参加していたと第三者を非難する者がある場合、他に徴憑が認められるとしても

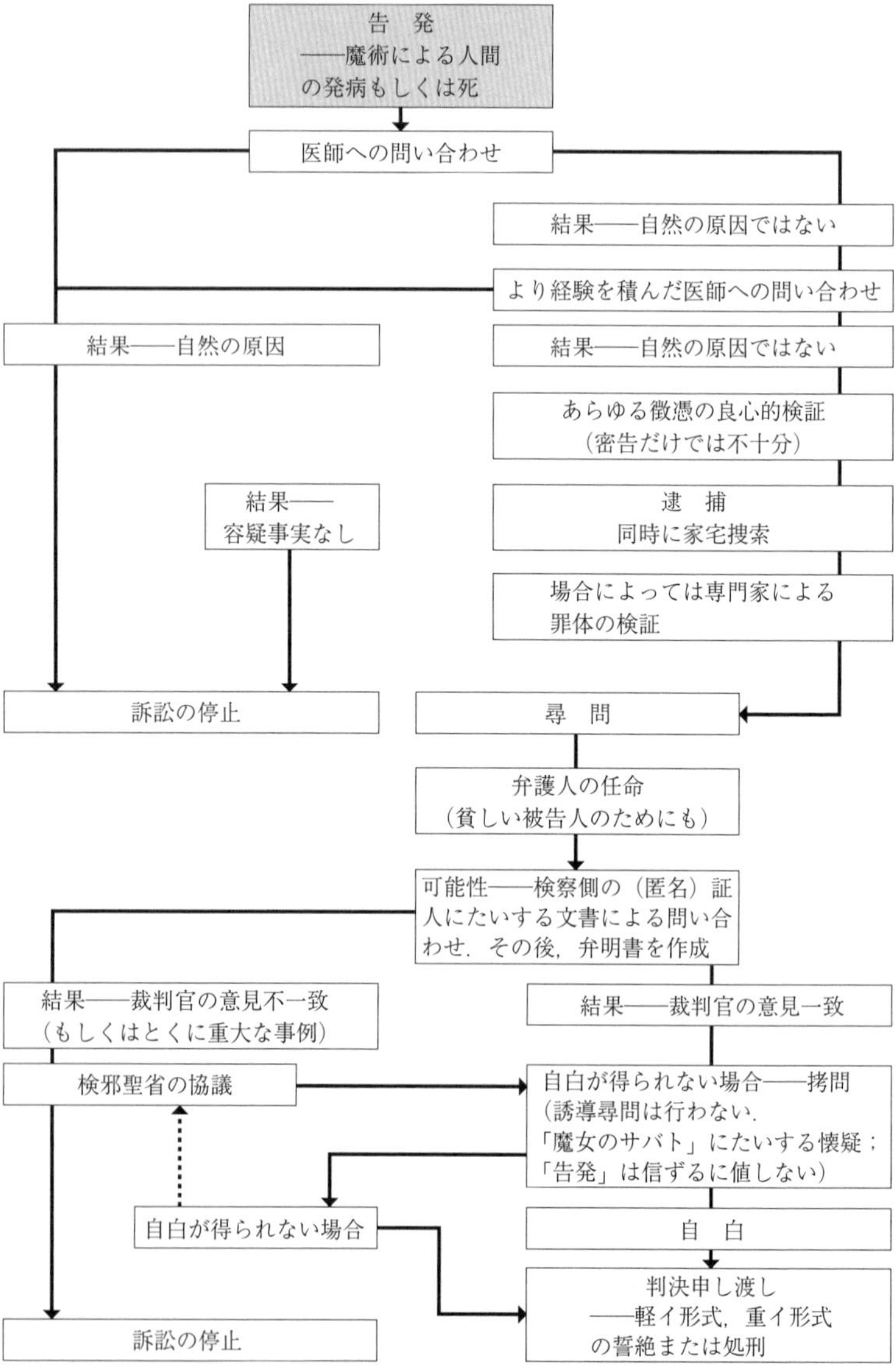

告　発
——魔術による人間
の発病もしくは死
医師への問い合わせ
結果——自然の原因ではない
より経験を積んだ医師への問い合わせ
結果——自然の原因
結果——自然の原因ではない
あらゆる徴憑の良心的検証
（密告だけでは不十分）
結果——
容疑事実なし
逮　捕
同時に家宅捜索
場合によっては専門家による
罪体の検証
訴訟の停止
尋　問
弁護人の任命
（貧しい被告人のためにも）
可能性——検察側の（匿名）証
人にたいする文書による問い合
わせ．その後，弁明書を作成
結果——裁判官の意見不一致
（もしくはとくに重大な事例）
結果——裁判官の意見一致
検邪聖省の協議
自白が得られない場合——拷問
（誘導尋問は行わない．
「魔女のサバト」にたいする懐疑；
「告発」は信ずるに値しない）
自白が得られない場合
自　白
判決申し渡し
——軽イ形式，重イ形式
の誓絶または処刑
訴訟の停止

検邪聖省の手引書にもとづく魔女裁判の流れ（1600 年ごろ）

なおその告発を拒否すること。
四、悪魔祓いにあたっては最大限の注意を払うこと。とくに悪魔と称する者がほかの者を不利な立場に陥れるような証言をする場合。
五、被告人の弁護を受ける権利、一般に以下の手順による公正な訴訟手続き。
a　誘導尋問の禁止。
b　起訴状の手交。
c　弁護人の起用、被告人の経済力が乏しい場合は裁判所が費用を負担する。
d　（悪魔のしるしをつきとめるために全身の毛を剃る）屈辱的な身体検査の禁止。

もっとも、すべての宗教裁判がそうであったように拷問は許容されていた。ただし、「揺さぶる、重りをつける、あるいは両足に丸太をつけることによって拷問を強化することは許されず、その手段としては縄を用いて吊り上げることのみが許される」。

拘留条件と訴訟費用についても特別の条例があった。囚人房は明るく広々としていた。また、囚人たちにはわらぶとん、シーツ、毛布を請求する権利があったが、自分で費用を負担すれば、寝台、机、追加のシーツ、タオルなどを調達してもらうことができた。体を洗い、床屋、洗濯女、お針子を呼ぶ機会もあった。週に二度は衣服を着替えることもできた[11]。

貧しい人々から裁判費用は徴収されなかった。すでに言及したように、そのような人々には官選弁護人が無償でつけられた。文書作成料は、「攻撃過程」、すなわち検察側が引き受ける部分については請求されず、「弁護過程」、すなわち被告人に有利な証言をする証人への尋問に関してと、被告人がローマへ控訴する場合に行われる複写作成についてのみ請求された。宗教裁判官の出張がどうしても必要な場合は、それにかかる費用を最小限に抑えなければならなかった[12]。

ラテン語で書かれたこの手引書は内々での使用に供されたもので、要求があれば宗教裁判官と司教に届けられた。そのためこの手引書は最初の数十年間、出版されることがなかった。一六二五年になって宗教裁判官のための便覧のなかでイタリア語に翻訳され、はじめて――非公式に――出版されたが、編者のエリーセオ・マシーニは出版にあたり、従来の法務に悪い印象を与える、先に引用した序文を削除した。

三十年戦争中の一六二六年から一六三一年にかけて、ヨーロッパの魔女迫害は頂点に達した。しかもそれはドイツにおいてであった。何千という人々が火あぶりにされた。たとえばヴュルツブルク司教区では約九〇〇人が、ザウアーラントでもそれとほぼ同数の人が、またバンベルクでは約六〇〇人が処刑されたのである。この猛威をふるう迫害の印象を心に刻んだイエズス会司祭フリードリヒ・シュペーは、魔女裁判にたいする闘争文書『犯罪ヘノ警告（*Cautio Criminalis*）』を著した。シュペーの批判が本質的な点でローマの枢機卿宗教裁判官たちの基本的な考え方と一致していたのは奇妙である[13]。両者ともに魔術と魔女が存在することをはっきりと是認しているが（シュペーの場合、それが単に信仰告白を装ったにすぎないものかどうかについては評価の分かれるところである）、魔女信仰でもとくに問題視されていた要素、すなわち魔女の飛行とサバトにたいしては批判的である。彼らの関心事は、この扱いにくい犯罪にできるかぎりの法的安定性をもたらすことである。雪崩のように広がっていく告発と訴訟を阻止するために、魔女のサバトへの参加に関する証言は退けられるべきということである。

このイエズス会士は他に類をみないほどの明敏な思考によって、しかし、とくにことばのほんとうの意味で、人の心をかきたてる（**Mit-Leiden** 苦しみを分かち合う）[14]パトスによって同時代人たちを覚醒させた。シュペーの論拠はむろん、ドイツにおいてさえけっして新しいものではなかった。シュペー以前にも、たとえばルター派のロストク大学教授ゲーオルク・ゲーデルマンのような法学者たちはすでに魔女裁判のやり方に慨嘆し、例外犯罪（*crimen exceptum*）の理論にかかわらず、それらにたいしても正規ノ手続キ（*processus ordinarius*）を適用するよう求めた。これはカルル五世の重罪刑事裁判令にも明記されていたが、拡大解釈されてうやむやになっていた点である。とりわけシュペーを悲しませたのは、ケルン大司教フェルディナントやパーダーボルン司教のごときカトリックの領邦君主までが、いや、そのような君主たちこそが熱狂的な魔女迫害者であるか、少なくとも貴族の裁判領主とその配下にある市民法律家のなかの過激派の意見に、ほとんど反対しないことであった。シュペーは宗教裁判の原則にあまり詳しくはなかった。そうでなければ、ドイツのカトリック当局にたいしてあのローマの手引書の存在を指摘していたはずである。イタリアで学びたいという彼の願いを修道会の首脳部は退けた。それでもこのイエズス会士はアルプスとピレネーの南の事情をよく心得ていたからこそ、こう書くことができたのである。「いずれにせよ、どうやらイタリア人とスペイン人は生来このような事がらに深い思慮を働かせて一定の結論を得る天分に恵まれているらしく、もしもドイツ人を見習おうものなら、いかに多くの罪なき人々を処刑しなければならないかということをちゃんと知っている。だから彼らは当然のことながら事態をそのままにしておき、魔女を火あぶりにする仕事をもっぱらわれわれに任せているのである。果たしてわれわれは師たるキリストのおきてに安心立命を得るよりも、むしろ自身の熱狂に屈することのほうを好むのである」[15]。

魔女裁判批判におけるシュペーの偉大な先達である医師ヨーハン・ヴァイアー（一五一五―一五八八年）は、このイエズス会士以上にイタリアの事情に通じていることを実証した。ヴァイアーは自著『デーモンノ幻惑ニツイテ（*De praestigiis daemonum*）』（一五六三年）にボローニャのある具体例を記述している。同地では、有罪を宣告された「魔術師」は一種のさらし柱につながれ、その後、町から追放された。──これは、ヴァイアーが強調したように、あわれな犠牲者を火中に投じ、無辜の血を流すことを好む多くの同時代人の破滅的な傾向とは、明確に一線を画する態度である。[16]

他方、中央ヨーロッパでキリスト教の神の名のもとに行われる暴挙を、ローマの信仰の番人たちはどれほど認識していたのかという疑問も生まれる。教皇ウルバヌス八世、本名バルベリーニ（一六二三─一六四四年）の時代の教皇庁は、ドイツの状況を十分に把握できているとはいえなかった。親仏派の教皇はスペインおよび神聖ローマ帝国のハプスブルク家と対立していた。教皇の参謀のなかに「ドイツ通」はいなかった。ケルンとウィーンの教皇大使は国内の魔女迫害について、ほんのわずかしか、あるいは何ひとつ報告しなかった。報告することがあっても、それはせいぜい宗教上の事がらに直接かかわるときに限られていた。個々の事件についてすみやかに救いの手を差し伸べるには、やはりローマはあまりにも遠かった。また、ドイツの被告人にとっては、かりにそのようなチャンスがあったとしても、むしろシュパイアーの帝国最高法院かウィーンの帝国宮内法院に仲介を依頼するほうが得策だった。一六三〇年から三一年にかけてバンベルクで起きたある事件では、一人の女と血縁の者がウィーンとローマの双方に助けを求めた。実際、教皇庁も司教に働きかけたようだが、司教は裁判を停止せよという皇帝の命令をさえ無視してこの女を処刑させてしまった。[17]

しかしこれは行き過ぎだった。帝国最高の権威が軽んじられたのを宮廷はそのまま見過ごすわけにもいかず、やっとのことでバンベルク司教領における裁判は停止させられた。三十年戦争中のいくつかの事件、なかでも一六三一年から三二年にかけてのスウェーデンの侵攻はそれなりの効果を及ぼし、「司法」を麻痺させたのである[18]。

一六三〇年代半ばに講和条約締結への——時期尚早の——希望が生まれたとき、枢機卿ジネッティ率いるローマの全権使節団がケルンへ向かった。この一団のなかに検邪聖省の試補フランチェスコ・アルビッツィがいた。アルビッツィはそれから数十年経ってもまだ、「われわれの眼前に身の毛もよだつ光景が繰り広げられた」ことを忘れなかった。「いくつもの村と町の城壁の外側に無数の杭が立てられていた。そこには、魔女の嫌疑をかけられた、哀れな、見るも無惨な女たちが縛られ、魔女として炎に焼きつくされていた[19]」。

一六五四年に自身も枢機卿宗教裁判官となったアルビッツィは、信仰と司法の根本問題について論及した自著『法ニオケル無定見ハ容認サレルベキカ否カ（*De Inconstantia in jure admitenda vel non*）』にこれを書きとめた。問題の記述は、魔術と迷信にたいするローマの態度を論じた章のなかに見出される。さらにアルビッツィは魔女裁判の手引書を復刻する際、その理由をつぎのように説明した。「宗教裁判官および担当の司教による魔女裁判において、とくに幼児殺しと、致命的な結果を招いたと申し立てのあった加害魔術の場合に、完全な証明を要する罪体の立証に過失があったことに鑑み、ラ・スプレーマ［ローマの検邪聖省］におかれては、宗教裁判官への教示のため以下の手引書を印刷に付せしめ、裁判官各位に送付せられたものである[20]」。

アルビッツィは魔女のサバトの問題を論ずるにあたって、わざわざドイツの神学者の経験を引合いに出す。「魔女のサバトにおいて特定の人物を目撃したという魔女の誓言は幻覚とみなされるがゆえに、これを信じて女たちに不利益をもたらすべきでないことは、ラ・スプレーマが、とくに一五九四年と、一五九五年以降にくりかえし定めたところである。このことから学者のあいだに論争が起こった［……］」。

そのためドイツの聖俗両裁判所のやり方はつねに退けられてきた。すなわちドイツにあっては、サバトでほかの者を目撃したと証言する魔女が一人でもいれば、それだけで魔女迫害が始まり、二人の魔女の証言があれば、告発された女の罪も確定したものとみなされたのである。タナー神父はこの問題を扱った論評でドイツ司法当局のこのようなやり方に反論した。また、さるローマの神学者である無名の作家も、一六三一年リンテルンで出版された『犯罪ヘノ警告（*Cautio Criminalis*）』、別名、魔女裁判に関して現代のドイツ当局に必要不可欠の書』と題する書物で批判を展開した[21]」。

つまり枢機卿宗教裁判官はリンテルンで刊行された『犯罪ヘノ警告』の初版をよく知っていたのである。しかも著者のことは最後まで知らなかったにもかかわらず、『犯罪ヘノ警告』を、この問題においてはシュペーの偉大な手本であるアーダム・タナー神父の『道徳神学（*Theologia moralis*）』に匹敵する重要な書物として評価した。ケルンでシュペーの長年にわたる支援者であり上司であり、また、一六五二年から一六六四年までローマのイエズス会総会長を務めることになるゴスヴィン・ニケル神父と一六三一年にアルビッツィがことばを交わしたときも、どうやら問題の書物の著者のことは話題に上らなかったようである。

アルビッツィ以前にも、ローマ宗教裁判所のもう一人の協力者がすでにドイツの火あぶりを批判していた。チェーザレ・カレーナ（一五九七頃―一六五九年）である。カレーナは俗人であったが、顧問兼検察官として数十年のあいだ北イタリアのクレモーナ宗教裁判所の一翼を担っていた。また、もっともよく読まれた宗教裁判官のための手引書の一つである『異端審問論（*Tractatus de S. Officio*）』の著者でもあった。このなかでカレーナは『犯罪ヘノ警告』には言及しなかったが、タナーについては意見を述べた。一六五五年版からはこの論文にローマ宗教裁判所の魔女裁判規定の序文が収録されるようになる。

規定の注解でも、カレーナはタナーを引合いに出した。カレーナはまず、ある実際の事件に関する別の著者の経験を引用し、ここに一般的な所見を付け加えた。「ある女はこう虚偽の自白をした。ある夜、わたしは母親の胸から一人の幼子を奪い去り、魔女のサバトへ連れて行き、そこで仲間と共謀して殺しました〔……〕と。それにもかかわらず子どもの母親は尋問を受けたとき、わが子は一度もそのような目に遭ったことがないと証言したのである。このように、この種の問題ではしばしばまちがいが起こりうるので、罪なき者が有罪判決を下される〔……〕ことのないよう、あくまでも思慮深くかつ慎重に対処しなければならない。このことに関して、いかなる称讃をもってしてもなおたたえ尽くせないイエズス会の一員、学識高きアーダム・タナーは、聖トマスに関する著書のなかで、『マタイによる福音書』第一三章のたとえ話に言及している。ここでは、毒麦を抜き取ってもよいかと尋ねる召使いたちに主人が返事をする。毒麦を抜き集めるとき小麦まで一緒に抜いてしまわないよう、刈り入れまで両方とも育つままにしておきなさい。刈り入れの時が来たら、人夫たちにこう言いつけよう。まずはじめに毒麦を集めなさい……。この一節にもとづき、すべての当局につぎのような普遍的なルールが課せられる、とタナーは述べる。すなわち、ある犯罪が罪なき者を危険に巻き込むことなしに罰せられず、根絶されえない……場合、時代錯誤であり、かつ危険でもある情熱にまかせて罪なき者を罪人ともども破滅させるよりは、むしろ処罰を思いとどまり、これを神の裁判官の裁量にゆだねるべきである」[22]。

カレーナはここで、小麦のなかの毒麦という聖書の比喩を使ったタナーが、いちばん関心を寄せているのは何であるかを理解していた。シュペーもこのたとえがひじょうに具体的で説得力があるように思われたので、自著のなかでたびたびバイエルンの同志を引合いに出しながらこの比喩を引用した。しかしカレーナは『犯罪ヘノ警告』を——アルビッツィとはちがって——知らなかったようである。他方、一六三五年に出版された、ライプツィヒの著名なルター派法学者ベーネディクト・カルプツォの『新刑事要領（*Praxis criminalis nova*）』には目をとおしていた。カレーナにとってこの書はアルプス以北（「山のかなたの人々（Ultramontane）」）の迫害ヒステリーの典型であり、彼はこれにローマの手引書の公正さを対置する。「このきわめて神聖な文書を世俗裁判官たちに、なかんずく万民に、とくに裁判官たちに恐れられている魔女を起訴する山のかなたの、かの地の裁判官たちにたえず参照してもらいたいと思う。というのも、本の書き手たちが魔術を用いる女たちへの恐怖をいたるところにばらまいているため、彼ら（判事）は女たちを残忍のかぎりを尽くして扱い、手段を選ばぬ拷問によって自白を引き出せば、それで神に生けにえを捧げたことになると信じているからである。ライプツィヒの審判人たちの判決文を読めば、これらの判決が常軌を逸するものであったことはだれの目にも明らかである。カルプツォは『新刑事要領。ローマ、ザクセン……（*Praxis crim. nova. Rom. Saxon*…）』に、当該不法行為にたいするかの地の法廷が下した三八件の判決文を一語一句違わず引用している[23]」。

世俗の魔女裁判を相手にこうした気の滅入るような経験を積み、検邪聖省は十七世紀半ばごろ、手引書の序文をより現実に即したものに改訂することになった。それまで「魔女、妖怪、女魔術師にたいして訴訟を起こすとき、各司教区の司教、助任司祭および宗教裁判官は、日々まことに憂慮すべき過ちを犯し」としていた箇所に続けて、改訂版では、「ただし、これらの過ちを犯しているのは、わけても、正義に背いてこの種の事がらに介入する世俗裁判官たちである」という文言がつけ加えられた[24]。

このような辛辣な評価には、イタリアの国家裁判所で失敗した経験も生きている。ドイツでは魔女の刑事訴追は世俗司法当局の管轄となっていたが、教皇領ではそれとはまったく逆の様相を呈していた。だが、イタリアのそれ以外の領土には、二つの領域のあいだに法的な拘束力をもつ境界が存在しなかった。それはこの種の犯罪の本質にかかわることであった。なぜならそれは「両法廷罪（*crimen mixti fori*）」、すなわち、加害魔術ゆえに世俗の犯罪でもあり、神からの離反ゆえに宗教上の罪でもあったからである。

一六一七年、ヴェネツィアで、加害魔術と十字架冒瀆の罪により、共和国政府が二人の女に死刑判決を下した。しかし検邪聖省が関与することはついになかった。このできごとのあと教皇パウルス五世は所轄の宗教裁判官に命じて、今後このような事件に際しては、信仰上の側面に関する尋問を行うために被告人を宗教裁判所にゆだね、その後ふたたび世俗当局に引き渡すようにと、ヴェネツィア政府を指導させた[25]。

同じことが一六一八年から二〇年にかけてミラノでも起こった。国の法廷で二人の女が「魔法と悪魔のわざを用いて複数の人の命を奪い、たびたび悪魔の遊戯に加わり、デーモンと情交に及び、また悪魔に嘆願してみずからの魂を引き渡した」ことを自白した。

ミラノ市参事会は死刑判決を下すことを決定した。「女たちを荷車に乗せ、悪魔の肖像と不法行為を書き記した異端者のミトラをかぶせ、刑場まで連行し、そこで火刑に処するものとする[26]」。

異端者裁判のように、予定する有罪判決の種類を決定する権限は、そもそも世俗の司法当局には与えられていなかった。判事たちは、宗教裁判所の裁判官たちも本件について同じ判断を下し、やはり死刑判決を宣告するものと信じていたふしがある。そればかりか、市参事会は加害魔術にたいする死刑の適用を予告する独自の布告を公示する計画も立てていた。

宗教にかかわる要素（棄教および悪魔との契約）に照らして、二人の女は宗教裁判官に引き渡された。宗教裁判官は一連の手続きを完了したあと、宣告された刑を執行させるため、女たちを世俗司直にゆだねる手はずになっていた。

宗教裁判官はこの事件をローマに報告した。パウルス五世は裁判記録の提示を求め、あわせてミラノ大司教フェデリーコ・ボッロメーオに、計画中の布告において宗教裁判所の権利が制限されることのないよう市参事会に申し入れることを求めた[27]。

聖省は裁判記録を詳しく検討した。その結果にもとづき、教皇は一六二〇年五月十四日の会議でつぎのように確認し、決定を下した。「調査がすでに尽くされたとすれば、女たちには軽イ形式（*de levi*）で誓絶を行わせ、その後ふたたび引き渡すべし。宗教裁判官は市参事会に、この件においては死刑に正当な根拠がないことを伝達させ、死刑判決が執行されないよう取り計らわせるものとする[28]」。

このように、教皇と枢機卿はこの事件について、ロンバルディアの首都の世俗法律家たちとは正反対の判断を下したのである。背教も加害魔術も立証されず、一つだけ残された些細な疑惑も、女たちは軽イ形式ニヨリ（*de levi*）、つまり公開でなくわずかな人数で行われる、要は人目を引くことも辱めを受けることもないかたちでの誓絶によって、これを晴らすことができた。

ミラノ市参事会は譲歩するであろうか。五月九日、一人の男が魔女の一味として火あぶりにされたとき、宗教裁判官はこれにまったく介入していなかった。それは不幸な事態を予感させた。事実、ミラノ政府は教皇のたっての助言を、まったく意に介さなかった。「死刑判決記録（*Registro delle sentenze capitale*）」にはこう記されている。「六月十日水曜日。アンジェラ・デッラクァおよびマリーア・デレステッリは魔女として火刑に処せられた。両名とも行政長官のもとに収監されていた[29]」。

一六二九年から三〇年にかけて起こった、ヴェネツィア共和国に属するパドヴァ市の一事件からは、イタリアの世俗司法当局と住民の一部が、当時ドイツで前代未聞の規模で罪人を火焔に投じていたあの苛烈な路線を、できることなら踏襲したいと思っていた様子が見て取れる。この事件には、一〇年前のミラノの事件経過を髣髴とさせる局面もしばしば見られた。今回も最初に介入したのは世俗の司法当局だったが、在地の宗教裁判官に「魔女」が引き渡されることはなく、ただ書類の閲覧が認められたにすぎない。この宗教裁判官はローマから助言を得た。「手引書」が手もとに送られてきたのである。この書に鑑み、宗教裁判官は背教を理由として被告の女に永続的禁固を言い渡した。他方、世俗裁判所は独自の尺度をあてはめた。裁判所は死刑を宣告し、火刑をもって執行した。[30] 一六三三年、教皇領グッビオ市の女がたどった運命はさらに衝撃的なものであった。ここでは「民衆」が自力救済を開始し、リンチを行い、投石によって「魔女」を死刑に処したからである。[31]

他方、かりに聖俗両判事の意見が被告人を魔女とみなす点で一致していたとしても、被告人が累犯でなく改悛の情を示した場合、教会法が処刑の障害となっていた。たとえばスペインの宗教裁判官ディエーゴ・シマンカスは、一五七五年にローマで出版した便覧のなかで、「魔女の自白した殺人と、異端と無関係なその他の不法行為とに宗教裁判官は介入するべきではなく、改悛の情をいだき、かつ累犯でない魔女にたいしては無条件に慈悲を示す義務を負う」と述べた。一五八〇年ごろ、ローマ宗教裁判所の陪席判事ペートルス・ドゥフィーナも同じ趣旨の意見を述べ、その際『魔女の槌』を批判してこう書いている。『魔女の槌』の著者たちとプリエーリアスが提示し、いくつかの地方、とくにピエモンテの宗教裁判所がたびたび採用する原則、すなわち、魔女は幼児殺しを犯した罪により、たとい初犯であっても宗教裁判所から世俗司直にゆだねられ、火刑に処せられうる、というあの原則を、ローマの宗教裁判所法廷は承認しなかった。それどころか、むしろ宗教裁判所は魔女をほかの異端者と同様に扱うのである」。[32]

この解釈にしたがって、聖俗の刑事訴訟は二つの完全に異なる領域として区分された。それゆえ、魔術による殺人を自白した者が改悛の情を示しかつ前科がなく、そのため宗教裁判所が世俗司直への引渡しを拒否すれば、宗教裁判所によって追放もしくは懲役刑という比較的穏便な処罰を受ける可能性が出てきた。国側の法律家からみれば、これは耐えがたい状況であった。

教皇グレゴリウス十五世（一六二一―一六二三年）は、一六二三年の大勅書「全能ナル神（*Omnipotentis Dei*）」をもって、国側の法律家の圧力に譲歩を示した。

「ある者が疑う余地なく悪魔と契約を交わし、かかるキリスト教信仰からの離反を前提として一人あるいは複数の人々を魔術によって害し、その結果被害者が死にいたった場合、被告人はたとい初犯であっても世俗司直に引き渡され、相当の処罰（すなわち死刑）を科せられるものとする。ただし、悪魔との契約により、病、あるいは動物と種子にたいするはなはだしい損害をもたらしたにすぎない場合は、禁固刑または終身懲役刑を申し渡すものとする(33)」。

このように、教会法は厳格化されたといっても、ドイツおよびその他のヨーロッパ諸国の刑法に比べれば、やはり依然として寛大なものであった。というのも、カルル五世の重罪刑事裁判令は、先のように殺人をともなう場合に限らず、いかなる種類の加害魔術にたいしても最高刑を定めていたからである。ちなみに、一五七二年のザクセン選帝侯国の領邦規則はこれよりもなお厳しいものであった。

「キリスト教信仰を忘れて悪魔と契約を結び、あるいはこれと関係し、もしくは盟約をもくろむ者は、たとい魔術によって人に危害を加えることがなかったとしても、火による死刑をもって裁かれ、罰せられるものとする(34)」。

ルターによる宗教改革の舞台となり、ベーネディクト・カルプツォのごとき人物が活動を展開したザクセンでは、魔女犯罪はこのように主として宗教犯罪とみなされた。しかしこの不法行為は、たとい第三者にたいする危害、すなわち「社会への悪影響」がなかったとしても――キリスト教本来の慈悲は示されることなく――死をもって罰せられた。他方、ローマの宗教裁判所も魔女犯罪に瀆聖を見て取ったが、一六二三年以降、殺人をともなう場合にのみ最高刑を科してきたのである。このことはグレゴリウス十五世の大勅書に記されているとおりである。

以上のような法規範と比較するとき、ローマの宗教裁判所による法の適用は十七世紀においていったいどのような印象を与えたであろうか。

検邪聖省とその判事は魔女にたいして、いや、少なくとも世俗当局のいう魔女にたいしては、事実上もはや死刑判決を下さなくなっていた。一六二三年の大勅書はほとんど紙切れ同然であった。『手引書』の求める確実性を確保しようとすれば、死をもたらす加害魔術の証拠をあげなければならなかったからである。一六三五年以降、長く検邪聖省の試補であった枢機卿アルビッツィは、呼び寄せられた医者の医学的知識をもってしても症状の説明できないような事例に、わたしはまだお目にかかったことがない、してみれば、その原因を悪魔と魔女になど求めるべくもない、と述懐した。

それにもかかわらず、十七世紀全体をつうじて、また一部は十八世紀になっても、宗教裁判官は多くの魔術がらみの事件を手がけた。しかしそれらは加害魔術というよりも、むしろ愛の魔法、予言術、魔法による宝探しといった、種々雑多な、どちらかというとたわいのない事例であった。

たとえば、一六三四年にボローニャの宗教裁判官がローマの上司たちに向かってつぎのように嘆いたとき、この人物の念頭にあったのは明らかに右のような不法行為であった。一六二三年の大勅書に鑑み、死刑判決を下しえないこれらの女たちにふさわしい牢獄を、わたしは用意することができない、ついては、敬虔な財産家と本市がそのような牢獄のために出資することを希望している、と。[35]

事実、もろもろの深刻な事件のなかで、一六二三年以後もなお歴代教皇に死刑判決を決断させた魔術の形式は二つしかない。交霊術とホスチア冒瀆がそれである。

第11章　ローマにおける交霊術師との戦い

史料がよく保存されているおかげで、ローマの宗教裁判所によって処刑された「魔女」を含む死刑囚の人数は、ある程度の蓋然性をもって算定することができる。しかし歴史の脈絡にいっそう適合した結果を得るためには、あらかじめ処刑の総数を、したがって世俗司法当局による死刑執行も含めた総件数を検討することが望ましい。それは宗教裁判所の死刑判決をつねに数倍上まわっていたのである（一三三ページのグラフ参照）。

真っ先に目にとまるのは十六世紀後半である。六〇年代以降、世紀の変わり目までローマにおける処刑総数は著しく上昇し、一〇年ごとの統計では、二四〇程度から始まり最後にはおよそ六〇〇にのぼった。ここでとくに目を引くのは、新しい教皇の任期が始まる年に増加することである。新教皇たちはどうやらみずからの厳しさを知らしめようと意図したもののようである。ただ一人の例外は穏健派のグレゴリウス十三世（一五七二―一五八五年）で、この教皇の下で処刑数はわずかながら減少している。これに反してその後継者たちは厳しい弾圧を行い、しかもそれはいまだかつてない規模に達した。突出しているのはシクストゥス五世就任後の一五八五年と一五八六年で、それぞれ九七件と八八件を数え、クレメンス八世就任当初の一五九二年には九〇件の処刑が行われた。これはおそらく中世と近代とをつうじてかつてない頻度であった――とすれば、死刑囚のすべてがかならずしもローマ出身ではなかったという事情を考慮するとしても、人口およそ一〇万として、全住民の一〇〇〇分の一が処刑されたことになる。(1) 十六世紀ヨーロッパの司法当局が概して過酷ともいえるほど厳しい姿勢をつらぬいていたという事情をもってしても、今日からみておそろしく高いこの数値は部分的にしか説明できない。むろんテーヴェレ河畔の都市では他に類をみないその社会構造も特異な影響を及ぼした。聖職者がこれほど財政に関与した首都はほかにない（同時に、女性の占める割合が少なく、三分の一にすぎないことも例外的であった）。これら高位聖職者たちはたいてい、四十歳以下の未婚の下男を雇っていた。このような男たちは暴力行為の潜在的な担い手であったから、ローマは近世をつうじてヨーロッパでもっとも危険な町の一つであった。

並外れた処刑数を記録した一五九二年は、頂点であると同時に転換点であった。クレメンス八世がまだ教皇位にあった時期（一六〇五年まで）とその後継者たちの時代は、処刑数が急速に、一貫して減少している。それは十七世紀の初めの一〇年間で二〇〇にまで減り、以後、世紀半ばまでの一〇年ごとの平均値は約一七〇に、それ以降ははっきりと一〇〇を下回るようになる。(2)

宗教裁判所はこの動きにどの程度まで関与していたのであろうか。検邪聖省が下した死刑判決件数が全体に占める割合はごくわずかであり、一五五〇年から一八〇〇年までの期間でおよそ一三〇であった。もっとも多かったときでおよそ三〇件だが、これは一五七〇年までの一〇年間の全処刑数の約八パーセントにあたる。一六二〇年以降になると、宗教裁判所が処刑を命じたのは全部で一〇人ほどにすぎず、そのうち三人は十八世紀におけるものであった。[3] たいていは絞首刑とそれにつづく死体の焼却によって刑が執行された。一六〇〇年に処刑された哲学者ジョルダーノ・ブルーノのような「改心の見込みなき」異端者にたいしては、生きながらの火刑が言い渡された。

ローマの宗教裁判所が魔術を死刑によって罰した例はごくわずかしかない。その数は一〇件ほどである。一五五九年に男一人、一五七二年に南イタリア出身の女が四人、一五八七年と一六三〇年にそれぞれ男一人、そして一六三五年に男三人が処刑されていている。記録の乏しい一五五九年と一五七二年の事例を別にして、これらはまちがいなく、同時期にアルプス以北で蔓延していた魔女裁判と同列に論じうるものではない。魔女の飛行とサバト、すなわち単なる想像上の犯罪にたいして、ローマの枢機卿たちはほとんど関心を示さなかった。その代わり、あくまでも実在するわざを、なかんずく交霊術、つまり死者と悪魔への嘆願を迫害した。これは女のわざではなく、男の手で実行された。さらにいえば、先にあげたフランシスコ会司祭ベッリネッリにたいする裁判（一五八七年）の事例が示していたように、なんといっても知識階級、とくに聖職者自身がその担い手であった。もっとも有名な術師、といっても死は免れたが、それはマルシ（ローマの東）の司教バルトロメーオ・ペレッティであった。一六〇三年、教皇クレメンス八世はペレッティに一〇年間の停職を命じ、ローマでの勾留を言い渡した。これは司教が「家ノ霊」、すなわち自分だけに仕える霊を手に入れるために魔術師に接触し、そのうえ心霊学に関する多数の文書を所持していたからであった。ペレッティは、たとえば磁石に洗礼を施すという方法でみずから魔術を行った。これらすべての行為は、判決文にあるように、「みだらで放埒な恋情とその他卑猥な願望をかなえるためだけでなく、みずからのため、また他の者のために賭け事に勝ち、財宝を探索し、ほかにも隠された秘密を探り、君主および他の人々から感謝と好意とを獲得し、分別ある人物に

聖堂内で行われる誓絶．ローマでは誓絶はスペインのように戸外で行われず，聖堂――サン・ピエトロ大聖堂もしくはドミニコ会のサンタ・マリア・ソプラ・ミネルヴァ教会――で行われた．Charles Dellon, *Relation de l'Inquisition de Goa*, Paris 1688 より．

魔法を用いて害を加えることを目的としていた……[4]」。

一六三〇年の司祭ジョヴァンニ・バッティスタ・バルボーニの場合は、期限付きの免職と自由刑だけではすまなかった。一人の目撃者はつぎのように書きとめている。

「六月九日、八人の異端者の誓絶がサン・ピエトロ大聖堂のバジリカで行われた。多くの人々がそこに押し寄せたが、なかんずくそれはボローニャから来た司祭を見るためであった。この男はサン・カルロ・アル・コルソ教会および同救貧院の主任司祭で、多くの人からひじょうな尊敬を集め、また枢機卿たちからも寵愛を受けていた人物であり、たっぷりとひげをたくわえた顔に気品を漂わせた男で、多くの罪人が救いを求めた聴罪司祭であったが、すこぶる下劣な偽善者であり、強力な交霊術師だったのである。この男は敬虔な信徒修道女をだまして自分を聖女だと信じ込ませ、心を惑わせる幻を見るようにしむけた。そのため助修女は、天国に行って聖ペテロのもとでミサにあずかり、一緒に食事をしてきた云々と述べたのである。その後、司祭はこの女と一緒にきわめて重大な多くの迷信的行為に及んだ。司祭は彼女の胸の上でミサを行い、聖女のように女に香をたきしめ、ほかにも数々のわざを行った。夜間、司祭は女の家で乳香を用いてミサを行おうとし、祭服姿でいるところを取り押さえられた。男は男女を問わず告解を求める告白者たちにたいし、肉の罪を容認していた。他方で司祭は、自分が次期教皇によって枢機卿に取り立てられることをことのほか確信していた。その証拠に、ちかぢか教皇ウルバヌスが亡くなり、枢機卿ジンナーシが教皇になって自分を枢機卿に任命するのだ、と言っていたのである。司祭の自宅から、教皇ウルバヌスをかたどった蠟人形と交霊術に関する無数の書物が発見された。さらに、この聖職者とともに、前述の助修女と二人の修道士が聴衆の前に引き出された……、この者たちは司祭でもないのにミサを行っていた。このあと、さまざまな土地とブドウ畑とにミサをささげた一人の司祭が連れてこられた。つぎに登場したのは、競馬で賞金をせしめようと、言うことをきかぬ馬に魔法をかけて意のままに操り、他の馬にも、自分の馬を追い抜かぬよう魔法をかけた馭者だった。最後に、三人の女を同時に妻にしていた数人の男が連れてこられた。そのうちサン・カルロの主任司祭は、カンポ・デイ・フィオーリで絞首刑に処せられ、蔵書が焼却された。助修女はロバに乗せられて引き回され、その後投獄された。残りの者たちはしばしのガレー船送りとなった。助修女は二日後に死んだ[5]」。

これら不法行為の多様さたるや、動物にたいする加害魔術から始まり、予言術、にせ司祭、司祭叙階、聖体、および告解の秘蹟への挑戦的行為、道徳的謬説、虚偽の聖性を経て、交霊術にまで達する。交霊術は、蠟人形を用いた魔法による教皇暗殺計画の嫌疑と結びついていた。馬にたいする奇妙な魔術の目的はローマで毎年謝肉祭に行われるレースだった。これは、コルソ通りで行われる（騎手のいない）競馬である。(6)

司祭をかたる詐欺師の手合いにも宗教裁判所は手を焼いた。教皇領では、重罪や累犯であっても処刑にいたらない場合、この手の犯罪者を教皇庁海軍の所有するガレー船に送るのが通例であった。聖職身分にある交霊術師が犯したという意味でもっともセンセーショナルなこの事件は、初期近代の科学と心霊術と詐欺とのあいだで揺れ動いていた下位文化をかいま見させてくれる事例である。

その一カ月後の一六三〇年七月、教皇ウルバヌス八世が命じたオラーツィオ・モラーンディの逮捕は、少なくともにせ聖女と彼女を育てた司祭とに関する事件と同じくらい、おおいに世間を騒がせた。モラーンディは、ローマのエスクゥイリーヌスの丘にある、カロリング朝以来の伝統をもつ神さびたベネディクト会修道院、聖プラッセーデ大修道院の院長であった。(7) 高い教養をそなえた大修道院長は、修道院に占星術の一大中心地を築きあげていた。その信奉者はローマの聖職者と知識人たちからなる名士サークルのなかにまで及んでいた。そこには枢機卿スカリアの甥にあたる司教もいた。当時のある伝記編者はこの大修道院長についてこう記している。秀でた学識をもつ哲学者にして神学者、諸国の言語に通じ、文学と音楽の愛好家でもあるが、この人物はまた星辰の神秘に心を奪われ、「心霊現象と自然の秘密を探ることに情熱を燃やしている」。ガリレオ・ガリレイもモラーンディの客人であり文通相手の一人であり、一六三〇年五月にもこの大修道院長を訪ねている。

占星術が教皇の運命を予言すると、それはさながら亡霊のように、何度もローマのいたるところに出没した。一六二九年十二月二十九日、ある祈願行列の際に教皇庁礼拝堂の合唱隊が、「我ラガ教皇ウルバヌスノタメニ祈リヲ捧ゲタテマツラン（Oremus pro pontifice nostro Urbano）」という歌詞に、「主ヨ、コノ方ニ永遠ノ平安ヲ与エタマエ（Requim aeternam dona ei Domine）」と応じたとき、それは不吉な前兆とみなされた。合唱隊はこの過ちについて謝罪することとなった。

だが、そのすぐあとに大修道院長モラーンディの犯した罪こそ、ウルバヌスにとって赦しがたいものであった。モラーンディは、おもだった占星術師の集まりで教皇自身の運命を天宮図で占い、ローマ教皇が一六三〇年に亡くなるという確信を得たのである。この予言がいたるところに広まり、こともあろうに親仏派のウルバヌスと犬猿の仲にあるマドリッド当局の耳に入ったとき、この神秘的な事件は政界をゆるがす騒動にまで発展した。この予言を真に受けたスペインの枢機卿数名が、予想される新教皇選出の教皇選挙会議《コンクラーヴェ》に乗り遅れまいと、大まじめでローマに赴いたのである。このできごとは、三十年戦争中のスペインとフランスとの対抗関係を背景にして一触即発の局面を招いた。帝国のオーストリア・ハプスブルク家が、ベーメンでの、またデンマークにたいする勝利を経て国力の絶頂期にあったころ、フランスの宰相であった枢機卿リシュリューは、スペインと神聖ローマ帝国皇帝に対抗すべく、ネーデルラント、スウェーデンと同盟を結ぶ準備を進めていた。リシュリューは占星術による予言を知るや、この騒動に終止符を打つよう内々教皇に助言した。ウルバヌス自身も占星術に傾倒していたが、大修道院長の予測は、ローマの市中だけでなく国際政治の場においても、教皇の権威を徐々に崩壊させていくように思われた。そこで教皇は一六三〇年七月十三日付の親書によって、大修道院長だけでなく、その他の占星術師から、さらには占星術関連書を所有し流布させた者まで逮捕し裁判にかけるための全権をローマ総督代理に与えた。この期に及んでなお修道院の修道士たちはただちに不利な物的証拠を湮滅《いんめつ》しようとしたが、証拠はあまりにもそろいすぎていた。ところが、一六三〇年十一月にモラーンディが思いがけず急死したため、もはや大規模な裁判にはならなかった。悪意のある人たちは毒殺だと言ったが、医師の鑑定はこれを否定した。

主犯の死によって、事件はほぼ終結した。一六三一年三月、逮捕されていた聖プラッセーデ修道院の修道士たちは仲間のもとに帰されたが、そこにはもう彼らの美しい怪しげな蔵書はなかった。そうして四月一日、教皇はシクストゥス五世の一五八六年の大勅書「天ト地ト（*Coeli et terrae*）」にもとづいて教皇令「諸法廷ノ究メガタキコト（*Inscrutabilis iudiciorum*）」を発布し、「キリスト教国家もしくは司教座の状況について、あるいはローマ教皇もしくはその親族の生命について、占星術を用いて判定を下す者、およびこれらのことをことさら意にとめる者にたいして」は死刑と財産の押収とをもって処罰すると警告した。[8][9]

この聖プラッセーデの占星術師たちをめぐるスキャンダルも陰に隠れてかすんでしまうようなもう一つの事件が、新聞の初期形態であるフルークブラット[10]の記事をつうじて、フランス、ドイツ、そしてネーデルラントにまで広まった。

ドイツ語の文面は——今日の大衆向け通俗新聞の見出しのように——読めばおもしろいと言わんばかりに潜在的な買い手の気持ちをそそっていた。

「本年一六三五年四月、ローマにおいて極悪人八名に死刑判決下る。魔術と悪魔のわざもて教皇をなきものにせんと画策せし者どもなり」。[11]

記事の本文はつぎのようなものであった。

「このまがまがしき陰謀と背信行為の首魁《しゅかい》は、齢およそ四十、小さき者なる聖フランシスコ会の司祭、アンコーナのケルビーノ・デ・セラフィーニであった。この男、かねてより他の者どもと結託、共謀し、教皇への陰謀をめぐらしていた。すなわち、悪魔への嘆願と魔術とを用いて教皇のお命をなきものにせんと企んだのである。その際、教皇をかたどった蠟人形が用いられた。これは、スペイン王の臣下にして共謀者の一人でもある、シチリア島パレルモの修道士ディエーゴ・エルミート〔隠修士《エレミータ》〕が、枢機卿ダスコーリの親族〔甥〕ヒアチント・チェンティーノ・ダスコーリとともにしあげたものであった（二人は、この一連の呪わしい行為によってこの枢機卿を教皇位に就けようとたくらみ、事実またそのための有効な手段と好機とを手にしていると考えていた。なんとなれば、彼はスペインの大臣方からひじょうな寵愛を得ていたからである）」。

「さてそれゆえ、邪悪なたくらみを実行するため、この者どもはサタンと交わした約束どおり仲間の一人を犠牲として捧げ、殺す必要があった（そうすれば、ちょうどこの殺された死体のように、教皇の肉体もしだいに衰弱して死んでいくはずであった）。彼ら八人のうち、くじに当たったのは、アウグスティノ会修道士ドミニコ・ツァンポーネであった。しかるにツァンポーネはすきを見てひそかに逃げ出し、この残虐な悪事を宗教裁判官に知らせたのである。宗教裁判官はたちまち一味を一網打尽にさせ、枢機卿ダスコーリの甥については、できるだけ確実な身柄確保のため聖アンジェロ城に勾留させた」。

さらにまた、拘禁されていた修道士ケルビーノの逃亡について報告がある。この男はすでにナポリ王国との国境にたどり着いていた。手配書によって捜索が開始され、逮捕に五〇〇クローネの賞金が賭けられると、やがて修道士は発見され、ローマに連れ戻された。

およそ一年間の勾留を経て、一六三五年四月二十二日、サン・ピエトロ大聖堂で被告人たちに判決が言い渡され、翌日、カンポ・デイ・フィオーリで主犯三名に刑が執行された。「枢機卿ダスコーリの親族は斬首せられ（decolliert）、遺体は箱に入れられ、その周囲は松明の火で囲まれた。ケルビーノ・

デ・セラフィーニとエルミート（両者とも聖なる名をもちながらその生き方は邪悪なものであった[12]）はミネルビーノの司教ツァンブカーリ氏によって聖職を剝奪されたのち絞首刑、さらに火あぶりにされた。生けにえにされることを免れこの背信行為を暴露した修道士ドミニコ・ツァンポーネと、枢機卿ダスコーリのローマにおける密偵フラミーニオ・コンフォッリはガレー船労役刑一〇年の有罪判決を受けた。残る三名、すなわちアウグスティノ会修道士一名と跣足修道士［カプチン会修道士］二名については、うち二名が暫時ガレー船送り、もう一名が五年間の枷《かせ》の装着を申し渡された」。

ローマの史料は大筋でフルークブラットの内容が正しいことを証明しているが、いくつかの事がらについてはさらに正確な情報を提供している[13]。

それによれば、陰謀の鍵を握る人物は修道士ケルビーノではなくエレミート・ディエーゴであった。エレミートは一五八五年、シチリア島のパレルモに生まれ、フランシスコ修道会に入ったが、種々の非行に走ったため島を出てスペインへ逃亡した。数年間この地に滞在したあと、交霊術の罪に問われ同地の宗教裁判所によって訴追され、逮捕された。しかし脱獄してリスボンにたどり着き、ポルトガル艦隊の従軍司祭として雇われた。さらに西インド艦隊で七年勤務したのちイタリアに戻り、一六二八年ごろレカナーティ司教区モンテ・カッサーノの人里離れたところに居を構えたが、ここではベルナルディーノ・モンタルトという偽名を使っていた。ここで近隣のアウグスティノ隠修士会の修道院総会長であったドメニコ・ツァンコーネ（ツァンポーネ）と交際するようになった。両者を結びつけたのは魔術の実践への関心であった。モンテ・カッサーノの一人の婦人にかなわぬ思いを寄せていた総会長は、ベルナルディーノから蠟人形を用いた愛の魔法について助言を与えられた。が、これは失敗に終わった。ケルビーノの供述によれば、蠟人形が火に近づきすぎたのだという。火は——女の愛のように——ただ人形を暖めるだけで、燃やすはずではなかった。申し立てによれば、この実験の直後に女は死んだとのことである。

魔術を実際に行ったために、二人は在地司教による訴訟の場に引き出され、司教の命により司教区から追放された。このあと彼らは別の司教区へと移っていった。ここでは、ドメニコと枢機卿フェリーチェ・チェンティーノの甥であるジアチント・チェンティーノが古くからの友人だったことが役に立った。この二人を結びつけたのも魔術への傾倒である。ドメニコはチェンティーノのために、中世より伝わる名高い『ソロモンの鍵』を入手してやったことがある。ひそかに流布したこの書物（ラテン語名 *Clavicola Salomonis*）は、デーモンの助けを借りて、失われた品々や隠された財宝を見つけ出したり、姿を消したり、ひとの好意と愛とを手に入れたりするために、読者にデーモンを呼び出す手ほどきをするものであった。すでに十四世紀に宗教裁判官ニコラウス・エイメリクスがこの書に異端の烙印を押したが、十分な効果をあげることができず、今日まで読み継がれてきた。チェンティーノは伯父がいずれ教皇になるのかどうかを是が非でも知りたかった。ドメニコは友人のディエーゴならその質問に答えられるからと、そこへ行くようチェンティーノに勧めた。一六二九年、アスコーリ近くのチェンティーノの屋敷で三人ははじめて顔を合わせた。チェンティーノの問いに答えるため、ディエーゴは『ヨアキムの予言』という書物を所望した。これは大修道院長であったフィオーレのヨアキム（一一二〇頃—一二〇二年）による歴史哲学的な思索集成で、それぞれ一二六〇年になんなんとする（旧約聖書の）父なる神の時代と（新約聖書の）息子の時代のあとに一〇〇〇年間の聖霊の時代が訪れることを予言していた。ディエーゴはこの書を読み、ウルバヌスの死後に、フランシスコ会の修道士、すなわちチェンティーノの伯父が教皇位に就くという予言を導き出した。この結論は枢機卿の出生時の天宮図からも導き出されるのだという。ただし、教皇ウルバヌスはなお長命にめぐまれるであろうとも言った。これにたいしてドメニコは即座にこう答えた。「そんなことはわれわれにとってたいした問題ではない。なぜならわれわれは、あなた方がわたしのために作ってくれた女の蠟人形と同様の教皇の人形を作ることができるからだ。そうすれば教皇を死にいたらしめることになるであろう」(14)。チェンティーノはすぐにもっと詳しいことを知りたがったが、ディエーゴはドメニコが二人だけの秘密にしていたその女にかけた愛の魔法のことを不用意に漏らしてしまったことに気を悪くしていた。

長いあいだねばって巨額の報酬の約束をとりつけたあと、ディエーゴはおのが魔術を提供して教皇をなきものにする計画に同意した。さらにチェンティーノは、『ソロモンの鍵』だけでなく、高名な交霊術師ピエトロ・ダッバーノの写本をディエーゴのために入手し、ほかにも必要な道具類の調達に尽力した。

一六三〇年、チェンティーノの別荘で最初の実験が行われた。下男の一人が新品の篩《ふるい》で、糸杉の灰を部屋のあちこちにばら撒いた。その灰の上にディエーゴは三つの互いに絡みあう円を描き、一つの円をユピテルに捧げ、残りをその他のデーモンに捧げた。その際、どの円にも開いた部分が一箇所残され、ここから参加者は一人ずつ、それぞれ円内に足を踏み入れることが許された。入口の手前にディエーゴは、わざわざ特別な魔術的図案にもとづいて、魔法ミサの最中に作らせた鉄製の短刀で、複数の天使とデーモンを表す記号を描いた。それから魔術師がどの円の中心にも、ほかの象徴とともに松かさをおき、それに処女の紡いだ糸を結びつけた。すると、三角形が現れた。その上に何も書かれていない紙がかぶせられた。さらにその上に鵞鳥の左翼からとられた二つの羽毛がおかれた。この鵞鳥はわざわざ生きたまま連れてこられ、羽をむしられたものであった。一つの円のなかでドメニコがひざまずいているあいだ、ディエーゴは二つ目の円のなかに立ち、一冊の書物に記されている悪魔への嘆願を朗読し続けた。デーモンたちに鵞鳥の羽毛で紙になにごとかを書かせるつもりだったのである。だが、数時間に及ぶ嘆願にもかかわらず、デーモンは何も答えなかった。エレミートはこれを、糸が乱れていることや、その他の不具合のせいだと言った。彼はこの実験をもっとふさわしい日取りまで延期することにした。ましてや、こうしているあいだに罪の意識をいだくようになっていたドメニコがもはや参加する気をなくしていたので、なおさらのことであった。

　新たに定めた期日がやってこない前に、ディエーゴはチェンティーノと長時間話し合った。つぎの実験は成功するだろう、とディエーゴは言った。ただ、そのためには参加者のうちの一人を生けにえとしてデーモンに捧げる必要がある。自身が魔術師であるわたしは、枢機卿の甥であるあなたと同様、考慮の対象にならない。いちばんいいのはドメニコを始末することだ。ドメニコは口が軽いために――ドメニコは愛の魔法の秘密を漏らしてしまった――もうずっと以前からディエーゴの不信を買っていたのである。さらにもう二人の聖職者を助手として仲間に引き入れる必要がある、というのであった。

　ところが、ドメニコはこの会話にこっそりと聞き耳を立てていたのである。

　その間に、この大々的な魔術実験の準備が進められた。頸垂帯《ストラ》と司教冠《ミトラ》と肩衣《パリウム》とを身につけ、腹、胸、肩を針で刺しつらぬかれた教皇をかたどった蠟製の立像は、エレミートの手で洗礼を施され、聖油によって聖別された。このあと、新しい助手の一人である修道士のケルビーノが、新しい短刀を作ったときと同じようにミサを行った。約束の日、四人の共謀者、チェンティーノ、エレミート・ディエーゴ、ケルビーノ、そしてケルビーノと同じフランシスコ会に所属する修道士ピエトロが顔を合わせた。三人の聖職者は魔法陣の中に入った。ディエーゴは魔法の書をかかえ、ピエトロははじめチェンティーノの抜身の剣を手にし、ケルビーノはあらためて洗礼水と聖油でぬらした立像を持っていた。つぎに二人がひざまずき、エレミートが嘆願を始めているあいだ、ケルビーノは魔法の短刀で、円の真ん中で燃えている炭のそばに立像をかざしていた。あまりの熱気にケルビーノはとうとう人形を火中に投じた。それにもかかわらず、デーモンが文字を書いて答えてくれるのを待っていたディエーゴは朗読を続けた。が、答えは返ってこなかった。

時刻が悪かったためか、それともその場所で人殺しがあったためか、どちらかの理由で嘆願が成功しなかったのだ、と魔術師はこの失策を説明した。かくして、やり直しのための場所としてディエーゴはチェンティーノの別の屋敷を提案した。つぎの実験はもっと強い力で遂行されるであろう。今度は七人の司祭が必要だ、と。

しかし、もはやその計画は実現しなかった。なぜなら命の危険を感じたドメニコが、自分は死刑判決を下されないという約束をとりつけ、それと引き換えにこの陰謀を宗教裁判所に密告したからである。一六三一年のことであった。捜査と訴訟は一六三五年まで続いた。ディエーゴを除くすべての被告人がすでに自白していた。ディエーゴは最後まで否認を続けた。ただしこの被告に拷問は行われなかった。捜査と他の被疑者たちの証言とによって有罪が立証されたものとみなされたからである。先に述べたように、アウトダフェーは一六三五年四月二十二日、サン・ピエトロ大聖堂で行われた。この訴訟はおおいに世間の耳目を集めた。司教座教会だけでなくその手前の広場まで人で埋めつくされ、人波は被告人たちを収監していた監獄の所属する検邪聖省まで続いた。判決文が読まれたとき、ディエーゴはあまりに激しく抗議したため猿ぐつわをかまされて制止されたが、なおも身振り手振りで意思表示を行った。

この魔術による陰謀と、三〇〇年以上も前の教皇ヨハネス二十二世の暗殺計画とのあいだにひじょうに多くの共通点があるのは、いかにも奇異な印象を与える。すなわち、ヴードゥー教めいた魔術[15]、試行、聖職者の関与、教皇を殺害して後継者に席を用意し、その者の力で共謀者を教会内の高い地位に引き上げてもらおうという目的である。陰謀に加わった者は多数にのぼり、下された判決も多種多様である。この近世の事例でチェンティーノがほかの二人の主犯とはちがって火あぶりを免れ、「名誉あるやり方で」、しかも教会に埋葬されたのは、枢機卿の甥という身分が考慮されたのである。

これは、われわれの知るかぎり、魔術による最後の教皇暗殺計画であり、また交霊術をめぐる最後のセンセーショナルな事件の一つであった。それに代わって、十七世紀の最後の四半世紀になるとホスチア冒瀆の問題が頻繁に現れるようになる。しかしこれについてはいずれ別個に採り上げるべきであろう。

それはそれとして、教皇が魔術をめぐる裁判で最後の死刑判決を言い渡したのは一六四一年のことである。このときはミラノで二人の女が処刑された。しかし、それもやはり古典的な魔女裁判ではなく、被告人たちは、修道士を含む他の共犯者と同じように、別の二人の女の殺害とミラノ宗教裁判所の職員にたいする暗殺計画とについて弁明しなければならなかった。残念ながら詳しい報告が残っていないため、ここに魔術がどの程度かかわっていたのかは定かでない。ローマの検邪聖省は一六三九年の初頭以来、この事件について議論を続けていた[16]。手引書などの基準は遵守されたようである。罪体の立証が重視され、被告人にはそれぞれ弁護人がつけられた。死刑を確定する際に決定的な影響を与えたのは、教皇ピウス五世の定めた一五六九年の教皇令「モシモ保護セラルベキ者タチユエニ……（Si de protegendis …）」がここには適用されるべきだという意見だった。この教皇令は、宗教裁判所のメンバーと証人への攻撃にたいして、また脱獄幇助および証拠物件の破棄等にたいして、極刑の適用を考慮していた。

ローマ宗教裁判所における処刑方法は、すでに触れたように、絞首刑とそれにつづく遺体焼却が一般的であった。改悛の情なき被告人は、たとえば一六〇〇年に処刑された哲学者ジョルダーノ・ブルーノがそうであったように、生きたまま火あぶりにされた。他方、ミラノで行われた処刑では、うかつにも死刑執行人が「職人仕事」で重大な失敗を犯した。二人の女のうち下女のほうが主人よりも先に処刑される段になって、縄が二度切れた。それで女主人にはとくに太い縄が選び出された。ところがこの縄が滑車から外れたため、哀れな女は絶命するまで十五分も待たねばならなかった。そのため観衆は騒然となった。身分卑しからぬ一人の男が死刑執行人に向かって、早くしろ、とどなった。これに刑吏は、わしよりうまくできるもんならおまえさんがやるがいい、と逆襲した。死刑執行人は二人の女にたいし最後には「義務」を果たしたにもかかわらず、この侮辱のために懲役刑に処せられることになった[17]。

このような見せ物がいかにおどろおどろしく残酷であったとしても、十七世紀の歴代教皇と宗教裁判官が、同じ時代に中央ヨーロッパで不安と恐怖とを蔓延させていたあの「魔女裁判」とは一線を画するという意味において、「魔女裁判」にはけっして手を染めなかったことを忘れてはならないであろう。彼らが迫害の対象としたのは、むしろ実際に行われていたありとあらゆる魔術であった。しかも特殊な事例、とくに魔術による殺害の陰謀についてだけ死刑判決が下されるにすぎなくなっていた。これも一六四一年のミラノの事件以降は見られなくなる。しかし人々の考え方はどんどん新しくなっていった。一六五〇年代の終わりごろ、ローマは本来の権限の外にある魔女の火刑を禁止しようとさえした。このことについては、つづく二つの章において示すことにしよう。

第12章　グラウビュンデンの迫害——一六五四—一六五五年

ローマ宗教裁判所の勢力圏であるイタリア本土では、十七世紀の最初の三分の一の時期になると、同じころアルプス以北で大量に行われていたのと同じ意味合いの魔女裁判は行われなくなった。長いあいだローマ側は、自分たちの影響力でドイツでの迫害が抑制に向かうなどとは期待していなかったようにみえる。他方、スイスのカトリック諸州にたいしては影響力を行使しうるのではないかと考えていた。もっとも、スイスの、とくに北部のクーア司教区と、南部のミラノ大司教区およびコーモ司教区の各地域は、教会も政治も複雑な事情をかかえていた。十五世紀以来、原初三州が今日のティチーノ、グラウビュンデン、ヴァルテッリーナにまで進出したため、ミラノ公国とコーモ司教区の支配地域は減少していた。三同盟（Drei Bünde）（今日のグラウビュンデンにあたる）[1]の領域では今も昔も、ドイツ語、イタリア語、レトロマンス語の三言語が話されていた——が、ローマからみればそれは「ラエティア語」であった。

ここで行動を起こす必要があった。というのもこの地域と南アルプスおよび上部イタリアに隣接する地域は、一五〇〇年ごろに魔女迫害の中心地となり、迫害を支持する世論はくすぶりつづけて、たびたびめらめらと燃えあがりかねない勢いになったからである。ローマはさまざまなやり方で介入してきた――カトリック諸州においてはルツェルンの教皇大使をつうじて、イタリアの二つの司教領コーモとミラノにおいては宗教裁判官を介して。さらにミラノの歴代大司教はコーモの各司教を監督する立場にもあったので、対抗宗教改革の趣旨からみずからの影響力にものを言わせようとした。そうして対抗宗教改革には、十六世紀にカルロ・ボッロメーオがやってみせた「魔女の悪徳」の撲滅も含まれていたのである。彼のいとこでありのちの後継者でもある枢機卿フェデリーコ・ボッロメーオの頭にも同じような考えが浮かんでいた。一六一〇年、枢機卿は配下の法学者の一人をコーモ司教区内のある地域に派遣して、魔女訴訟を遂行させようとした。検邪聖省は基本的にこの措置に同意していたが、聖職裁判官に宛てて訴訟規則「提起サレルベキ訴訟ニ関スル手引（*Instructio circa faciendos processus*）」を送付した。[2]「手引（instructio）」を「あの」手引書（die Instruktion）と読むか「ある」手引書（eine Instruktion）と読むかで解釈が分かれるため、ここで問題になっている書物が、早くも、ローマ宗教裁判所の作成した名高い魔女裁判規則の最終稿を指すのか、それとも、たとえばジュリオ・モンテレンツィによって書かれたその前段階の指南書のごとき何らかの未定稿であるのか、にわかに決しがたい。ともあれ、検邪聖省はこのように魔女迫害の熱狂を抑止しようとしたのであり、事実また、当時それは成功を収めたといえるであろう。

右にふれたように、尋常ならざる熱狂にとりつかれたコーモの宗教裁判官は独自の魔女裁判規則を一六二八年に印刷させた。そのきっかけとなったのはルガーノ駐在のスイスの「州知事（luogotenente）」がドミニカ・カジアッラという女を相手どって起こしていた訴訟である。これにたいし教皇ウルバヌス八世は、同人が検邪聖省との協議を経ずに自身の手になる手引書を印刷させて助任司祭に送ったため、聖省が不快感を表明していること、ローマ市検邪聖省の元検事、故モンテレンツィが、この種の裁判を行う際のよりどころとして検事向けに書いた手引書を同知事に送付させること、同人はこの書をさらに助任司祭および後継者に転送すべきことをしたためた回答文書を送らせた。(3)

ティチーノ、ヴァルテッリーナ、ボルミオ、キアヴェッナは諸州のなかの「属領」であった。しかしいずれもが完全な裁判権を要求していた。魔女裁判で宗教裁判官と司教は、ごく例外的な場合にのみ、しかも国側裁判所の同意を得たうえで、かろうじて自分たちの意向をとおすことができたにすぎない。

一六五〇年以降、三同盟の領域と今日のリヒテンシュタイン公国にあたるファドゥーツ伯領で世俗裁判所が大規模な魔女迫害を開始し、何百という人々が犠牲になった。これは、同時代のドイツ、あるいはおよそ一五〇〇年前の上部イタリアのそれに匹敵する規模であった。

一六五二年夏、ローマ宗教裁判所はコーモとミラノに駐在する宗教裁判官からこの暴挙を告発する手紙を受け取った。これを受けて教皇インノケンティウス十世(一六四四―一六五五年)と枢機卿団は、当該地域の世俗当局による「不適切ナ審理ノ遂行(*malum modum procedendi*)」を非難した。またクーア司教にはコーモの宗教裁判官をつうじて、「イタリア、スペインおよび異端審問所のおかれているその他の地域において、検邪聖省が魔女を取り締まる際かならず規範が遵守されるべきこと」を伝えさせ、同時にこの規範を一部送付した。かの名高い魔女裁判手引書である。司教はこの要請に従って判事たちにこの手引書を転送し、これから逸脱することがあってはならないと伝えた。(4)

グラウビュンデンの国側司法当局に魔女迫害の苛烈な路線を改めさせようとするローマのこの最初の試みは、迫害の進展が示したように、まったくの失敗であったか、でなければ少なくとも何ひとつ有効な成果をもたらさなかった。検邪聖省は、遅くとも、ルツェルン駐在の教皇大使カルロ・カラーファの手紙がローマに届いた一六五四年五月にはこのことを自覚した。「ラエティア人タチノ世俗当局（*magistratum secularem Rethorum*）」が、年齢およそ八歳から十二歳の少なからぬ人数の男児と女児に、「本人ガミズカラ魔女ト名ノル者（*pro maleficis habitos*）」として死刑判決を下そうとしている。手紙はこのように述べていた。事態を回避するため、この外交官はミラノの宗教裁判官に、子どもたちを保護し、──彼らの貧しさを考慮して──衣食等の面倒もみてやってはどうかと提案した。この提案を受け、五月十三日の会議で枢機卿たちは、国側の担当部署が被告の子どもたちをミラノの宗教裁判官もしくは聖省のほかの全権委員に引き渡す可能性がどの程度あるのかをカラーファに問い合わせることを決定した。[5] 六月十五日付の教皇大使からの返書は、一六五四年六月十六日木曜日の会議で審議されることになっていた。この会議には教皇インノケンティウス十世も臨席した。返書によれば、クーア司教（六世ヨーハン・フルーギ・フォン・アスパーモント、在位一六三六―一六六一年）が、ルグネーツ当局[6]はミラノの宗教裁判官もしくはそれ以外の全権委員に一五人の子どもを引き渡すであろうことを疑っていない、なぜなら当局がみずからそれを求め、その後もそう要求し続けているからである、むろん、引渡しはできるかぎり速やかに行われなければならない、さもなければ残忍ナ処刑（*bestialis execution*）が執行されるおそれがある、と断言したという。これにもとづいて教皇インノケンティウス十世は教皇大使に宛てて、子どもたちが大使にゆだねられるよう取り計らうこと、ただしこれは無条件に──つまり子どもたちを世俗司法当局に送還する義務を負うことなく──遂行されねばならないこと、しかるのち子どもたちをミラノへ移送することという指示を伝えさせた。同時に現地の宗教裁判官は、幼い者たちを受け入れ、そののち報告を行うようにとの指令を受けた。[7] 十一月半ば、子どもたちはまだロンバルディアに到着していなかった。他方、宗教裁判官はすでにローマでより詳細な指示を求めていた。さらに枢機卿たちは十二月九日水曜日の会議で、子どもたちに関し、彼らを教え導くべきこと（*ut instruantur*）を決定した。またそのためにミラノへ一定金額（その額は記されていない）を送った。宗教裁判官はスイスで行われた尋問の調書を入手するよう命じられた。ミラノ大司教は、幼子たちの受け入れのために宗教裁判官への協力を要請された[8]。この事件に関するつぎの、そして最後の記述は、一六五五年六月十日木曜日の会議の議事録に見出される。会議を主催したのは、一月七日に亡くなったインノケンティウス十世の後継者、教皇アレクサンデル七世（一六五五―一六六七年）である。そうこうするうちに子どもたちがミラノに到着した。子どもたちの故郷は、今回は以前の会議のときよりも詳しく、「ラエティアのサント・ピエトロ峡谷」、すなわちクーアの西、ヴァルス峡谷と申告されている。要求されていた裁判記録はこのときローマにあり、その内容は把握されていた。記録係はそこから五人の男児と一〇人の女児の名前を確認した。教皇アレクサンデル七世は枢機卿団にあらためて判定を求めたのち、子どもたちを「教化」させる（*pueros instruendos*）ことを決定し、その際信仰告白を行うよう指導させた。さらに、その後、子どもたちをミラノの「謹厳実直な紳士と品行方正な婦人」に預け、そこで自力で生計を立てさせよ、との命が下された。大司教も宗教裁判官を支援するよう再度の要請を受けた[9]。

これをもって事件そのものは落着した。少年少女は救い出され、教育と経済援助の手も打ってあった。しかし教皇と枢機卿はこのような特殊な事件における具体的な救助だけでは満足せず、スイス司法当局が魔女迫害の苛烈な方針を根本から改めることを望んでいた。このローマ中枢部の構想に立ち入る前に、まず、ほかの史料が明らかにする子どもたちの運命についていくらかつけ加えておこう。この件に関与した枢機卿の一人であるフランチェスコ・アルビッツィ（一五九三―一六八四年）は自著『法ニオケル無定見ハ容認サレルベキカ否カ（*De Inconstantia in jure admittenda vel non*）』（一六八三年）において、魔女問題にたいするローマの姿勢について述べる際、グラウビュンデンの子どもたちの事件にも触れている。「わたしはまた、ラエティア出身の何人かの少年少女がミラノへ送られたことを記憶している。親たちは魔女として火刑に処せられ、子どもたち自身も魔女の集会に参加したとがを受けて告発されていた。それにもかかわらずこの者たちは放免され、聡明な司牧者によって教化された」[10]。このことばは、一つには子どもたちが魔女裁判の複雑なしくみに巻き込まれていった経緯を明らかにする。すでに親が火あぶりにされていたことから子にも嫌疑が及び、さらに、自白した被告人の密告によって深刻な生命の危機に直面させられることとなったのである。他方、アルビッツィの叙述から、魔女犯罪にたいする中央ヨーロッパの世俗裁判所の評価と宗教裁判所のそれとのあいだに根本的な相違のあることが見て取

枢機卿にして宗教裁判官フランチェスコ・アルビッツィ（1593–1684年）．スイスおよびドイツで行われていた魔女裁判の批判者．J. B. Vulpinus, *Succus ex opere criminali P. Farinacii*, Lyon 1663より．

れる。それは魔女のサバトの参加者に関する証人の供述をどの程度重視していたかの違いである。国側司法当局がこれらの証言を真に受け、それをもって拘禁と拷問命令とを正当化し、その手の証言を根拠にして凄惨な大量訴訟と大量処刑とを実行に移したとすれば、かたやアルプスとピレネーの南側にはそのような告発をまともに取り合う者はいなかったのである。むろんそれは加害魔術やその他の魔術的行為の存在する可能性が否定されていたという意味ではない。ミラノでスイスの子どもたちに与えられた司牧上の配慮、また、信仰告白を行わせよという指示は、年少の者たちのあいだに迷信めいた行為が流行していたか、あるいは少なくともそのような疑いがかけられていたことを推測させる。いずれにせよ、子どもたちの行動はそのゆるぎない信仰に多少なりとも疑惑をいだかせる原因となり、それにたいする反応が宗教教育と信仰告白の要求となって現れたのである。

ヴァルス峡谷で活動していた数人の聖職者のローマ布教聖省に宛てた書簡からは、さらに詳しい事情を読み取ることができる。これらは、P・イーゾ・ミュラーと、わけてもズーア・フェリツィ・マイセンがつとに嘱目したところである。一六五五年一月七日、司教の指示を受けてヴァルス峡谷を訪れたクーア司教座聖堂参事会主席クリストフ・モーアは、魔法をかけられた(inspirati)者が五〇人おり、そのなかに、七歳、八歳、九歳、十歳、十二歳の魔女の子どもが含まれている、そして三〇人がコーモの宗教裁判所に引き渡された、と記した[11]。さらに詳しい事情を伝えるのは、伝道司祭アントニオ・マリーア・ラウスとタッデーオ・ボルツォーネの複数の書簡である。一六五四年三月十八日付の手紙に両司祭の記すところによると、その前年、サント・ピエトロ峡谷において四二人が魔女術の放棄を宣誓したということ。一部の者は良心の呵責に駆られて自発的に、一部は主任司祭ゼバスティアン・リュティマンにうながされてである。九歳、十二歳、十四歳の多くの子どもが、彼ら、すなわちこの二人の聖職者の手にゆだねられ、助力を得ることとなった。ミゾクス（メゾッコ）峡谷の状況も同様である。そこでは司祭たちが嫌疑をかけられた子どもの面倒をみているあいだに、一四人の男女がすでに回心していたという[12]。この手紙は処刑について触れてはいないが、行われなかったとは言いきれない。というのも、書き手たちは司牧活動についてのみ報告を行っていたからである。この点でいっそう示唆に富んでいるのは、ある伝道司祭によって、おそらく一六五五年に書かれた日付のない報告書である。残念ながら、保存されている文書には筆者名が欠けている。この司祭は嘆いた、「魔女として告発された人々についてまちがった見解がヴァルスに蔓延してしまった……。こうして徴憑もなく逮捕され、耐えがたい拷問を受けて自分は魔女だと言わされた者のうちおよそ四〇人が処刑されたのである。この地の人々はわたしに意見を求めた。いずれも十一歳に満たない九人の子どもが同じように殺されるところだったのである。わたしは同地の当局に、子どもたちをミラノの宗教裁判所へ送るよううながし、果たしてそれは実現した。人々は落ち着きを取り戻し、無実の者がおおぜいいたことをようやく悟ったのである[13]」。

四〇という処刑数は、一六五四年三月の書簡中にある、改悛の情をいだいた魔女四二人という数字とほぼ一致する。しかし実際にミラノへ送られた子どもは都合一五人であったから、筆者がなぜ九人の子どものことしか語らないのか、理由は定かでない。あるいは、あとの六人が十一歳を超えていたので筆者の目にはすでに青年と映ったか、さもなければ彼らが隣接するルグネーツの出身であったからかもしれない。それよりも重要なのは、その目に違法と映った残虐なやり方に激しい衝撃を受けたこの人物から、どうやら救助措置が提案されたことである。この人物は、おそらくアントニオ・マリーア・ラウスであろう[14]。ラウス司祭は一六四二年にラエティアの宣教師となったが、それまでローマの布教聖省神学校で学んでおり、したがって、おそらくそこで教皇庁の魔女裁判にたいする姿勢を熟知させられていたものとみていいのではないか。ラウスは教皇大使と布教聖省の信頼を得ていた。それにひきかえクーア司教と司教座聖堂参事会主席はラウスにたいしてあまり好意的でなかった。一六五五年にローマがラウスに同地の司教座聖堂参事会員の地位を与えたとき、司教と司教座聖堂参事会主席はこの叙任を拒否したが、ラウスの親族のなかに魔女術に手を染めた疑いのある人物がいるというのがそのおもな理由であった。こうした個人的な経験が重なって、ラウスはグラウビュンデンの魔女裁判に批判的な立場をとるようになったものと推測される。ラウスが、親戚であり――一六五〇年以来の――協力者である神学博士タッデーオ・ボルツォーネと連名で書いた布教聖省宛の書簡は、一五人の子どもが両人の手でミラノへ送られ、検邪聖省の保護にゆだねられた、とはっきり述べている。[15] 子どもたちはそもそも悪魔と契約を結び神からの離反を誓うという重い罪を犯した。しかし今では累犯の十三歳の少年を除く全員が信仰に立ち返った。このことについては宗教裁判官より手紙で報告を受けたところである、と。このように、ラウスとボルツォーネは子どもたちが魔女の一味であることを信じていたが、それにもかかわらず世俗司法当局のように、だから処刑されるべきだなどという結論を下しはしなかった。「もしもわれわれが回心に期待をかけて擁護していなかったら、カトリック当局は少年の首をはねさせていたことでしょう」[16]。

二人の聖職者は子どもたちの悪魔崇拝を、刑法上の手段ではなく司牧上の手段によって解決されるべき問題だと考えていた。子どもたちに宗教教育を施し、そのうえで信仰告白を行わせよという、ローマ首脳部がミラノの宗教裁判官にくりかえし与えた指示もこの観点から理解することができる。たとい裁判記録がなくてもさまざまな手がかりから、一五人の子どもが逮捕以前からすでに他の人々によって密告されていただけでなく、魔術と魔女術に携わったことをみずからも認めていたものと推察される。実はこれと同じことが十七世紀後半の中央ヨーロッパでくりかえし起こっている。それが子どもと、子どもによって密告された人々にたいする本格的な魔女訴訟にまで発展するか、それとも宗教教育を措置することでよしとするかは、当局の立場しだいであった。

他方、すでに示唆したように、教皇と枢機卿が、グラウビュンデンの子どもたちの事件のような固有の事案でありながら、その具体的な救済措置だけでは満足せず、スイス司法当局の考え方を根本から変えさせたいと望んだのは、ローマ＝カトリック教会の立場を特徴づけるできごとである。すでに右にその一部を引用した一六五五年六月十日の会議の議事録には、さらにつぎのような文章が続く。スイスの教皇大使に本件落着の旨を報告し、「同大使が適任と思う人物の協力を得て、当該地域の各政府に、裁判の進め方が自然法にさえ反し、あまたの罪なき人々に死刑が言い渡されている事実を認めさせられるよう」、魔女訴訟手引書を同大使に送付せよ。[17]

ところで、当時の教皇大使はもはやカルロ・カラーファではなかった。カラーファはヴェネツィアの教皇大使として転属させられていたのだが、これは昇進と同義であった。そしてここでも同じように魔術事件に取り組まなければならなかったのは後述するとおりである。カラーファに代わってルツェルンに派遣されたのは、ミラノ大司教カルロ・ボッロメーオ（一五八四年没）の親類であるフェデリーコ・ボッロメーオであった。しかしフェデリーコは魔女迫害者であった大司教を範とはしなかった。それどころか、むしろスイスのカトリック諸州における裁判の抑止に努めるローマの姿勢を現地にまで送り届ける仲介者として働いたのである。

このもくろみが功を奏したか否かを明らかにするためには、詳細な研究をまたねばなるまい。これに関する最初の反応が、おそらく一六五五年十一月七日の同盟決議であったと思われる。三同盟の各自治体に宛てたこの文書は、なるほど魔女犯罪の著しい蔓延を嘆いてはいるが、同時に「この点においてとくに慎重な態度で裁判を行う」べきことを要求してもいる。ところが「これらの事案について、各地でひじょうに危険な訴訟が行われ、利用されており、そのような訴訟によって名誉ある人々にも損害と不公正とが及びかねない」といううわさが流れるようになり、三同盟を構成する各属州は「学識、経験豊かな三人の名誉ある人物」を代表として派遣することとなった。代表者たちは、法に「従ってこのような悪が罰せられ、また、何人たりとも法に反して虐待され告訴されることのないよう」、「聖職者の助言を得て」規範を作成することを命じられた[18]。事態がこのように発展したきっかけは一六五七年八月二十二日の同盟決議であった[19]。だが、この決議にはローマの手引書がまったく反映されていない。魔女の烙印、すなわち悪魔が引き起こしたものと考えられた一種の皮膚異常は、その後も「それだけますます厳しい拷問を加えることを許可する特別なしるし」とみなされた。ある人が二人あるいは三人の自白した魔女によって告発され、それ以外にも徴憑が存在すれば逮捕と裁判が正当化される、これはしごく伝統的なやり方であった。ただ、それまで評判の良かった人物の場合にだけは要求水準が引き上げられた。少なくとも五人あるいは六人、ないし七人の証言が細部にいたるまで合致していなければならなかったからである。それでもなおこれは、自白した魔女の側の「供述」に一顧の価値さえ認めなかったローマの規範の、条文からも真意からも遠くかけ離れたものであった。この地の住民とその代弁者のはなはだしい認識不足は、一六五八年に、あの幼い子どもたちのうちの何人かがミラノからヴァルスに帰ってきたあと、またしても明らかになった。子どもをふたたび追放するよう、親たちに要求がつきつけられたのである。彼らは拒否した。そのため郡長と村会議員は司教に相談をもちかけ、「この子どもたちに正規の刑罰を下すわけにはいかないのだから」と、助力を求めたのであった[20]。

したがって、スイス司法当局に自制をうながそうとしたローマの試みは、さしあたりほとんど功を奏しなかったと言っていいであろう。それにもかかわらず、その後も宗教裁判所の首脳部は、国と教会の双方に過酷な方針を改めさせることは可能だという希望をもち続けた。一六五七年に教皇庁印刷局で（「使徒ノ穹窿ニテ（*in camera apostolica*）」）魔女裁判手引書を公式に複製させたのはそのために有益な措置であった。これまで手引書は——宗教裁判官の便覧として複製されたものは別として——写本のかたちで発送されるばかりであった。どうやらローマは自分たちの協力者の枠を超えて、この書物を行き渡らせようとしていたらしい。受取人たちの気持ちを損なうまいと、序にみられた厳しい責任追及の口調は穏便な文体に変えられた。改訂にあたり、「魔女、妖怪、女魔術師たちにたいして訴訟を起こすとき、日々まことに憂慮すべき過ちが犯されている」という箇所は残されたが、「各司教区司教、助任司祭および宗教裁判官、しかしわけても世俗当局」と名指しした具体的な非難は削除された。

手引書がその後にたどった経路については、検邪聖省の議事録から読み取ることができる。一六五九年、コーモの宗教裁判官は手引書をキアヴェッナの首席司祭を介して「ラエティア人」に送った。ローマ首脳部がこの報告を受けとったとき、手引書はラエティア人のあいだに急速に広がりつつあった。フランチェスコ・アルビッツィを含む枢機卿たちは一六五九年七月二日水曜日の会議で、ケルン、ブザンソン、トゥールーズの宗教裁判官にも手引書を送付する決定を下した。[21] イタリア外部におけるローマ宗教裁判所の前哨といえばこの三都市に限られていた。このなかでケルンの代表者は、他の二都市の同職ほどには包括的な権限をもたなかった。たとえば逮捕の権限もなく、ましてや拷問を行うことなど論外であった。主として図書の検閲に従事したのはそのためである。したがってケルンで手引書が法的な意味をもつことはなかったが、この大司教領で世俗の魔女迫害者の血も涙もないやり方を抑止する効果はあった。手引書がラインラントへ送られた背後にこのような意図が隠されていたことは、アルビッツィが一六三六年にケルンへ向かう教皇使節、枢機卿ジネッティに随行した際ドイツで目のあたりにしたおぞましい光景によって裏づけられる。

ブザンソン大司教は、一六六一年に手引書の受領を報告した[22]。しかし、一六七四年にフランスに併合されるまでスペインの王冠に服していたブルゴーニュ自由伯領[23]の状況は、同地の宗教裁判官ピエール・シマールが、当初は国の司法当局と協力し、やがて同じ相手を敵に回して一連の大規模な裁判を開始した煽動者だったという点で、異質であった。シマールのやり方がローマの原則と相容れないものであったことは、枢機卿アルビッツィが力説したとおりである。「わたしがこれを書き記しているあいだブザンソンの宗教裁判官は、あの地方の慣例に従って何人もの男女を世俗司直の手にゆだね続けていた。のちにこれらの裁判はラ・スプレーマによって、無効カツ公正ヲ欠ク（*nullitate et iniustitia*）ものと判断された。さればこそ被告人たちは無罪判決を下されたのである。この宗教裁判官は職を解かれ、後任者は上記の手引書にのっとって魔女裁判を遂行すべしという厳命を拝受した[24]」。

そして最後にはみずから興味をいだいた人々まで、ローマとの意見調整なしに魔女裁判手引書を流布させるようになった。この書物は、紆余曲折を経て一六六〇年代に、はるかかなたのプロイセンラントに到達したあと、ポーランドに伝えられ、同地の魔女裁判反対者たちにしかるべき論拠を提供した。一六六二年、パリ出身のイスラエル・ブリアルドゥスという人物はグダニスク市長ガーブリエール・クルムハウゼンに手引書の写本一部を送った。また一六六九年、西プロイセンのレスラウ（ヴォツワヴェク）の司教は、一六五七年版の手引書をみずから手を入れて編集し直した。一六八二年にはオリヴァとグダニスクで、一七〇五年には東プロイセンのブラウンスベルク（ブラニェヴォ）でこれに依拠する版本が印刷された[25]。

三同盟の地域においても人々はしだいに思案するようになっていった。一六六〇年、教皇大使フェデリーコ・ボッロメーオはルツェルンからローマに報告書を送り、ラエティア人は、聖省がいかなる原則にもとづいて魔女を禁圧しているのか知りたがっている、それでわたしは判事たちに、ローマの魔女裁判手引書に準拠すべきであることを教えようと思う、と書いた。教皇アレクサンデル七世は、慎重のうえにも慎重に、そして誠実に対処するよう大使に指示を与えた。一六五五年にはグラウビュンデンに手引書を送付する命令が出されてはいたが、それもどうやらまだめざましい効果を発揮するにはいたっていなかったようである。(26) これをさらに普及させるために、手引書のドイツ語訳が待たれた。それは一六六一年七月、アインジーデルン（シュヴィーツ）の主任司祭コンラート・フンガーによって完成された。(27)

しかし、少なくともグラウビュンデンでは一六七〇年代に入ってなお大量迫害が起こり、属領ボルミオも同様の事態にたちいたった。ちなみに二〇〇年前の『魔女の槌』の時代とは異なり、ボルミオでおよそ三五人の被告を処刑させたのは、いまや宗教裁判所の裁判官ではなく世俗の判事であった。また、同じころプシュラーフ峡谷でも約六〇人が死刑に処せられた。(28) これほど大規模な暴挙はその後とだえるものの、やはり破壊への意志が人間らしい感情を押し殺してしまうものであることは、目立たない行動からも見て取れる。一七一一年から一二年にかけて行われたザヴォグニーン（クーアとサン・モリッツとのあいだに位置する）の十歳から十四歳の少女四人にたいする魔女裁判は、ローマの聖職者とアルプス地方のカトリック住民との考え方の相違を物語る一つの典型的な事例である。まず、土地の主任司祭が子どもたちの救出を試み、そのためにコーモの宗教裁判官に相談をもちかけた。宗教裁判官はこのように返書をしたためた。「まだ年端もいかぬ二人の少女を法的に裁くことはできません。それはあどけない年齢ゆえでもあり、また彼女らの空想が悪魔による幻惑の所産であるる可能性があるためでもあります……。ただし、この幼い二人を引き離し、以後惑わされることのないようカトリック信仰の教えを説き諭すことが肝要でしょう。第三、第四の少女に関しては、みずから出頭して犯行を自供した以上、慈悲が示されねばなりません。誓絶を行わせて破門を撤回し、神聖な慈悲をもって贖罪だけを課するようにしましょう。それがわれわれの神聖な法廷における慣例です……。もしも世俗判事がこの事案をみずからの裁量で処理することを望むようであれば、年長者の二人には、たかだか十四歳なのであるから、寛大な処罰が与えられてしかるべきであることを通知していただきたい。判事諸兄が年長の二名をわたくしに引き渡してくださるおつもりであれば、……彼女らを受け入れ、できるかぎり迅速に保護いたします」。

だが世俗判事には、寛大な扱いをし、少女たちを宗教裁判官に引き渡すなどという気は毛頭なかった。ただ年少の二人に限っては「度量の大きい」ところを見せてもいいと考えているという。「被告人のか弱き年齢を考慮し、判事たちは、死刑執行人の手で死なせるのではなく、少女たちを国外へ連れ出し、帰国後、子どもたちの正式な死亡届を提出するか、さもなくば故郷で毒殺するか、そのいずれかを親たちに選択させることを決定しました。親たちは第二の方法を選びました。それゆえ二人のうちの一人、マリーア・バルバラ［十一歳］は毒殺されました。ピエトロ・チェリオルの娘、十歳のカテリーナは……毒物によって命を落としました。この子は服毒後もなお二カ月間生きていたので、もう一度毒を与えねばならないと判断されました……。長い、苦痛にみちた死にいたるまでのあいだ、少女はけなげに耐え、つねに神の御心に身をゆだねました」[29]。

自分の娘を連れて移住することを選ぶ代わりに毒を盛らせた親たちの理解しがたい残酷なふるまいに、家族関係というものの一端がうかがわれる。依然として判事たちの、そして民衆の心に巣くっていた魔女妄想は、生きた子どもに悪魔の烙印を押し、子どもたちを打ち滅ぼした。このような事態にたいしては、教会当局でさえまったくなすすべがなかった。

第13章　パーダーボルンの悪魔憑き

一六五六年から一六五九年にかけて、ヴェストファーレンと、この小さな領邦の外側にある領主司教区あるいは大司教区と呼ばれるパーダーボルンで、一連の事件が世の人々を震撼させた。悪魔憑きの波である。(1) この種の事件は他の地域でも発生していたが、たいていは大衆を巻き込む現象となり、大規模な迫害の発火装置となっていた。もっともよく知られているのは、北アメリカ、マサチューセッツ州のセイラムにおける一六九二年の有名な魔女裁判である。ここでは清教徒的、つまり非カトリック的環境のなかで、多くの少女が悪魔憑きに陥ったのをきっかけに魔女狩りが開始された。パーダーボルンの一連の事件における真に興味深い問題は、新しい史料、すなわちパーダーボルン司教とローマ教皇庁とのあいだで交わされた書簡の発見によってはじめて明らかになった。ローマ宗教裁判所と、さらに教皇アレクサンデル七世もみずから介入し、パーダーボルンの魔女迫害者に働きかけようとした。実は、一四八四年に宗教裁判官ハインリヒ・インスティトーリスの後ろ楯となっていた教皇シクストゥス四世の大勅書が公布されてこのかた、ドイツの魔女問題に介入した教皇は一人もいない。また、そのための合法的な口実もみつからなかった。というのも、十六世紀の初め以降、教皇宗教裁判官はドイツでの活動を停止し、魔女迫害は世俗司法当局の独占するところとなっていたからである。

一六五七年のパーダーボルンが例外となったのは、第一に、パーダーボルン領主司教ディートリヒ・アードルフ・フォン・デァ・レケが、悪魔憑きを神学と法学とに照らしてどのように評価すべきか判断しかねていたからであり、第二に、この領主司教が教皇アレクサンデル七世と「差しで話す」ことができたからであった。二人は一六四〇年代半ばにミュンスターで知り合った。教皇はまだ教皇大使ファービオ・キージであり、司教もまだ司教座聖堂参事会主席兼領主司教大使を務めていたころであった。しかしそれ以上に重要な意味をもっていたのはつぎの事実である。すなわち、キージとはケルンの教皇大使時代以来の知己であり、パーダーボルンでまだ若い司教座聖堂参事会員だったフェルディナント・フォン・フュルステンベルクが、キージの招聘を受けてドイツの教会問題の専門家としてローマに赴き、その後、教皇の枢密秘書官の一人に昇進したという事実である。

一六五六年春、パーダーボルン大司教区に属する小都市、今日のヘクスター郡ブラーケルで悪夢のような事件が始まった。歳のころおよそ十六から二十の二人の若い女が、突然、異常なふるまいをするようになった。荒々しい身振りをして首をねじ曲げ、肩をそびやかし、指と腕は小刻みに震え、口からは、ちょうど食べ物を探して地面をほじくり返す豚のようなうめき声を漏らしていた。両親も近隣の者も、いや、全市民が狼狽し途方に暮れた。だれもが事態を解明しようと努めた。さまざまな解釈をめぐって議論が交わされたが、とくに論議の的となったのは、この娘たちが悪魔に取り憑かれているのかどうかという問題であった。そこで、一六一四年のローマの『ローマ定式書』(2)の規定にもとづき、悪魔憑きが存在するか否かをブラーケルにあるカプチン会修道院の修道士たちが検証した。修道士たちは二人の鍛治屋の娘にラテン語とフランス語で話しかけ、聖遺物にみせかけた羊の骨と聖水と偽ったビールとを見せた。「デーモンたち」は異国のことばを操ることができず、また聖遺物と聖水がにせものであることを見抜けなかった。そのためカプチン会士は、これら二人の「悪魔憑き」を偽装だと断定したのである。

ところが、この調査をもって一件落着とはならなかった。大司教区における悪魔払いのエキスパートであり、パーダーボルン大学の神学教授として教鞭をとっていたイエズス会士ベルンハルト・レーパー（一六〇九―一六七〇年）が介入したとき、事件は新たな局面を迎えたのである。レーパーは対抗宗教改革の断固たる支持者であった。一六五三年ごろたびたび書物を出版し、論争神学[3]の担い手として福音派の聖職者たちを相手に論戦を展開していた。とりわけレーパーが立証しようとしたのは、司祭に悪魔祓いなどできないと主張するルター派とカルヴァン派の「謬説」にたいし、悪魔に憑かれた人間にほどこされるカトリック司祭の祓魔式《ふつましき》こそ、カトリック教理神学の真実性を示すものだということであった。のちにイエズス会で同志となるベルンハルト・ドゥーアはレーパーの特徴について、跳梁する悪魔に立ち向かうために神より任命された助力者だと的確に評しているが、このときレーパーに、まさしくそう評されていい「固定観念」とも呼ぶべきものが形成された。

結局レーパーは、この二人の娘と、さらに、まだ春が終わらぬうちに同様の徴候を示した四、五人の娘の悪魔憑きを真に受け、この者たちをパーダーボルンへ呼び寄せ、大聖堂に隣接するバルトロメーウス礼拝堂で公開の悪魔祓いを行った。だが、発作はおさまらなかった。娘たちの口を借りて語るデーモンは、娘の体内に魔法で自分を呼び入れた人物を魔女として火あぶりにしなければ、娘たちの肉体から去り、彼女らに平安を与えることはできないであろう、と明言したのである。その人物とは、ブラーケル市長ハインリヒ・メーリングの下女を指していた。理由はわからないが、娘たちはこの下女と仲たがいしていた。月日を経るにつれ、娘による告発は市長その人と市出納官フェルディナント・ドゥフフース、さらにカプチン会の司祭たちにまで拡大していった。悪魔に取り憑かれた者の数も数カ月のうちに数十人にまで増え、それどころか、やがて大司教区全体で数百人を数えるにいたった。

一六五七年一月の時点で、ブラーケルには悪魔に憑かれた者がおよそ一二人いたが、大部分は下女として働く若い女であった。最年少は十五歳だった。同じころ、市内の二つのグループのあいだに権力闘争が起こった。一方は、市長メーリングとカプチン会士を中心とするもの、他方はメーリングと同職の市長コンラート・デュヴェケンと例の娘たちの家族を取り巻く一派であった。また、大司教区の世俗中央官庁と教会側中枢部にも、悪魔憑き事件に関する相異なる評価のために二つの派閥が生まれた。一方が、悪魔に憑かれた娘たちを本物とみなし、悪魔と魔女の犠牲者として擁護したのにたいし、もう一方は彼女らが仮病を使っているか、さもなくば魔女であるとさえ考えていた。娘たちの体内にほんとうに悪魔がいるとひとまず想定した場合、魔術を用いておまえをそこに呼び込んだのはだれかと問う祓魔師に、果たして悪魔は真実を答えたのか、そして、その発言にもとづいてメーリングと下女を魔女術に携わったかどで告発する必要はあるのかどうか、このような問題に司教は直面したのである。

したがって魔女狩り開始の決定権は、司教ディートリヒ・アードルフ・フォン・デァ・レケの手に握られていた。司教はもともと魔女裁判反対論者ではなかったが、しかし実際に娘たちを介して語られたことばだとしても、「虚偽の父親」である悪魔の言うことを信用していいものかという、神学的な疑念が彼のなかに生じたのである。

この問題について、司教はまずパーダーボルンおよびケルンの神学部に助言を求めた。が、神学部の見解は明確な結論を示していないように思われたので、最後に、カトリック教会の最高権威である教皇と検邪聖省の助言を請うた。さらに一六五六年が一六五七年に移ろうとするころ、司教は事件に関する長文の報告書とレーパーの作成した悪魔祓いの記録を、ローマのフェルディナント・フォン・フュルステンベルク、および公式の「代表」、すなわちテーヴェレ河畔に駐在するパーダーボルンの利益代表者であるフォン・ドノなる貴族に送付した。一六五七年一月二十三日、「代表」はパーダーボルンにつぎのような書簡を送った。

「去る土曜日の手紙で、悪魔憑き問題に関してフォン・フュルステンベルク男爵と連絡を取り始めた旨、諸兄にお知らせいたしましたが、男爵はすでに何通か書簡を受け取っておられ、この件についてはかなり詳しくご存じでした。われわれは例の鑑定結果、すなわち祓魔式の効力によって悪魔に真実を語るよう強いることは可能かという問題に関するケルン大学の見解を裏書きしてもらうため、諸兄の名で検邪聖省に接触することを決めました。また、われわれはこの問題について、あるドミニコ会神父と協議いたしました。神父は聖人にも比せられるべき名声を得ている人物であり、誉れいと高き神の下僕にして、祓魔式の作法にも精通した人物です。この人の手でこれまで数え切れないほど多くの人々が悪魔から解放され、今も日々解放され続けています。神父は数日かけて、諸兄からの情報と上記大学による討議および鑑定を詳しく検討されました。そののち、神父は諸兄のご使用に供するため、ここに同封した説明文をしたためてくださいました。ご要望があれば、さらに詳しい説明を補足してくださるでしょう」。

今日ではもはやこの「説明文」の文面は知るよしもない。が、これとは別の、ミケーレ・アンジェロ神父による種々の報告からその眼目を推定することはできる。その報告のなかでもとくに重要なのが、イタリアのある村落で悪魔憑きが大量発生した際の、神父の体験と措置に関する詳細な記述である。イタリア人による研究でさえ知られていないこの史料は、具体的な一つの事例に即して悪魔憑き問題にたいするローマの立場を今に伝えている。右に引用した文章に続けて、ドノはパーダーボルンにこう書き送った。

「神父は同時に、あるひじょうに注目すべき事件についてわれわれに語ってくれました。諸兄が目下、取り組んでおられる問題とおおいにかかわりのある事件です。ローマから三日の道のりにあるイタリアのベルモンテで四人の村人が悪魔に取り憑かれました。村の主任司祭は悪魔祓いを始めました。デーモンどもが答えて申しますには、司法当局が介入し、魔女と魔法使いを火あぶりにしなければ、体から出たくても出られない。悪魔はそのほかにもまだ、これから取り憑かねばならない人の名をいくつもあげました。それでもなお司祭は悪魔祓いを続け、毎日のように悪魔憑きがつぎつぎと現れました。この者たちはみな異口同音に、はじめに取り憑かれた者たちと同じ主張をくりかえしました。そしてついには、およそ二〇〇〇人の全住民が悪魔に取り憑かれていたという次第です。

悪魔祓いの失敗という結果を突きつけられ、哀れな司祭はこの地域の荘園領主に後ろ楯になってもらい、検邪聖省に助けを求めました。聖省は熟慮の末、村から二日の道のりに滞在していたドミニコ会神父に、現地へ赴き事態を詳しく調査せよと命じました。ただし、神父は悪魔祓いにたいしては距離をおくよう戒められました。神父はいぶかしく思いながらも、この指図に従いました。

神父が村に着くと、一人の女が近づいてきて、彼の名を呼び、話しかけてきました。『おいたわしいミケーレ・アンジェロ神父さまにおかれては、あまたのデーモンを一手にお引き受けなさろうというわけですか。お探しのものは見つかりますよ』。しかし神父はこれに答えず、先へと歩いていきました。司祭館に神父が出会ったほかの人々も同じことを言いましたが、やはり神父は何も答えませんでした。司祭館に主任司祭はいませんでした。司祭は神父を迎えに出たものの、落ち合うことができなかったのです。それゆえ神父は荘園領主の邸宅へ向かいました。神父があてがわれた部屋でちょうど長靴を脱いでいるところへ、立派な身なりをした感じのいい青年が入ってくるなりこう言いました。『よくいらっしゃいました、ミケーレ・アンジェロ神父さま。おおぜいのデーモンが相手ですから、手を焼かれることと存じます』。神父は青年をちらっと見ただけで何も答えず、また長靴を脱ぐために手を動かし始めました。すると青年はいま言ったことばをくりかえしました。今度も神父は何も答えず、もう青年を見もしませんでした。すると青年はまたしても同じことばをくりかえしましたが、神父は沈黙を守りとおしました。それで青年は声を荒げて言いました。『神父さまはだんまりですか。歓迎させていただきますよ』。しかし依然として神父は口を開きませんでした。すると青年はこう言ったのです。『神父よ、おまえは返事をしないのだな。余はかのルチフェルである。この村の住民の肉体を占領したすべての悪魔は余の配下にある。おまえが口をきき、司法当局が介入して魔女が火あぶりにされないかぎり、悪魔どもは出て行かんぞ』。神父――『わたしは蟻と話をする気はない。もっとも下等な生き物ともな』。悪魔――『いや、余と話さないわけにはいかぬ。余はルチフェルだと申しておる。余と交渉し、魔女が火あぶりにされないかぎり、デーモンたちは体から出て行かない』。神父――『では、こう言おう。おまえは蟻一匹にも値しないいやつだ。おまえなどわたしの長靴についている土ぼこりにも及ばぬ、そんなやつを相手にするつもりはない。おまえが望むと望まぬとにかかわらず、悪魔どもは神の憐れみを受けて出て行き、おまえもおまえの下僕たちもあわてふためくだろう。それどころか、おまえが最初に出て行け』。かくも誇りを傷つけられて悪魔は引き下がりました。かくして霊は立ち去り、青年が正気を取り戻したことを見て取ると、神父は名を尋ねました。『アウグスティヌス』と青年は答えました。神父は言いました。『こちらへ、アウグスティヌス君。ここに来たのは君を治すためです。もし君が望み、わたしの言うとおりにするなら、呪縛を解いてあげよう』。青年は『お願いします』と返事をした。神父――『悪魔の誘惑に耐えるために、わたしの言うとおりにしてほしい。やつはちっぽけな蟻にすぎない。君が言うなりにならず、誘惑に屈しなければ、悪魔に君を支配する力などありはしない。通りで叫ぶのをやめなさい』。それからさらに神父が優しいことばをかけると、青年は自由になれるのだという希望を強くいだくようになりました。そのあと神父は青年を帰らせました。

この日から数日間というもの、神父が悪魔に取り憑かれたほかの人たちにも同様の方法で対処した結果、毎日のように発せられていた叫び声は、村のどこからも聞かれなくなりました。しかし祓魔式の許可が下りないとわかったので、神父はある日、それは聖母マリアの祝日でしたが、聖体を顕示することに決めました。そして告解のあと聖体を拝領させ、自由になることを心から望む者は、みな解放してあげようと告げたのです。だれしも心の準備を整え、神の恩寵を懇願し求めたので、神父は信じて疑いたまうなと皆に言い聞かせました。なぜなら、あなたがたの努力によって恩寵は得られるのだから、と。

約束の日が来ると、全住民が集まってきて、ひとことも聞きもらすまいと神経を集中し、静かに神父の行うミサを拝聴しました。ところが聖福音(4)のとき一人の女が叫びだしました。それからまた一人、そしてとうとうすべての者がこれにならって叫びましたので、教会はありとあらゆる獣の鳴き立てる声で満たされ、さながら地獄の様相を呈しました。それでもなお神父はミサを続行しました。そうして聴衆のほうを向き、『主汝ラトトモニアレ』と唱えると、会衆がおよそ考えられるかぎりの姿勢をし、体をねじ曲げているのが目に飛び込んできました。女たちでさえ衣服をたくし上げていました。鳴き声はミサが終わるまで続きました。

神父は会衆を手短に諫《いさ》めると、聖マリアの連禱[5]を唱え始めました。連禱が終わると、神父は浄福の乙女マリアの聖画像を手に取って人々のほうを向き、神の慈悲もて救われたい者はいないか、と問いかけました。すると群衆のなかから、『救われたい』と一人の女が声をあげました。神父は女をそばに来させ、悪しき霊を感じるのは体のどの部分かと尋ねました。女がその場所を示すと、神父はそこに聖十字架の印をつけ、こう言いました。『神と父と子と聖霊と、至福なる乙女マリアの御名において汝を自由にする』。霊は出て行ったか、との問いに、女は『はい』と答え、事実、女は自由の身になっていました。ほかに救われたい者はいないか、と神父はふたたび尋ねました。はいと返事をしたのは例の青年、アウグスティヌスでした。今度も神父は青年をそばに来させ、同じやり方で救い出してやりました。それから何日もしてほかの者たちも続きました。翌日には、同様の方法で約八〇人を救ってやりました。そして神父は職責を果たし続けました。その結果、ふたたび悪魔祓いを行わずして、数日のうちに全住民が自由の身となりました。

また、村にあるすべての川に毒が投げ込まれており、飲めばだれでも悪魔に取り憑かれるであろうとデーモンどもが述べたため、このような迷信を取り除くべく、神父は村じゅうを練り歩く厳粛な行列[6]を行うよう指示しました。こうして、神の慈悲により、村とその全住民は悪しき霊どもから解放されたのです」。

神父はパーダーボルン司教の代理人につぎのことを強調して話をまとめた。「祓魔師も忍苦する者[der Leidende、ラテン語の Patiens、「患者 der Patient」の語源]も、救われるのだという固い意志と希望と確信とをもたなければなりません。それなしにはいかなる悪魔祓いもほとんど無益です」。レーパーの活動を思い起こすとき、ミケーレ・アンジェロ神父がデーモンとほとんど話らしい話をしなかったという指摘も重要である。「なぜなら、デーモンは偽りにみち、その口から本当のことを聞くことはめったにないからです」。

神父の話を紹介したドノが強調したように、その発端となった状況からみると、この事例とブラーケルやパーダーボルンの一連の事件とのあいだに類似点があるのは確かである。すなわち、悪魔憑きが大量発生し、彼らが取り憑かれた人間を解放する条件として魔女狩りを要求したことである。だが両者は異なる道を進んでいく。レーパーのような祓魔師が悪魔憑きを真に受けて、あとはその火勢を強めるばかりであったのにたいし、検邪聖省はこれとはまったく異なる路線を定めた。悪魔祓いを厳しく禁じたことは、依頼を受けたドミニコ会士にさえ不審の念をいだかせたが、この措置はそもそも悪魔憑きがほんものなのかどうかを疑っていたからだと推測される。いずれにせよ、それは魔女迫害を求める声高な要求の根拠を失わせることとなった。というのも、通常の悪魔祓いの手続きに従って、悪魔憑きの原因とその背後にある魔術的な力とを問いただしていたら、レーパーのとった措置がきわめて明確に示したように、「悪魔憑き」に陥った人々の立場と要求をただ強めるだけの結果に終わっていたと考えられるからである。これにたいしてあのドミニコ会士は、近づいてくる「悪魔」からの接触の試みを無視するどころか、ぶっきらぼうにあしらったので、相手を圧倒しようという試みはあたかも壁に阻まれたかのごとくはね返されたのである。それとは逆に、神父は悪魔を退散させられるというゆるぎない自信をみなぎらせ、他方でこの自信が、禍《わざわい》から逃れるためには「忍苦する人々」がみずから力を貸し、それをなしとげる堅固な意志をほんとうにもたなければならないのだ、という条件づけを容易にした。ここでは、悪魔に憑かれた人間が邪悪な勢力の単なる犠牲者として登場するのではなく、悪魔に対抗する力と意志とをそなえた存在だと考えられている。それを助けたのが、告解における対話、説教、そして教会の秘蹟と、聖人、とくに聖母マリアのとりなしにたいする信頼である。ミサのあとに行われた措置は『ローマ定式書』にいうところの悪魔祓いではない。『ローマ定式書』の作法どおり悪魔と直接対話をすれば、デーモンの言い分を真に受けすぎてしまう危険が付いてまわるため、神父はこの方法をとらず、民衆のあいだで行われていたマリア崇拝と、ある意味では奇蹟信仰、すなわち奇蹟による救いへの希望を、悪魔にたいする不安と悪魔に取り憑かれているという感情とに打ち勝つ武器として、利用したのである。

この事例においては、のちほど採り上げる興味深い神学上の前提にくわえて、ドミニコ会士の心理学的な巧みさが際立っている。このことはまた、パーダーボルン司教の代理人たちから報告書を受け取った神父が代わりに与えた最後の助言においてもいえることである。「［上のような意味での］悪魔祓いを始めるにあたっては、ほかの人ほど批判的でもなければ単純でもなく、むしろ、自由の身となるために必要不可欠な絶対の信頼を説くことばを受け入れる用意ができていて、またそれを受け入れられる人物を、三人ないし四人選ぶべきです」。

検邪聖省の権威を後ろ楯としたローマの専門家のこのような所見は、司教ディートリヒ・アードルフのいだいていたレーパー神父のやり方に対する懐疑を強めることとなった。レーパーのとった行動は、それをはじめから意図していなかったとしても、魔女迫害を導く必然性をはらんでいた。いずれにせよそれはけっして悪魔憑き事件の減少をもたらしはせず、かえってその数と激しさを増加させるばかりであった。レーパーはみずから呼び出した悪霊にむしろからめ捕られていった。凶暴化した人間を投獄することを支持する批判者たちにたいし、このイエズス会士はくりかえし反論した。苦しみのなかにある人々に、なお新たな苦しみを与えることは許されない、というのである。ミケーレ・アンジェロ神父はもう一通の、一六五七年七月二十六日付の詳細な所見のなかで、そのような凶暴化した人間をどのように扱うべきかという、根本的かつきわめて実際的な問題について、自説を展開している。

「これらの人々［悪魔に憑かれて凶暴化していく人間］はまず安全な場所に拘束され、しかるのち、賢明な祓魔師の穏やかなことばと溢れんばかりの慈悲心とをもって教導されるべきである。とくに以下の点に意を用いるべきである。魔女および魔術師が捕えられるか殺されるかしないかぎり体から離れられないという悪魔のもっともらしいことばを、けっして信じてはならぬと彼らを教え諭しなさい。なぜならキリストと教会から授けられる威光は絶対で果てしないものだからである。また、隣人に危害を加えるようせきたてたりそれを求めたりするデーモンのことばを信じてはならないと教えなさい。というのも、彼ら［悪魔に憑かれた者］の同意なくして、悪魔は体内にあって何ひとつ引き起こすことができないからである。それは聖アウグスティヌスが説教一九七番『時間について』のなかで、悪魔を繋がれた犬にたとえておられるとおりである。犬は吠えたり、あたりかまわず騒いだりはできるが、その人が望まないかぎり、だれにも噛みつくことはできない。つまり悪魔は、強要ではなく説得によって害を及ぼすのである。それゆえ、自分に語りかけ隣人を害そうとするデーモンと、神に心からの信頼を寄せて戦うよう、苦しめられている者たちを指導しなさい。悪魔は何もなしえないであろう。いやそれどころか、取り憑いた者たちをさいなむことを断念するであろう。取り憑かれた人間がこのような義務を引き受け、認識し、信念をもって［悪魔と］戦うならば、解き放たれるのである。……でなければこの者たちは、いわば悪霊に進んで賛同する罪人として牢獄から出されることはない。最後にもっとわかりやすく言えば、悪魔に憑かれた人間は［悪魔によって］何か話したり悪事を行ったりすることを強いられるのではなく、ただ説得され誘惑されるにすぎないということである。つまり、誘惑に負けなければ、完全に平静を取り戻すということである。

さらに、隣人に危害を加えていない悪魔憑きの人々にも同様にこの警告を与えなさい。その際、隣人を攻撃するようなことがあれば……、おまえも拘束され、牢獄に繋がれるであろうと警告しておくことである。

また予防のため、悪魔に憑かれていない人々にたいして、悪魔も魔女も、魔術師やなんらかの悪魔のわざも恐れてはならないと戒めなさい。確固たる信仰をもたせ……、悪魔はつねに不安をかかえている人間のなかで悪事を働くのだということを教えなさい。それは聖クリュソストモス[7]が聖書聖訓『アリストテレス学派ニ（*Ad Stagirium*）』でつぎのように述べておられるとおりである。悪魔のもつあらゆる力よりもはるかに大きいものは不安である。その証拠に悪魔は不安をかかえる者の心を支配する。あなたが不安を取り除いてやれば、悪魔はだれにも手出しできないであろう」。

最後にミケーレ・アンジェロ神父は、凶暴化する悪魔憑きの人間は投獄されてしかるべきだという自説をいま一度補強した。司教は「第一に公共の福祉を確保し、しかるのちにようやく個人の幸福を気づかう……」義務を負っているのであるから、と[8]。

「苦しみのなかにある人間にさらなる苦痛を与えることは許されない」を座右の銘としていたレーパーと対立する立場がもっとも鮮明に現れているのはこの点である。その背後に隠れているのは、悪魔憑きを神学的にどう評価すべきかという問題にたいする正反対の見解である。これはたとえば、このローマのドミニコ会司祭が悪魔憑き事件の真実性に疑念をいだいていたという意味ではない。違いはむしろ、ミケーレ・アンジェロ神父にとって悪魔に憑かれた人々がけっして意志をもたない悪魔の犠牲者などではなく、断固とした態度で誘惑に抗しきれなかったという意味で、その人自身が少なからぬ責任を負っているという点にあった。ここには、カトリック教会によってくりかえし強調されてきた人間の意志の自由という見解が現れている。だが、この神学者はそのような罪にたいする倫理的な非難、すなわち現世の悪意と罪深さを嘆くだけでこと足れりとはしなかった。心理学と神学との興味深い結合のなかに、彼は人間が悪魔というかたちで具現化される悪に感染しやすい原因を見出していた。それは、危害とその背後にひそんでいると称する者たち、つまり人間（魔女、魔術師）と悪魔への不安、過剰な恐れである。したがってローマ教会の代理人は、地獄とその住人とにたいする信者たちの不安をかきたてたのではない。むしろ神の慈悲にたいする信頼と確信を呼び起こすだけでなく、自分を支配しようとする悪から逃れる人間自身の能力を目覚めさせることによっても、その不安を取り除こうと試みたのである。

「魔女狩り」に代わって提案されたのは、「神への信頼」であった。

むろん、このような主義主張を喧伝するだけでは、悪魔に憑かれた人々を救い出すことはできない。それゆえミケーレ・アンジェロ神父は、このような考え方に立って少女たちを引き受けてくれる有能な司牧者を探すよう司祭に勧めたのである。ひょっとすると――ケルン駐在の――教皇大使がそのような聖職者を紹介してくれるかもしれない、と。

ケルン在住の大使ジュゼッペ・サンフェリーチェは、大司教区における事件の推移の概要を知らされていた。サンフェリーチェはカプチン会士とイエズス会士とのいさかいを鎮めることに尽力し、両修道会の管区長に働きかけた。教皇大使はレーパーの悪魔祓いをあまり評価していなかった。女たちを独房に監禁し、彼女らがほんとうに悪魔に取り憑かれているのかどうかを入念に調査してみるよう大使は司教に助言した。いずれにせよ悪魔祓いが公開で行われることはなくなった。この勧告がローマの定めた方針に沿ったものであることは、専門家たちの委曲を尽くした所見をつうじてパーダーボルンに伝えられたとおりである。それはまた、サンフェリーチェの上司である国務聖省長官ロスピッリオーシ枢機卿の賛同を得ただけでなく、教皇アレクサンデル七世も大使の勧告に賛意を示した(9)。

司教ディートリヒ・アードルフはローマからの勧告に従ってみることにした。

しかし詳細に立ち入る前に、永遠の都から届いたもう一通の書簡にも触れておく必要がある。それを検討することによって、近世における魔女妄想と悪魔祓いにたいする教皇の根本的な立場を説明する機会もあわせて得られることになる。この書簡の特異な点は、ここでカトリック教会の首長みずからが発言の機会を与えられているということである――そもそも近世の史料中、悪魔憑きをめぐる事件について教皇が個人的な見解を表明した、これはおそらく唯一の文書であろう。われわれがこのような僥倖に恵まれたのは、ひとえに、ごく最近まで知られていなかった一通の書簡のおかげである。一六五七年八月十八日に――すでに言及した――教皇執事（およびパーダーボルン司教座聖堂参事会員）フェルディナント・フォン・フュルステンベルクが司教ディートリヒ・アードルフに書き送った手紙がそれである。

「慈しみ深き領主司教様。七月二十六日付貴翰ならびにパーダーボルンの悪魔憑き事件に関する記録文書、たしかに拝受いたしました。先日、教皇聖下の御前会議においてパーダーボルンの惨事が話題になりましたので、聖下のご命令により、昨日この記録の文書綴りをお持ちしました。聖下はわたくしとほかの者のいる前でひじょうに熱心にお目をとおされ、どうやら少なからず驚かれたご様子でした。一つは、疑うことを知らぬ人々の愚かさについて、もう一つは悪行と虚偽について驚かれ、ついにはこのような、多くの点で無益かつ道理をきちんと弁《わきま》えぬ文書をしたためる者がいるものかと、その書き手の愚鈍さに奇異の念をいだかれたようです。聖下は仰せられました。なんといってもほとんどの場合、議論の余地の残されている事がらが前提にされ、まったくといっていいほど法にかなった証拠が示されず、必要不可欠な事実の立証もなされていない、たとえば、『悪魔は鐘を鳴らし、蠟燭を消した。悪魔はあれもこれもしでかした』と述べられているのがまさにそれだ。背後で悪魔があやつっているのかどうか、まだ確実なことは何も言えないのに、これではじめに悪魔の所業ありきだ。現に、異国の言語も他のしるしも知っているとはどこにも書かれていない。どこを見ても、うなずいただの、これこれの身ぶりをしただのというにすぎない。こんなものは体内に悪魔がいるかのように装っているだけの者でもできることだ、と。さらにこの文書ではつねに、悪魔が祓魔師に屈服したという主張がなされます。ところが、祓魔師に屈したのは悪魔を装っている人間ではなく悪魔であり、命じられたことを行ったのも後者であるということが推察されうるような記述は見当たりません。わたくしは解決の糸口を見出すために、以上のことを猊下にお伝えするのは意味のあることだと判断いたしました[10]」。

以上のような教皇アレクサンデル七世の発言は側近の者によってパーダーボルンに伝えられたが、この発言はいくつかの観点からみて注目に値する。まず目をひくのは、遠国パーダーボルンの奇怪なできごとにたいする関心である。教皇にそれを指摘したのは、どうやら毎日のように教皇の御前に出入りを許されていたフェルディナント・フォン・フュルステンベルクであったらしい。侍従の一人としてドイツに関するあらゆる案件を任されていたフュルステンベルクは、それらの問題について報告しなければならない立場にあった。上述のディートリヒ・アードルフ司教の手紙、一八ページにわたってびっしりと書かれたこの長文の手紙は、フュルステンベルクに現地の切迫した状況を詳細に伝えた。なかでも、同封されていたレーパーの悪魔祓いの記録は得がたい価値をもつものであった。

したがって、アレクサンデル七世はパーダーボルンの悪魔祓いについて詳しい情報をつかんでいたことになる。教皇の論評は、要するにレーパーのやり方にたいする激しい拒絶にほかならない。それと同時に教皇は、ドミニコ会神父ミケーレ・アンジェロの示した間接的な批判を超える。神父は用心のために一般的な忠告を示しはしたが、具体的に、悪魔憑きの真実性を、つまりデーモンの存在そのものを否定することはできなかった。他方、教皇にはレーパー文書のかたちでそれが届けられていたのであろう。おそらく神父はまだこの件について詳しい情報をもっていなかったのである。

法学教育を受けていたアレクサンデル七世に奇異の念をいだかせたのは——調書の構成上の不備は別にして——ある根本的な思考上の欠陥である。悪魔憑きの真実性は立証されることなく、はじめから所与の事実とされていた（それは先決問題要求ノ虚偽 **petitio principii** にあたる論理学上の重大な欠陥であり、おそらく当時、論理学講座 **Collegium logicum** で学ぶ若い学生ならだれにでもわかる明らかな誤りであっただろう）。というのも、いくつかの徴憑は、冷静な目でみればおよそ説得力のあるものとはいえなかったからである。異国の言語の証明のごとき、『ローマ定式書』の推奨する判断基準もないがしろにされていた。蠟燭が突然消えたというような、自然現象として説明できる事がらも、まるで悪魔の働きとしるしであるかのように解釈されていた。要するに、祓魔師とその記録者たちは先入観にとらわれていたのである。しかしアレクサンデル七世は、それを正真正銘の悪魔憑きだと信じている風はなく、むしろ偽装の可能性があると確信していた。そして、以上のようなことをあえて述べるまでもなく、このような貧弱な根拠で魔女裁判が正当化されえないのは明白であった。

それにもかかわらず、迫害の波は大司教区パーダーボルンに押し寄せた。それは、一六五七年から五八年にかけておよそ三〇人の人命を奪った。きっかけは、司教が民衆の圧力に屈したことであった。一六五七年四月二十八日、大司教区の等族議会、すなわち領邦議会の会議中に、公衆の面前で事件は起こった。ちょうど、領主司教区の政治指導者たちが司教を議長として会議をしていたとき、レーパー神父が上司と教皇大使とから勧告を受け、さらに司教からも圧力をかけられて祓魔師の職務を辞した。このことをレーパーは大聖堂に隣接するバルトロメーウス礼拝堂で公表した。そこは神父がほぼ一年前から悪魔祓いを行ってきた場所であった。レーパーは大げさに嘆いてみせ、居合わせた悪魔に憑かれた人々に、あなた方を見殺しにせざるをえないと告げた。明らかにイエズス会士は涙を誘う嘆きの効果をねらっていた。悪魔に憑かれた人々は躁狂の発作に襲われ、わずかしか離れていない領邦等族会議の議場めざして駆け出し、その中庭に殺到した。司教座聖堂参事会、騎士、各都市の代表者たち、これら領邦の頂点にある高位高官と、大勢の市民の目の前で、悪魔に憑かれた者たちは司教を魔女の代理人だと言って弾劾した。

こうしてイエズス会士が騒動のきっかけをつくると、それはみるみる拡大し、数日後にはもう雪崩のようになっていた。ブラーケルの悪魔憑きは三人を除いて故郷に帰って行ったが、パーダーボルンで悪魔憑き事件が爆発的に増加し、時をおかず大司教区全体にまで拡大したため、その分が埋め合わせられるどころではなかった。醜聞から二週間経つころには、取り憑かれた人はパーダーボルンで早くも三〇人に達し、ブラーケルでもほぼ同数、六月末から七月上旬にかけてその数は、パーダーボルンで一五〇人、大司教区の他の地域で一〇〇人にまで膨らんでいた。

今や司教ディートリヒ・アードルフをとり囲んでいた防波堤は決壊した。司教としては、民衆と幾人かの助言者の圧力に一部譲歩し、魔女迫害を開始する以外にもはや打つ手がなかった。そのうえケルンの教皇大使さえも変節し、悪魔祓いと司牧ではなく司法権の武器によって問題を解決することを勧めてきた。(11) たしかに司教は、悪魔に憑かれた人間の側からの告発は信用すべきでないという原則を捨てなかった。しかし他方で、パーダーボルンとブラーケル、そしてのちには大司教区の他の地域でも、一般宗教裁判（*inquisitio generalis*）、すなわち、魔女術にかかわった疑いのある人物が存在するか否かをあらゆる場所で調査することを、配下の法学者に指示したのである。司教座聖堂参事会員たちと何人かの裁判権をもつ貴族がこの訴訟手続きの主導権を握った。七月四日、一組の夫婦が魔女術に携わった罪に問われ、司教座聖堂参事会の裁判にかけられて処刑された。はじめに妻が悪魔に取り憑かれたが、その後それが偽装であることが暴かれ、最後には魔女の烙印を押されることになったのである。七月十九日、この女に続き、一人の男がパーダーボルンにおいて、したがって司教の裁判権のもとで死刑に処せられた。事態のこのような進展を目のあたりにして、教皇大使サンフェリーチェは、このままいけば数日以内に領邦はふたたび平穏に戻るであろうとの確信をいだき、その趣旨の手紙をローマに送った[12]。枢機卿の甥フラーヴィオ・キージは伯父である教皇アレクサンデル七世にこの手紙のことを伝えた。教皇は、パーダーボルンの悪魔憑き問題はまもなく解決をみるであろうとの報告を安堵しつつ胸に刻み、教皇大使と司教の「成功」にはっきりと称讃の意を表明した[13]。右に述べたように、つい数日前、教皇はレーパーのしたためた記録を読み、悪魔憑きの真実性にたいする重大な疑念を表明していたのである。アレクサンデル七世ほどの高い学識をもち、冷静に考える教皇でも、根本では魔女問題における死刑判決の可能性を排除していなかったこと、そしてこの事件では、教皇大使からの情報を正確なものだと信じきって、とられた方法を妥当だと認めたことは、この変節から明白である。

この時点では、アレクサンデル七世は、大司教区パーダーボルンにはまもなく平和がとり戻されるであろうという観測をもとに、判断するしかなかった。

しかし実際には、一六五七年夏の三件の処刑は事態の収拾をもたらしはしなかった。悪魔憑き事件も魔女迫害もそれからさらに二年続いたのである。その間に何十件もの裁判が行われ、そのつど死刑が執行された。犠牲者のうちでもっとも高い地位にあったのは、ブラーケル市出納官フェルディナント・ドゥフフースであった。だが、迫害推進派は、市長ハインリヒ・メーリングだけでなく、市長の覚えめでたいブラーケルのカプチン会神父たちまで火あぶりにしようとしたが、結局どちらも果たせなかった。

住民のなかの一部煽動者はこれらの裁判と処刑とに満足せず、リンチによる制裁さえはばからなかった。そして、魔女だと思われた男女約一〇名が往来の真ん中で殴り殺されたのである。

このような暴挙は指導者層の考え方を、少なくとも部分的に変えさせる契機となった。殺人犯には裁判と処刑という強硬手段に訴え、悪魔に憑かれた人々のなかでもきわだって凶暴な者については、結局ローマからの勧告の趣旨にそって、霊的な保護を与えるため独房に監禁した。さらに司教は、同じく教皇庁の提案をうけてフランシスコ会の神父たちをパーダーボルンへ呼び寄せた。爾来今日にいたるまで、同地にはフランシスコ会の修道院が存在し続けている。したがって、悪魔祓いでもない、薪の山でもない、あくまでも司牧の力を信ずるべしというローマの助言が問題を解決へと導くまでには長い時間を要したのであった。司教がこのような原則をはじめから自身の領邦で実現する権威をもっていたら、大量の悪魔憑きが発生することも、魔女裁判が行われることも、リンチが実行されることさえもなかったであろう。

一六五六年から五九年にかけて起こった一連の事件は、大司教区パーダーボルンの領邦君主司法権の及ぶ領域における最後の大規模な迫害の波となった。フォン・デァ・レケのあとを継いで司教の座についた学識あるフェルディナント・フォン・フュルステンベルク（在位一六六一―一六八三年）は、ローマでの経験を携えてパーダーボルンへやって来た。フォン・フュルステンベルクはある特殊な事件（一六七五年）に際して、魔女の一味とされた一人の男を処刑させた。男は聖別されたホスチアを魔術の目的

パーダーボルン司教フェルディナント・フォン・フュルステンベルク（在位 1661–1683 年）は，1657 年，教皇侍従としてパーダーボルンの前任者たちに，魔女と悪魔憑きの問題にたいするローマの比較的さめた見方を伝えていた．上方が，当時のドイツでもっとも教養のある諸侯の 1 人であったフェルディナントの肖像．下半分は，デーモンを組み伏せる信仰（十字架）と学問（ペン）の寓意．

に使ったのである。しかしそれはローマでも十八世紀にいたるまで死刑相当の罪であった。

第14章　最後の諸事件——愛の魔法、宝探し、ホスチア冒瀆

魔女裁判の手引書は十七世紀にヨーロッパの広い範囲で行われた大量迫害を、たしかにイタリアでは阻止した。しかし民間に流布していた魔術との戦いがそれで放棄されることにはならなかった。十六世紀末、プロテスタンティズムの潮流が上部イタリアに侵入するのを防ぐことに成功すると、宗教裁判に係属中の魔術事件の数は目にみえて増加した。そのなかにあって、スラヴ系住民をかかえるヴェネツィア最東部の村フリウーリは特異な事例である。一五七五年ごろから宗教裁判官がここで神秘的な儀式と接触した。このようなものはいまだかつて耳にしたこともなく、果たしてどのように位置づけていいものか彼らは考えあぐねた。ベナンダンティ、「正しく巡り歩く人々」がそれである。問題の男女の主張するところによれば、一年の一定の時期、とくに降誕祭から新年にかけての数日、彼らは霊魂が体を離れ、空中を飛び、ウイキョウの茎を武器にして、キビの茎で武装した魔女どもと戦う。そうすることで、魔女が邪魔しようとするよき実りの刈り取りを実現するのだという。ベナンダンティになれるのは、生まれてくるときに、「幸運の皮膚」すなわち羊膜嚢に包まれている者だけである。イタリアの歴史家カ

ルロ・ギンズブルグはその研究に功績をあげたが、この信仰の起源は依然として謎である。ベナンダンティはフリウーリにだけみられる特殊事例なのか、それともヨーロッパに広く存在したキリスト教以前の信仰観念のなごりであるのか、それも決着がついていない。宗教裁判官たちも確信をもって神学的評価を下すことができなかった。異端か否かという判断基準を用いるかぎり、ベナンダンティはみずから魔女の敵であることを旗幟《きし》鮮明にしているため、罰せられることなく放免された。しかし十七世紀になると、宗教裁判官はこれらの自白をしだいに「科学的」魔女学の眼鏡をとおして見るようになり、ベナンダンティの夜間の遠乗りを魔女の飛行だと決めつけ、その会合を魔女のサバトだとねじ曲げて解釈するようになった。ドイツであれば被告人はこれだけで火刑の薪に乗せられたことであろう。しかしすでに論じたとおり、ローマの検邪聖省がこの種の問題について慎重な構えをみせていたため、ベナンダンティのなかで死刑判決を受けた者は実際一人もいないのである。あとで立ち入って論じるホスチア冒瀆という特殊な事例は別にして、これとは異なる形式の魔術についても同様な措置がとられた。

十七世紀イタリアの宗教裁判官はどのような形式の魔術と格闘し、それをどのように扱ったのか、それをヴェネツィアとボローニャの二、三の実例に即して明らかにしておきたい。

ラウラ・マリピエーロはヴェネツィアの大きなギリシア人入植地の住人であった。母イザベッラはさるヴェネツィア貴族の庶子であったが、イザベッラは父の庇護を受けることなく成長した。ギリシア人の船乗りと結婚したイザベッラは娘のラウラが一八カ月になると——一六〇二年ごろ——ヴェネツィアのギリシア人向け孤児院に預けた。ただし娘とは生涯連絡をとりつづけている。ラウラがはじめてヴェネツィアの宗教裁判所と接触したのは一六三〇年のことである。(1) 密告の糸を引いていたのはよりにもよって夫フランチェスコ・ボノーメンであった。一六二三年から続いていた結婚生活はすでに破綻し、フ

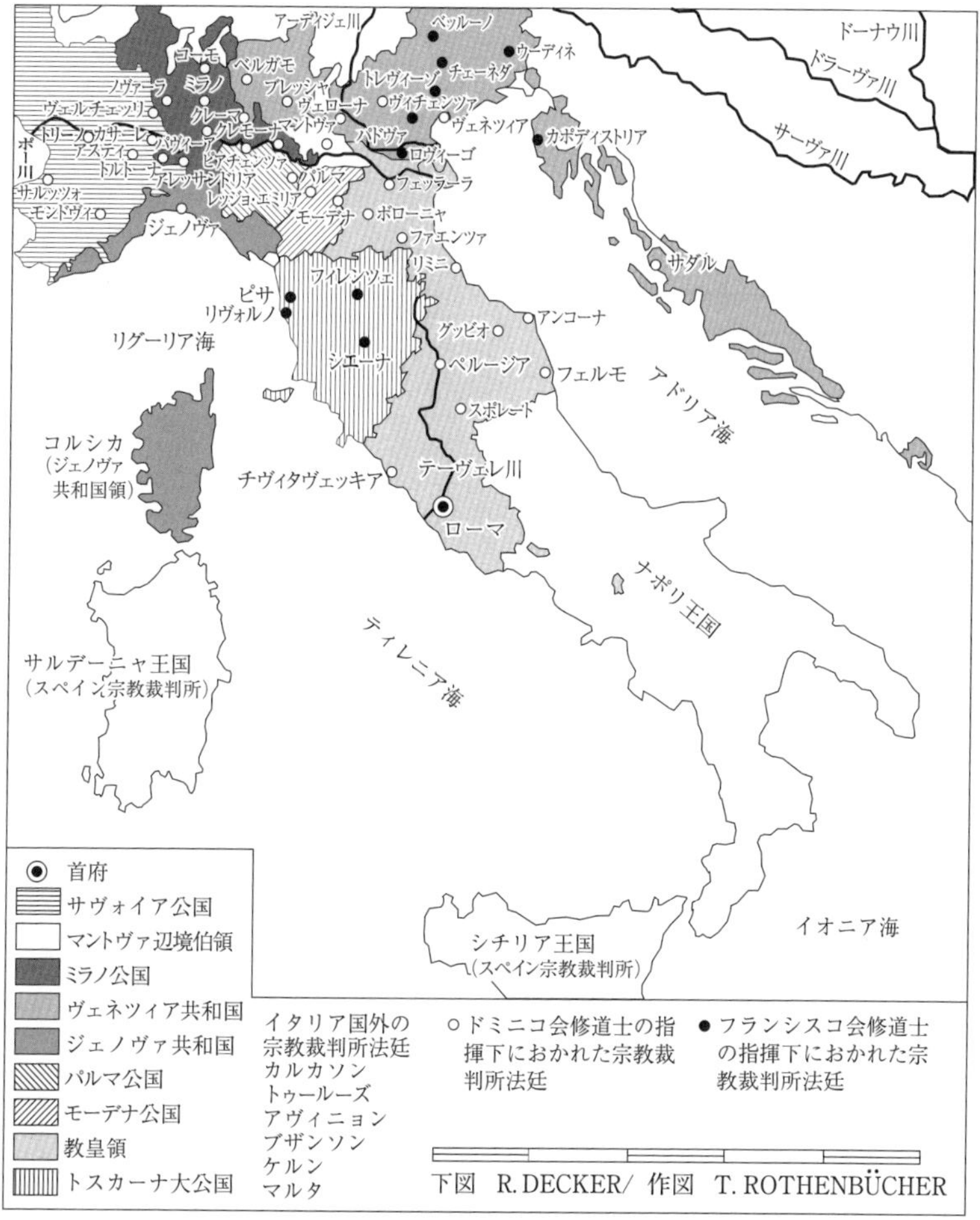

ローマ宗教裁判所法廷（1706 年）

H. Eiden/R. Voltmer (Hrsg.), *Hexenprozesse und Gerichtspraxis* (Trierer Hexenprozesse Bd. 6, Trier 2002), S. 474 より．

ランチェスコは、わたしの体が病気にかかればいいと思っているのだろう、と妻をとがめた。フランチェスコはある仮面舞踏会でラウラを知ったのだが、彼女は悪魔に変装して参加していた。それ以来フランチェスコは——本人の言い分によれば——妻から魔法、妖術をかけられていた。そのうえ妻の母親も魔女だ。病気を治そうとマリア巡礼の霊場ロレートに出かけたところ、わたしは何か魔法で作られたようにみえるものを吐いた、と主張した。むだ骨ではあったが、すでにフランチェスコはヴェネツィア総大司教に願い出て、婚姻の無効を宣言してもらおうとしたことがあった。ラウラは当初自分には伏せていたが、以前に結婚していたからだというのである。

夫の最初の結婚で生まれた連れ子たちが、継母に不利なこの証言を裏書きした。継母の母親が呪いのことばを口にしながら鉛のかけらを父の頭に投げつけたことがあります、継母とその母はギリシア語で話しあっていました、ラウラが一本の綱で魔法を試みました。夫の連れ子である娘たちがその理由を尋ねると、こうやっておとうさんに殺されないようにするのだ、と説明したという。さらに息子も、継母が父の野菜スープに何か妙な液体と粉を混ぜるのを目撃したと主張した。そのために父は病気になってしまったのだ、と。

どうやら夫は、婚姻の無効を宣言してもらうなり火あぶりにしてもらうなりして、妻をやっかい払いするために魔術への非難を道具に使ったふしがある。以前にも婚姻を解消してもらおうと試みて失敗した経緯があったのである。

宗教裁判官はラウラを召喚した。経歴を尋ねられ、ラウラはたしかに司祭[2]の立ち会いの下、ギリシア人船乗りと指輪を交換したことがあると言明した。しかしその婚姻は無効だ、きちんと夫婦関係を結んでいないのだからなおさらのことだ、というのが女の意見であった。この船乗りはトルコの奴隷にとられてしまった。だからわたしの純潔を奪ったのは別の人だ、と。

質問がいよいよ核心に及ぶと、いかなる魔術にも手を染めたことがないときっぱり否定した。ただし、女が持っていた緑色の袋の中にギリシア語で書かれた奇妙な文章がいくつか発見されていた。これは知らない男にもらったものだ、しょっちゅう夫にたたかれていただけでなく、ピストルで撃ち殺してやるとたびたび脅されてもいたので、夫から身を守るお守りにしていたものだ、とラウラは説明した。その書きつけは読んだことがない、だからそれが禁令に触れるものかどうかさえ知らない、とも語った。

調査を進めるうちに宗教裁判官は、ラウラが聖書の章句と十字架とを濫用した、とくに「好意の紙」、つまり魔法の呪文を書いた護符をこしらえるためにそれらを濫用したらしいという心証を固めるにいたった。結局、誓絶と拘禁一年の判決が下りた。このたびはしかし総大司教は、ボノーメンとの婚姻を取り消した。ギリシア式の儀式にのっとって結ばれた最初の婚姻が有効なものとみなされたからである。

それから一九年後の一六四九年に、ラウラはふたたび宗教裁判所で申し開きをしなければならなかった。ラウラはギリシア人の夫が死亡したか、すでに死んでいると宣告されたあと、ボローニャ出身の商人と所帯をもっていた。しかしこの結婚生活も不遇に過ぎていった。深刻ないさかいのすえ夫婦は別れた。その後——ラウラが死ぬまで——彼女の面倒をみたのは情夫であった。今回問題になったのは家庭内のいざこざではなく愛の魔法である。ラウラはすでに一六四一年に、ナーニ夫人というさる貴族の婦人の侍女に密告されていた。ナーニ夫人はポーロなる男にぞっこん惚れ込んだのだが、男は別の女に入れあげていた。「魔女」がいい手を知っていた。ただしその魔法のためには各種「添加物」を調達する必要があった。そこでナーニ夫人は腰元をマルクス広場にやり、かつてその場所で火刑に処せられた男の骨を入手させた。腰元が骨をつかんだとき通行人たちがこれに気づき、すぐさま「こいつを捕まえろ。

こいつを捕まえろ。異端審問所だ」と叫んだ。娘は近くに待たせてあった小舟に駆けこみ、なんとか逃げることに成功した。小舟では奥方が待っていた。娘はこれ以外にも、名前を知らない魔女が、愛の魔法のために去勢された牡牛の心臓を塩茹でにし、夜、卵を埋めたと、宗教裁判官に説明した。

そそのかした女の名と事件の詳細は他の証人にたいする尋問で明らかになった。さまざまな方法を試したのはラウラだった。依頼人はとくにラウラから、水銀、樟脳、ゲットーで採った泥、さらに汚水と灰、ユダヤ人から買った卵を混ぜあわせ、想いを寄せる男の家の扉にそれを塗るようにと指示された。「そうすれば情婦（恋敵）アントニアへの男の愛は憎しみに変わるであろう」と。ナーニ夫人とその下女がゲットーで卵を五個買い、これをユダヤ人墓地に埋めながら、「生きている男が死んだ者のことを知らぬように、ポーロ氏はアントニアへの愛について何も知ることができない」ということばを唱えたのも、やはり同じ目的のためであった。一日たってラウラはナーニ夫人の召使いたちに、ポーロが情婦への愛を忘れるために、もう一度卵を掘り返し、ポーロに二個食べさせなさいと命じた。ある「プッタ（娼婦）」への愛に胸を焦がしていたナーニ家のゴンドラの船長も、ラウラの熟練した術を利用したことがあった。それは結び目の魔法といくつかの魔術の呪文とを用いたものである。

結び目の魔法を問題にしたとき、尋問官は十字を切り、両端に結び目のある一本の紐を机の上に投げた。一方の結び目が男の、他方が女の要素を意味していた。結び目が近いか遠いか、その位置をみて、術者は顧客の色事の行く末を予言することができた(3)。

これにたいして、ラウラが牡羊の心臓を使って行ったのは黒魔術であった。ラウラは牡羊を各種添加物と一緒に煮込み、ポーロがナーニ夫人を好きにならないなら、この心臓が溶けてなくなるようにポーロの心臓も溶けてなくなるにちがいない、と言った。

ラウラだけでなくその母親と義理の姉、さらにほかの一二人も、同様に魔術を使った罪で申し開きをしなければならなかった。一六三〇年にくらべ明らかに罪の程度は深刻になっていた。もはや自分を守るためだけでなく、一部はなりわいとして術を用いたこともあり、あげくの果てに、顧客の妻を魔法と毒物とで殺害するための幇助を試みる加害魔術にもかかわっていたからである。ラウラは誓絶とマルクス広場での晒《さら》し、および懲役一〇年の判決を受けたが、健康状態が思わしくなく、未決勾留が一年を超えたため、宗教裁判所法廷は「（自身の言によれば）きわだって信心深い考え方（pietà）」を理由に判決の執行を断念した。ラウラは、将来このようなわざにけっして手を染めず、その目に見える贖罪のしるしとして、むこう三年間、規則正しくマリア像の前にひざまずいてロザリオの祈り[4]をあげると厳かに誓って放免された。

しかし一六五四年には早くもまた同じ罪で姿を現した。治療魔術を使った防御の魔法が非難されたのである。依頼人はヴェネツィア共和国の最高級官僚アンジェロ・エーモ、十人顧問会の長《カーポ》であった。妻は数年来重い病を患っていた。ついに医者も匙を投げたので、エーモはラウラ・マリピエーロを頼り、そのためにわざわざ自分から彼女の住まいを訪ねさえしたのである。事実、彼女は方法を知っていた。ラウラはまず霊媒となる一人の身重の下女と会って交霊術を行った。しかし下女には——請け合ったり脅したりしながら——ある種の幻がさも真実であるかのように暗示をかけておいた。そのうえでラウラは苦しみが魔術のしわざであると語った。魔術をしかけたのは、病人の成人した義理の子どもたち、エーモが最初の結婚でもうけた子どもたちであった。彼らは継母が妊娠するのを阻止しようとしているのだ。これにたいしてラウラは多くの薬草を混ぜあわせて対抗魔術を行った。しかし健康状態に改善がみられないので、ラウラはそれを病人のおおぜいの見舞客のせいにし、見舞客のなかに何度も新手の魔女術を使ってくる犯人がいると言った。病人がこうした教唆に負けず、義理の子どもたちの無実を信じたことは、病人のけなげな人がらを証明するものである。エーモ家はこのにせ医者に不信感をいだいた。強要された空想によって家庭の平和を乱すのではないかと恐れた例の下女は、一人の司祭を頼った。司祭は下女の願いをいれてエーモ家をとりなしたが、その他の点では事件を宗教裁判所に告発した。

逮捕されるときラウラ・マリピエーロはなお逃亡を試みたが失敗した。家宅捜索で疑惑の品が発見された。とくに疑わしいのは、燃え残った黒い蠟燭、髑髏《されこうべ》、それに『ソロモンの鍵』の書写数枚であった。

被告人は有能な弁護人をみつけた。彼は戦略の前提として、ラウラが、自然の、したがって合法的な手段を用いたにすぎないと主張した。それを受けるように、訴訟依頼人は、病人に魔女術の徴候は認められなかったので対抗魔術を使うこともなかった、むしろ動悸と痔疾を患っていることが判明したので、そのための自然薬を処方したのだと説明した。職業は何かと尋ねられて、ラウラは「下宿屋」と答えた。自宅の本は、間借り人の医者のものだが、その人はもう一〇年も前に死んだ。自分はそもそも字が読めないとも語った。このことは自身が立てた複数の弁護側証人も証言したところであるが、ラウラが魔術本を商っていた疑いのあることから、宗教裁判官は納得しなかった。ほかにもラウラは自己弁護のために、自分の助言がヴェネツィアの上流社会の人々にも需要があることを指摘した。証人たちはラウラが——すでに証言したとおり、魔術など用いはしないで——治癒効果をあげたと請け合った。

ラウラが以前の訴訟からこのときまでに、医術の心得のある者として人気を博するにいたったことは疑いない。そのとき魔術が使用されていたのは、もはや言い逃れのきかないことだった。本件訴訟には、新任のヴェネツィア駐在教皇大使カルロ・カラーファが職務権限にもとづいて関与していた。カラーファはその前年、まだルツェルン駐在の教皇代理であった当時、グラウビュンデンの「魔女の子」一五人の命を救った実績がある。この子どもたちが魔女のサバトに加わったなどということを、ローマの上司と同じようにカラーファも信じなかった。しかしラウラ・マリピエーロの事件は、同人がたしかに魔術を実践していた以上、事情がちがう。カラーファがラウラに申し渡した判決は、懲役一〇年と誓絶、そして週に二度ロザリオの祈りをあげる義務であった。自由刑はラウラからの申請と通常の宗教裁判の実際に照らして、つぎの年から徐々に軽減され、最後には執行が完全に停止された。

それにもかかわらず、というか、だからこそというべきか、ラウラは一六六〇年にまたしても裁判所の認知するところとなった。ふたたびある主任司祭に、「悪評」の女、「魔女のうわさを知らぬ者とてない」女として告発されたのである。一週間後、宗教裁判官がある女に、魔術と魔法の心得のある人物を知らないかと質問したところ、たちどころにラウラ・マリピエーロの名をあげたが、「ラウラは相手を傷つける魔法は使わないけれど、魔女の術とどうやって戦えばいいのかは知っています」とつけ加えた。

宗教裁判官はこれだけで、前科のある女に新たな勾留命令書を交付する十分な理由になるとみなした。廷吏がラウラの家に踏みこんだとき、ラウラは天窓から屋根に逃げ、そこから低いところにある隣家に飛び移ろうとして裏庭に落ち、頭部に重傷を負った。二日後に――宗教裁判所の役人に見張られながら――自宅で息を引きとった。

ラウラは三〇年以上もヴェネツィアで魔術師として活動した。最初は夫の暴力から自分の身を守るためであったが、つぎに愛の魔法を専門にし、最後は加害魔術への対抗も含め、治療に関する知識が上流社会でさえ人気を博するにいたった。とはいえ、良い目的のために「白」魔術だけを用いたのかというと、そうとは言い切れない。愛の魔術が今ある人間関係を壊そうとするものである以上、そこには攻撃的な側面もあるからだ。となれば、妖術（*maleficium*）の実践から魔術による殺人計画までは、もはやそれほど遠くはなかったからだ。今日の刑法の視点からすれば、迷信にもとづく、あくまで空想から出た殺人未遂が処罰の対象とはならない、とすれば、この手の企てが重要な問題になることもあるまい。しかし当時の観念に従うなら、ラウラが累犯にいたった、遅くとも一六四九年当時の宗教裁判所は、今よりもはるかに厳格な措置をとったであろう。しかし「累犯（relapsi）」はごく少数の例外を除き、十七世紀半ば以降、もはや「世俗の手」に引き渡されなくなった。

では、もしもラウラが致命傷を負わなかったとしたら、宗教裁判所は一六六〇年のラウラの不法行為をどう評価したのであろうか。前科はあったが、今回も火刑を心配する必要はなかったと思われる。ホスチア冒瀆や明白な悪魔との契約といった重大な不法行為はなかったからである。交霊術師はもっぱら男であった。

ラウラはおそらく重罪人として公然と断罪され、笞刑《ちけい》と追放の加重刑を受けたうえで、おそらくは放免されたことであろう。それを推測させるのは、とくにカミッロ・レオーニの事件である。被告人はラウラが死んだ一六六〇年にはじめてヴェネツィアの宗教裁判所に召喚された(5)。占星術を行った罪を告白し、二度とふたたびそれに手を染めないことを義務づけられて釈放された。

つぎにレオーニが申し開きをしたのは一六六八年である。「同人は星が人間の自由な意志に影響力を及ぼすこと、キリスト教徒が悪魔と、明文化されているか暗黙裡かはともかくとして、契約ないし盟約を結び、特定の意図にそれを用いることが許されることを信じて疑わなかった」、裁判官はそう結論した。

判決は誓絶と適当と思われる期間の懲役刑であった。家族に配慮して懲役刑は禁足に変更された。しかしその威嚇効果は長続きしなかった。一六七二年と一六七五年にレオーニとその妻は愛の魔法を使ったかどでふたたび告発されたが、逃亡に成功した。レオーニがふたたび法廷に引き出されたのはようやく一六七八年のことである。被告人は弁明を放棄し、裁判官たちの温情に訴えた。宗教裁判官と司教総代理、それに共和国の代表者一名からなる法廷は、ヴェネツィアおよび周辺市町村からの無期所払いを決定した。

この事件で興味をそそられるのは、夫婦が前科者であるにもかかわらず長いあいだ生業を続けられたことと、明白な累犯であるにもかかわらず結局死刑の宣告にはいたらなかった点である。この不法行為は死刑に処するほど重大でなかったということだ[6]。

愛の魔法というと、たとえば一七〇〇年のボローニャのある訴訟[7]にみられるように、売春婦からの需要が高かった。三度の結婚歴があり、売春窟では「耳聾《みみしい》の星占い師」として知られ、手相見としても人気のあったマルゲリータ・サルティは、魔術のためにちょっとした粉を使い、そのうえ十字架と聖水まで用いて、たとえば恋人が離れていくのを止めるのに女たちが使う魔法の帯に「洗礼」をほどこすとき洗礼式をまねたことがあると語った。が、とりわけこの告白が宗教裁判官の怒りを招いた。女はまた、病気を魔術で治療する心得のあるもう一人のストレーガ（魔女）と接触する仲立ちもしていた。同様に、秘蹟《サクラメント》と準秘蹟《サクラメンターリア》とを濫用して悪魔を呼び出した罪にも問われた。それも食べていくためにしたことにすぎないと弁解したが、裁判官の心証をよくしたとはいえまい。

本山のサン・ドメーニコ教会前の木組みの台に異端者帽をかぶって立ち、片手に燃える蠟燭を持ち、罪状を書いた札を添えて誓絶すること、「市街の通常の公共の各所における」死刑執行人の手による笞刑、ボローニャ宗教裁判所管区からの追放、救霊に役立つ通常の贖罪、これが判決内容であった。

被告人は単独犯ではなかった。類似の生業についていた女たちの名も判決書には処罰済みとして記載されている。
二、三カ月後、ボローニャ宗教裁判所はこれと比較可能な件で一人の男を召喚した(8)。三十過ぎのジョヴァンニ・ベルヴェデーレは職業を転々としてきた。靴直し、下働きの職人、厩番、奉公人。しかし詳細な判決書はこう述べている。「同人はわけても魔術師、占い師として、魔女のわざ、魔術行為、デーモンへの嘆願に没頭しつくし、あだな試みであり、すべてがむだ骨であったとはいえ、これらをいくつかの目的に、とりわけ財宝を発見するために用いた。同人はまた、品位を落とすことこのうえない魔術、異端と魔法と迷信のわざを習得し、入手し、指南し、同意し、支援し、手引きし、それらをデーモンへの嘆願と、暗黙裡のみならず明々白々たるデーモンとの契約をもってし、悪魔にたいする誤った崇拝のためにわれらが主イエス・キリストの宗教にそむく行為に走り……。
おまえは上述の人物に、その人こそ財宝を発掘するのにふさわしいと言い、身重の女が瓶のなかの霊と話すことができるのは立証済みだが、すでに七カ月目に入っているのでたぶんそれには手遅れである……とも語った。一年前おまえは数名の共犯者と財宝を発掘するためにある村に滞在したが、そこには魔女が一人と司祭が一人いた。この企てについて悪魔と語るために魔女が合図を出すと、司祭が悪魔を呼び出し、悪魔に嘆願しようとした。しかしそれは功を奏しなかった。……一六九〇年におまえは魔女とおぼしき者とこの村やほかの村を訪れた。魔女は五芒星形《ペンタグラム》と、三人の悪魔めいた霊の名と、見たこともない符号や象徴や数字……の書かれた薄手の白い布をもっていた。一六九六年におまえは、だれにも見られずに歩きまわれるという魔法を上述の人物に覚え込ませた。その試みは失敗に終わったが、そのときすでに死亡した信者の頭蓋骨を濫用し、キリスト教徒の遺体からこしらえた物質と聖水とを用い、降誕祭のミサを悪用した……。おまえは植物を使い、ミサ聖祭を濫用して扉を開ける魔術を同じように習ったことを認めたが、そこには五芒星形がなければならないと付言した。……おまえは一六九七年十一月、すでにガレー船役務刑に処せられている共犯者に、おまえがその名を明かし、魔女のうわさのある女がジェノヴァ・ゲーム〔富くじの一種〕の複数の名前を教えてくれるだろうと語ったことを認めた。そうして共犯者に頼まれ、その名前を聞き出すために共犯者を女の家まで連れていった……。おまえは一六九一年か一六九二年かに、この法廷ですでに有罪判決を受けた節操のない魔術師から浩瀚な魔術書『号令（*Commando*）』を買ったが、この本に書かれている円のなかに何か悪魔に署名させるべしとの瀆聖的な指示があったので、大金を借りてこれを贖った。悪魔が署名すれば、この本で金持ちになり、多くの財宝を発見できると期待したからである。……一六九五年に、魔術にたけた者が魔術書を携えてボローニャにやって来たことを知るや、おまえはその男と連絡をとるためにあらゆる手段を講じた。魔術書のなかには賢者ソロモンの著書だと誤解されている『鍵（*Clavicola*）』があった。おまえはその男に自分のもっている『号令』の書について語り、力を貸してほしいと頼んだ。……男はおまえの友となった。その後、おまえは男と他の共犯者とをともなって、一六九五年五月末、ボローニャ郊外のとある村へ行き、そこで『鍵』に説かれている魔術の儀式に手を貸し、その土地に悪魔が埋めたといわれる財宝を入手せんとして、聖水を飲み、濫用し、一枚のごくあたりまえの紙に書かれた五芒星形を使って悪魔を呼び出し、これに嘆願した。その試みが失敗すると、『魔術師』はその理由を詳しく弁解した。そのとき共犯者の一人が、五芒星形は処女ノ紙（*Carta vergine* 胎児の羊膜嚢）に書かれていないといけない、円は魔術の小刀で描かれていなければならないと言った。しかもその小刀をこしらえるのにふさわしい日と時間と星位とを魔術によって確認しておかなければならず、さらに四足《よつあし》と鳥の血に、『鍵』に説明されている植物の汁を混ぜ、それで小刀を研磨するのだ、と。……そのためにおまえは公民権を剥奪されたある産婆から産婦の羊膜嚢を買い、それで処女ノ紙を作るために自称魔術師のところに持参した。事実その魔術師はおまえの見ている前で不純物を取り除き、つぎにそれを乾かすために盆に載せて処女ノ紙を作った。同じようにおまえはほかの共犯者と鍛冶屋を訪ねて魔術の小刀を作らせた。そこへ手引きしたのは別の鍛冶屋だった……、そうしておまえはつぎに鳥を一羽手に入れ、それを刺し殺して、その血を四足の血と混ぜあわせた」。

「魔女」事件と同様、本山のサン・ドメーニコ教会前の木組みの台に異端者帽をかぶって立ち、片手に燃える蠟燭を持ち、罪状を書いた札を添えて誓絶すること、「市街の通常の公共の各所における」死刑執行人による笞刑、今後一切の迷信的行為をやめること、「さもなくば無期ガレー船役務刑」、その他の点においては救霊に役立つ贖罪（「裸足で、首に縄をかけ、市内三カ所の教会に通うこと」を含む）、ただし追放刑は科さない、というのが判決内容であった。

魔術的奉仕によって生活費の一部をかせいでいた娼婦とは異なり、この犯人は、宝探しを利用すれば金持ちになれると一途に期待していた。たいした教育は受けていないが、この犯人はとくにソロモンの『鍵』のような文献から知識を得た中世晩期の学者魔術師と交霊術師にまだどこか似たところがある。他方、羊膜嚢を利用している点で、脈絡は異なるが、例のフリウーリのベナンダンティがさかんに行っていた民間魔術の観念を思い出させる。

中央ヨーロッパでは加害魔術（*maleficium*）が魔女概念の眼目であった。この犯罪は悪魔との契約や魔女のサバトと結びつけられ、やがてそれが過激なかたちで迫害されるようになった。ところがイタリアに関しては、現存する地方の宗教裁判文書館における新しい統計学研究によると、たいていこれとは異なる魔術観が見出されるのである。たとえば一五八〇年から一七二一年までにトスカーナ地方シエー

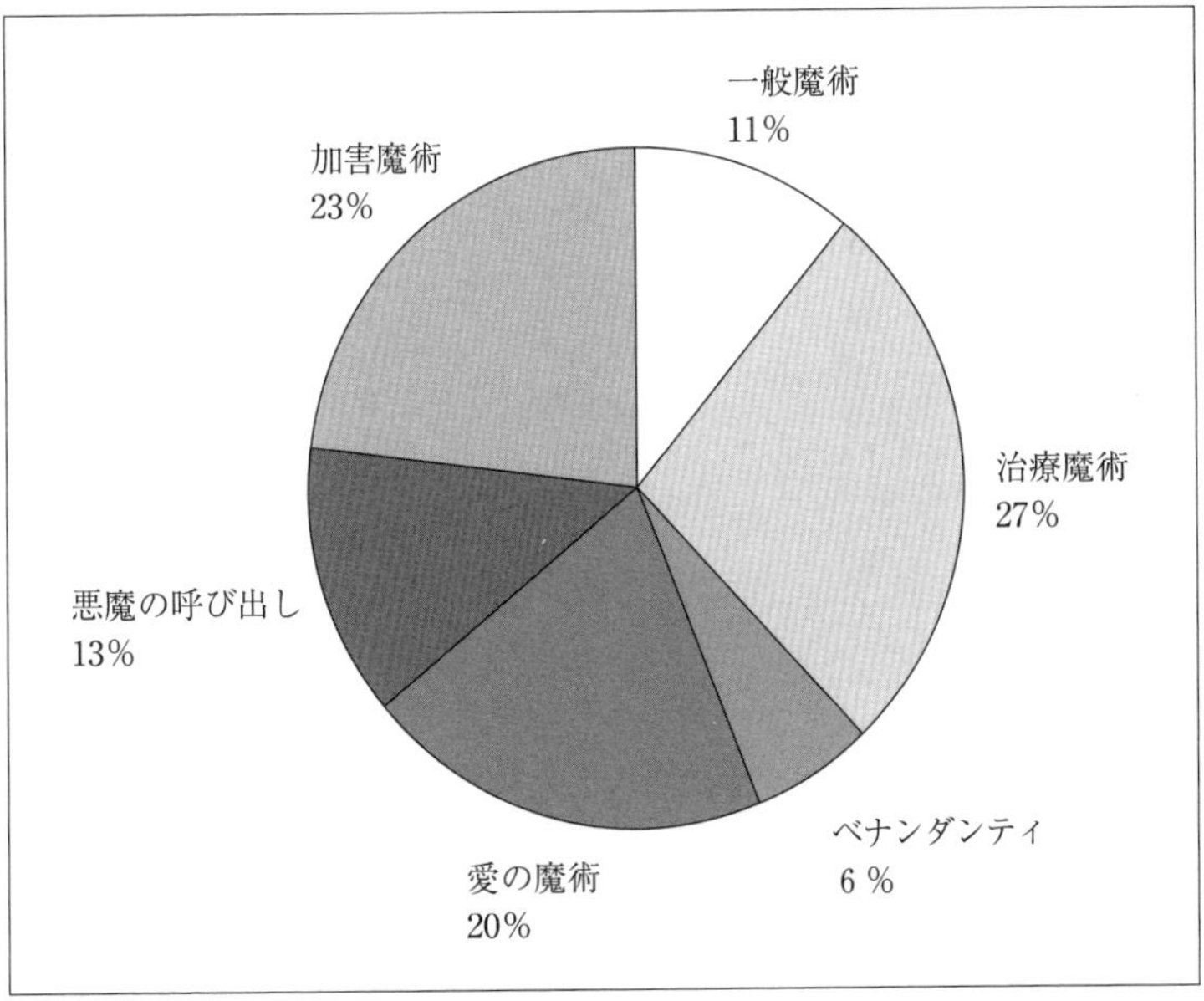

フリウーリの宗教裁判における魔術訴訟（1596–1785 年，777 件）

Tedeschi, *Giudice*, S. 76 にもとづいて算出.

ナの宗教裁判所が扱った七六一件の魔術訴訟のうち、悪魔的魔女術（*stregoneria diabolica*）が一定の役割を演じたのは四件にすぎない。加害魔術の一六六件（二一パーセント）をここに加えても、なおアルプスの北側で火刑の薪を燃え上がらせた悪魔という火種がここにはない。大衆の圧倒的な支持を集めていたのは、どちらかというと害のない予言術（*magia divinatoria*）、治療魔術（*magia terapeutica*）、愛の魔術（*magia amorosa*）、その他各種の実践形態である。フリウーリでもこれに似た数値が現れる。ここで示唆にとんでいるのは性別による違いのあることである。加害魔術といえば女の領分であった。シエーナではこの犯罪の被告人は全員女であり、フリウーリでは七八パーセントにのぼる。これは被告人のほぼ四分の三が女であった中央ヨーロッパの魔女像に合致する。つまり卑劣にも毒を盛

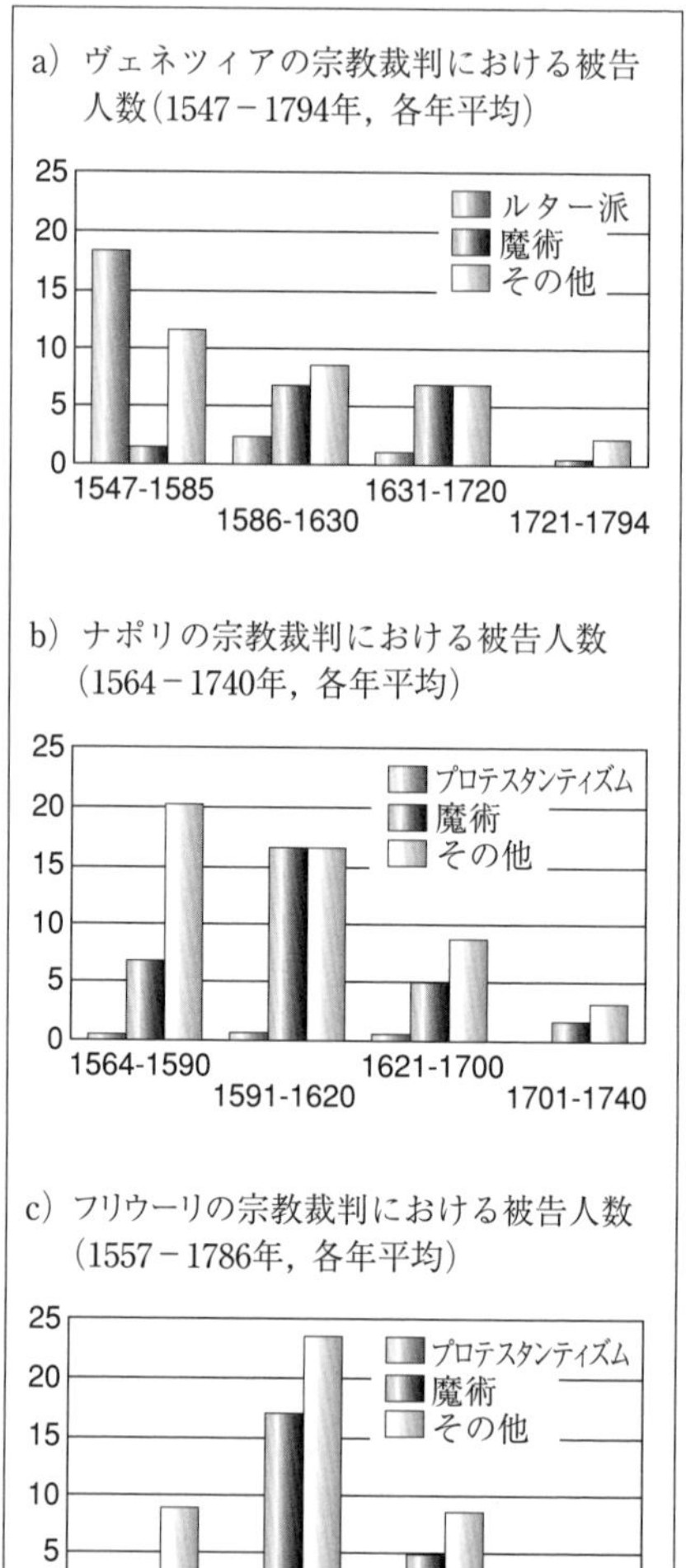

ヴェネツィア，ナポリ，フリウーリにおける宗教裁判

Tedeschi, *Giudice*, S. 87–90 にもとづき算出.

る女、あらしの魔女などとしての女性である。これにたいして交霊術のようなかたちの学術的魔術になると、圧倒的に男が多い。ベナンダンティの特殊形態も同様だが、愛の魔術にもこの傾向はみられる。フリウーリで治療魔術に関与したのが男女ほぼ同数であるのにたいし、シエーナではこれはほぼ女性に独占されたわざであった。

魔術は十六世紀末以来、他のいかなる犯罪にもましてローマの宗教裁判所に迫害され、それはたとえば異端的発言、禁書の所持、あるいは重婚といった他の不法行為の比ではなかった。交易の中心地であったヴェネツィアでは、一六〇〇年ごろまで宗教裁判官を悩ませたのはプロテスタンティズムの影響であったが、その後はもはや重い意味をもたなくなった——魔術の実践とは逆である。

他方スペインの宗教裁判所がもっと熱心に取り組んだのは異端的発言であり、つぎにユダヤ教、イスラム教信仰の命脈、魔術はようやく第四位である。ただ、スペイン王室の勢力圏にあってとくに目立つのは地域格差である。シチリアでは一六一四年を過ぎると魔術が事件全体の四分の一を占めて第一位となり、つづいてイスラム化の潮流、そうして第三位が異端的発言である。とすると、アペニン半島ではこれといった役割を演じなかったイスラム迫害を別にすれば、シチリアはイタリア本土に典型的な像に近づき、宗教裁判所の刑事事件に魔術が高い割合を占めていたことになる。(9)

ひとくちに魔術といっても、その現象形態は千差万別である。異端迫害者の目から見て交霊術がもっとも重い犯罪であるのは、そこに、あからさまな悪魔との契約から悪魔崇拝にいたるまでの過程がだれの目にも見て取れるからである。とはいえ上述の実例が教えるように、交霊術師――ほとんどが男であった――でさえ、十七世紀半ば以降は最高刑を科せられてもガレー船どまりであり、事実この時代以降、ローマの宗教裁判所がそもそも極刑を申し渡すことはほとんどなくなっていた。しかし信仰の番人たちもこの比較的穏健な態度を逸脱する犯罪が二つだけあった。にせ司祭と、本書との関連からすればいっそう重要なホスチア冒瀆とである。

一五五九年、教皇パウルス四世は、聖別されたホスチアの濫用は、教会法の規定にかかわらず、初犯段階から死刑をもってこれを罰するよう布告した。この措置をよく理解するためには、カトリックが聖別されたホスチアにイエスの肉体が現存すると教えていることを念頭に入れておかなければならない。根強い奇蹟信仰と魔術信仰に立ってホスチアを実質的な目的に用いることは珍しくなかったが、それは教会のもっとも厳しい制裁措置を招いた。しかし枢機卿アルビッツィが証言するように、パウルス四世の定めは時代が下るともはや適用されなくなり、ガレー船服役刑に変更されていく。(10)だから一六七六年にローマの宗教裁判所がその比較的穏健な態度を修正したのは思いがけないことだった。その動機がどこにあったのか、それは議事録を手がかりにしてかなりよく再構成できる[11]。

この年、ローマにいくつかの不安な知らせが舞いこんだ。最初は一月八日、ファエンツァ（教皇領）に住む宗教裁判官が、降誕祭にチェゼーナのある修道院教会から聖杯《カリス》[12]が聖別されたホスチアとともに盗まれたという報告をもたらした。三月にもフィレンツェからよく似た報告が届いた。それから一週間ほどして、傷ついた聖杯をいくつも持っていた男がボローニャで逮捕された。さしあたりトスカーナの事件との関連は明らかであった。しかしその数週間後、フィレンツェ大公国の官吏が一人の疑わしい聖職者を逮捕したとき、事件の全容は解明されたかにみえた。問題が残っているとすれば、管轄権をどうするかということだけだった。ローマはあらゆる手を使って、窃盗犯とおぼしき男の身がらを即刻フィレンツェの宗教裁判所に引き渡すよう迫った。トスカーナ公使も、逆に教皇大使も、大公国政府にこの要求を押しとおすようにとの要請を受けた。拒めば教会罰を科すると大公国は脅迫された。これが効いた。六月中旬、国の役人たちは容疑者を宗教裁判官に引き渡した。大公国の大臣は書状を添え、これまでの行為を正当化しようとしたが、教皇大使はローマの指示どおりこの釈明を見て見ぬふりをした。

つぎに宗教裁判官を兼ねる枢機卿たちが七月一日の会議で、ホスチア窃盗を取り締まる教皇令の発布を教皇に願い出ることを決めた。この不法行為の取締りをもっぱら検邪聖省の扱うべき事項とする、つまり国家の関与する問題ではないことを定めたのである。草案を練り上げたのはアルビッツィとカサナーテの両枢機卿である[13]。しかし教皇クレメンス十世がその命令を出すことはもはやなかった。一六七六年七月二十二日に死亡したからである。

後継者インノケンティウス十一世が選出されたのは十月四日である。その間の九月二十一日に新たな事件の報告がもたらされた。今度はパルマである。パルマ公国政府に職務権限にもとづく協力を要請したが、その際、この事件の権限はもっぱら宗教裁判官と司教にあると念押しした。[14]

新教皇ははじめて出席した十月二十二日の検邪聖省会議でこの新しい教令を裁可した。しかし教皇は七月における枢機卿の意図を明確に踏み越えた。宗教裁判所の独占的管轄権が強調されただけでなく、量刑も厳格化された。被告人を世俗司直に引き渡す、つまり死刑をも辞さない、被告人が二十歳を超えていればたとい初犯であっても容赦しない、というのであった。こうして教令は事実一六七七年三月、正式に公布された。[15]このなじみにくい、パウルス四世を思わせる冷酷な姿勢こそインノケンティウス十一世（一六七六―一六八九年）の個性であるが、じつは並はずれて信仰心の篤い、控えめな人がらの、禁欲を身上とする教皇であり、あらゆる奢侈、情実の敵であった。

ホスチア冒瀆にたいする大勅書のきっかけをつくったフィレンツェの窃盗事件についていえば、むしろローマの高位聖職者たちも、この一件が解明できなかったことを認めるほかなかった。宗教裁判官は一六七六年八月、本部に書簡をしたため、被疑者の容疑を立証するにはさまざまな困難のあることを打ち明けた。ローマは記録文書を請求し、容疑者に有利な証人尋問も行った。そうしてついに二年後の一六七八年七月、インノケンティウス十一世は判決を下した。教皇は判決書で、当該聖職者の容疑は濃厚であると述べながらも、証拠不十分により同人をエトルリアから追放はするものの釈放する、これに触すればガレー船労務を命じ、上位教会職への昇格を禁ずるという判決を下した。[16]

インノケンティウス十一世のホスチア冒瀆にたいする大勅書が、その後継者アレクサンデル八世により一六八九年に印璽をもって追認されたあと、実際に適用された、つまり死刑が科せられたことについては、十分な記録の裏づけがあるヴェネツィアの事件が証拠となる。

十八世紀初めの第一の事件の中心人物はフランス人トマ・ペルシュである。一六七三年生まれ、最初は外科医として働き、その後一〇年間ナルボンでアウグスチノ会修道士となったが、いさかいを起こし、修道会長兼管区長の印章をもったまま修道院を去った。[17] ヴェネツィア軍に入隊したが、支払いが悪いのに不満をおぼえ、数カ月後の一七〇三年秋に脱走を試みた。逃亡するも追いつめられて捕えられたが、そのとき発射された数発の弾丸が的をそれた。かつて修道士であった男はこれを、自分に防弾能力がある証拠だと思った。じつは一枚の小さな紙を肌身離さず持っていて、そこにフランス語である説明文を書き、自分の血で署名がしてあったからである。二〇年経ったら魂を悪魔に譲渡することを約し、その見返りとして、どんな種類の武器にたいしても不死身なのだとそこには書かれていた。この秘密のわざは別のフランス人から教わったものだった。のちに彼は裁判官の求めに応じ、記憶をたどりながらこの説明文を新たにしたためた。しかし逃亡して逮捕されたときにはまだこの事実は知られていなかった。逃亡未遂罪でペルシュは一〇年のガレー船送りとなった。船では同じ漕手席の三人の仲間と逃亡計画を練った。都合のいいことにペルシュは姿を消す秘密の方法を知っていた。聖体拝領の際ホスチアを食べきらず、まずは口中に食べ残し、そのあとそっと小さい紙にくるむのである。四人ともその紙に、わたしは神と三位一体と聖母と、すべての天使と聖人とを否定し、デーモンを神としてあがめます、と書いておいた。それからの九日間は、三日おきにホスチアを包んだ紙切れを左足で踏んづけながら、「わたしはこの紙片に書かれているとおりすべてを否定し、デーモンがわたしに奉仕してくれることを信じ、おんみがわたしに金と自由とを与えてくれることを条件に、わたしは魂を二〇年間おんみにささげることを約束する」と唱えなければならなかった。

しかし期待した結果が得られなかったので、四人のうち二人はペルシュとその仲間にホスチアを返した。ホスチアは二人が焼いた。二人は新しいホスチアを使ってデーモンたちに助けを請うことにした。「ルチフェル、マモン、階段の守護者、ベエルゼブブよ、現れよ、われの申すことに耳を貸せ、さすればおんみらに二〇年間わが魂と聖別されたるホスチアを与えよう」[18]。二夜なんの変化もなかったので、がっかりした仲間に今にも殺されそうな気配を覚えたペルシュは、ホスチアの一部を海に、残りをガレー船内のどこかに投げ捨てた。

ペルシュは船上でさかんに神を冒瀆する罵詈雑言を口にすることで知られていた。口をつぐんでいることができず、魔術をよくする能力を誇示し、あるときなどは神の存在さえ否定してみせた。自分は神を刻んで火にくべて焼き払ったのだから、と自慢げに語った。こうして事件は明るみに出、船長とヴェネツィア当局を経て宗教裁判所の注目するところとなった。長い尋問と捜査を経て、一七〇五年四月一日、ローマの枢機卿団によって判決が下された。四人の徒刑囚のうち一人は（すでに科せられていた三年にくわえ）さらに五年間ガレー船に乗らねばならなかった。もう一人については判決が猶予されたが、主犯の二人は教会法の仮借なき規定をいやでも味わうこととなった。神の尊厳にたいする度重なる侵犯、すなわち神の存在と全能とにたいする疑い、マリアの処女性の否定、悪魔との契約、悪魔崇拝、魔術を目的とするホスチアの濫用、以上の罪により死刑が申し渡されたのである[19]。十七世紀全体をつうじてヴェネツィアでは宗教裁判所によって処刑された者は一人もいない。そのためまずもって古い判例を研究し、隣接する宗教裁判所法廷にも人をやって学習しなければならなかった。有罪判決を受けた二人は一七〇五年七月十一日の朝、獄中で絞首刑に処せられた。終日、物見高い人々が長蛇の列をなした。夕方に遺体を焼くのではなく、大理石の重りを入れた袋に収めて海中に沈めるのが潟に囲まれたこの都市で死刑囚が出たときの習慣であったから、そうならない前に、ぽかんと口をあけて死人を見物したのだった。

　ホスチア冒瀆にたいするどの大勅書も、いかなる目的で窃盗が行われたかという観点では大きな違いがない。悪しき目的（*malus finis*）がそれである。悪しき目的が魔術の実践という場合もあるが、犯人のねらいが高価な入れ物、聖杯と聖体顕示台だけにあって、とにかく金持ちになりたいという単純な目的の場合もある。一七〇八年にローマの検邪聖省が扱ったのも同様の事件である。カラーブリア出身のパオロ・アントニオ・ガッレスなる人物が中身の入った聖杯と聖油を入れた瓶とを盗み出し、また別の機会にもトラステーヴェレのサンタ・マリア教会に安置されていたマリア像の宝石をかすめ取り、最後にもう一度ある修道院から聖杯を盗んでいた。この男は絞首刑に処せられたあと、ひきつづき四つ裂きにされたが、後者はとくに忌避すべき不法行為に執行されるめずらしい刑種である[20]。

　迷信にもとづくホスチア濫用の事例が一七二三年から二四年にかけて、ふたたびヴェネツィア共和国から報告された[21]。一七二三年一月十六日、ヴェローナの宗教裁判官の前にフランシスコ会修道士であるヴェローナのベルナルドが出頭し、「良心を軽くするために」説明を始めた。それによると、前年の三月、イゾーラ・デッラ・スカーラ（ヴェローナの南方）の聖マグダレーナ修道院長を務めていたころ、つぎのような事件が起こった。市場から帰り、修道院に入ろうとすると、ニコーラというミサの侍者が、中央祭壇の聖櫃に納めてあった五〇個のホスチアがなくなったと言った。聖杯とホスチアを盗んだのはだれかと問うと、少年は堰を切ったように泣きだし、赤い服を着て髪を束ねた男のことを口にした。さらに立ち入って尋ねると少年は詳しい事情を語った。少年がパイプオルガンの下に隠れて座っていると、ジョヴァンニ・ネーグリとかいう男が中央祭壇に登り、聖櫃をこじ開け、ホスチアをひとまとめにして布にくるんだ。教会の前ではフラミーニオ・カルネヴァーレなる共犯者がすでに男を待っていた。質問にたいしてフランシスコ会の修道院長が説明するには、ホスチアは魔術の目的に、すなわち、それを持ち歩いて防弾とする目的に使うものだという話を聞いたという。宗教裁判官はただちに二名の容疑者を逮捕させた。

一七二三年四月三十日にフランシスコ会修道士はあらためて宗教裁判官の前に出頭し、最初の陳述で言い忘れたことがあると申し出た。盗みにあって数日後、修道院の門前で盗まれた聖杯の脚台が一枚の紙切れと一緒に発見された。紙には、これこれの庭園に行くべし、「そこで聖杯は見つかるだろう」。が、それを盗んだのは、お前たちが牢屋に入れたネーグリではなく、修道士だ」と書かれていた。しるしのある場所で修道士たちは聖杯に掛ける布の一部を発見したが、聖杯本体もその蓋も見つからなかった。ちょうどそのころ、市の有力者たちは一通の匿名の手紙を受けとった。そこにはこう書かれていた。「ネーグリは出獄するだろう、間抜けなお前たちにはいい面汚しだ」。

修道院長は二度目の陳述の最後に、手紙を書いたのはだれかわからないが、裏で糸を引いているのはアントニオ・ランバルドとかいう男ではないかと思う、と語った。

これを受けてミサの侍者があらためて事情を聞かれた。最初は、修道院長のおっしゃるとおりだと明言したが、そのあとこう説明した。これは作り話だ、御坊にそそのかされたものであって、実際には何も見なかったのだ、と。しかし結局、ほんとうはランバルドが犯人だと述べ、それが調書に記載された。修道士たちが食卓についているあいだに、わたしがランバルドを教会に入れてやった。ランバルドがわたしに説明してくれたところによると、ホスチアは魔法の弾除けに使うとのことだ。そのためにランバルドはホスチアを皮膚と筋肉のあいだに挿入した、そして実際その部分を見せてくれた。しかし最初自分はうそをついた、そうしないとランバルドに殺されるのではないかと思ったからだ。それで、よく教会で見かけるネーグリとカルネヴァーレの名前を思いついたのだ、と。

事件が落着したのはようやく一七二四年夏のことであった。ランバルドが別の容疑でヴィチェンツァ（ヴェローナとヴェネツィアとの中間）で逮捕され、身がらがヴェネツィアへ送られることになった。馬車でヴェネツィアに向かう途中、ランバルドは護衛に「ぜったい内緒だ」と言って、二年前、イゾーラ・デッラ・スカーラでホスチア入りの聖杯を盗み、それを教会の前に埋めたのは自分だと告白した。その後、この件でネーグリとカルネヴァーレがまちがって告訴されているのを耳にした、が、そんなことは承服できない、罰を受けなければならないのはこのおれだけだ、と。そこで役人がヴィチェンツァの宗教裁判官に知らせ、宗教裁判官もヴェネツィアの宗教裁判官に連絡したのである。ランバルドはその後、共和国の牢獄から宗教裁判官に引き渡された。同人は宗教裁判官の前で窃盗の容疑を認めたが、魔術の意図はなかったと主張した。聖杯を売ったのは、金をつくって飢えをしのぐためにすぎなかったのだ、と。事実、贓物《ぞうぶつ》収得の罪で金細工師も逮捕され、当初容疑をかけられた二人はふたたび釈放された。ランバルドの左腕にはホスチア大の傷跡が発見された。これは事故の痕跡だと応訴したが、信じてもらえなかった。こうして犯罪者はたちまち二度も死刑判決を受けることとなった。一つはヴェネツィア政府の裁判で、もう一つは、教皇大使、ヴェネツィア総大司教、宗教裁判官から構成される宗教裁判所法廷によって。ローマの検邪聖省は宗教裁判官をつうじてたえず最新の情報を得ていた。聖省としてはこの一件をみずからの手で裁きたかったであろうが、国の司直の介入を受け入れるしかなかった。国側も教会の関与を完全に排除したかたちで、贓物収得を犯した金細工師に死刑の判決を下した。少なくともランバルド事件では、判決が執行されたのはまちがいない。ただし一七〇四年から一七〇五年にかけて行われたのとは別の方法で、火刑に処したあと、灰を海に撒いた。

この事件には不可解な点がいくつかある。あとになってようやく少しずつ、しぶしぶ真実を語り始めた修道院長は、白状した以上のことをはじめから知っていたとみていい。ランバルドは罪のない二人の人間が自分の身代わりとして容疑者にされたことに心のやましさを覚えたかにみえる。だからこそ匿名の手紙を送って二人の無罪を証明しようとしたのである。

しかし事件のこうした犯罪捜査の側面とは別に、魔術にかかわる側面は格別な興味をそそる。この事件には一七〇四年の一件と似たところがある。一七〇四年の事件はこの記録文書にも類似の事件として引合いに出されている。この種の訴訟はこの二つの事件にはさまれた二〇年間、ヴェネツィアではこれ以外に起こらなかったようである。

しかしイタリアではほかにもこの種の訴訟はあったとみていいであろう。でなければ教皇ベネディクトゥス十四世が一七四四年に、それまでの何人かの教皇が手がけた関連の大勅書を更新し厳格化したとき、検邪聖省のかつての顧問よりも自分自身のその方面の経験を重んじたりはしなかったであろう。その際ベネディクトゥス十四世は、被告人が何度も口実を探して、ホスチアが聖別されているとは知らなかった、それに「悪しき意図」があって盗んだのではないなどと言い逃れをしていることを嘆いた。原告側にとってこれを論駁するのはかならずしも容易なことではなかった。しかし、その立証責任が反転したのである。今や裁判官は、とにかくホスチアが通常の保存場所以外のところで発見されたときには、それが聖別されたホスチアであり、悪しき目的に用いる意図があったことを前提にして審理を進めることができたからである[22]。

このように厳格化されたやりかたがそのまま実行されたのかどうかは定かでない。ローマの宗教裁判所が申し渡し、執行した最後の死刑判決は、われわれの知るかぎり一七六一年にローマで下されたにせ司祭にたいする判決である。これは一七一一年以降で検邪聖省が命じた永遠の都における最初の処刑でもある。[23] それは古いしきたりにならい、絞首刑と遺体の焼却によってカンポ・デイ・フィオーリで執行される手はずとなった。ところがこの間に執行技術がもはや忘れられていたため、文書館で五〇年前の事件記録を調べることになった。いよいよ処刑直前になって教皇クレメンス十三世は、絞首刑は踏襲するが遺体の焼却はせず、教会の典礼にのっとって埋葬するように命じた。そのため、早くも火あぶりの残酷な見せ物を楽しみにしていた物見高い人のなかには、この「通常」の処刑の見物をやめた者も少なくなかった。

しかし実際にはもう一度、それから数十年後のローマで、二人の犯人がホスチア窃盗の罪により有罪判決を受け、死刑に処せられている。一八〇〇年と一八四〇年のできごとである。[24] 一八〇〇年二月二十七日の処刑は折しも教皇空位期間にあたっていた。ピウス六世は一七九九年八月、ナポレオンの捕虜としてフランスで没していた。それに先だち教皇領は革命軍によってローマ共和国に変えられていた。その後継者ピウス七世がヴェネツィアで、オーストリアの保護下にあって選出されたのは、ようやく一八〇〇年三月十四日のことである。しかしそれよりも早く一七九九年九月に、フランスの諸部隊は、ブルボン家のナポリ王フェルディナンド四世軍の前に永遠の都を明け渡した。暫定政府は教皇支配を復活させる準備にとりかかった。「軍事会議（Consiglio di Guerra）」が二つの聖杯を盗んだ罪にたいして申し渡した判決は、このような背景を前提として評価されねばならない。判決は絞首刑と遺体の四つ裂き、首を除く遺体の焼却であった。首はアルコ・ディ・サン・スピリートにさらされた。

この種の事例としては最後となった一八四〇年の事件の際には、教皇領——イタリアの他の君主国はこのかぎりでない——の宗教裁判所は再建されていたが、ここに検邪聖省がもう一度正式に組み込まれていたかどうかははっきりしない。総督の世俗裁判は「一個の聖杯の瀆神的窃盗と各所へのホスチア投棄」の罪で被告人に死刑を宣告したが、もはや火刑にはよらず、斬首をもって執行されるに「とどまった」[25]。このとき、教皇たちがフランス革命から借用した唯一の「戦果」が用いられた。ギロチンである。

あとがき

教皇とその信仰の番人たちは魔女信仰と魔女迫害にたいしていかなる立場をとったか、本書の冒頭にそのような問いを立てておいた。その際、十一世紀から十八世紀にいたる書物と古文書、公文書のたぐいを渉猟し、くねくねと折れ曲がった道を難儀しながらたどるのではなく、多くの歴史家がやるように、あっさりと一人の時代の証人を召喚することもできたであろう。シチリアの宗教裁判官ルドヴィーコ・ア・パーラモは一五九八年に著書『検邪聖省の職務の起源と発展』にこう書いている。「神聖な宗教裁判所が人類のためにどれだけ多大な功績を残したか、私見によれば、それはただ黙って看過していい事がらではあるまい。おびただしい数の魔女を火あぶりにしたからである。……宗教裁判官諸氏は仮借なき姿勢を持して魔女を弾圧し、ここ一五〇年間に少なくとも三万人の魔女を焼き殺した。これらを処罰することなく野放しにしておいたならば、魔女は全世界に終末と荒廃とをもたらしたであろう。魔女は、真の宗教はいうに及ばず、世俗の財産にも甚大な損害を与えているからである。すなわちそれは教皇インノケンティウス八世が一四八四年のある大勅書に記しておられるとおりである。……人間らしいすべての性質を失ってしまった野蛮というもおろかなこれらの鬼女にたいし、宗教裁判官は断固たる措置を講じている。それはわけてもシチリア王国に顕著であり、数年前わたくしが宗教裁判官職を拝命したころ、この種の魔女若干が背教者たる正体をあばかれ、罰せられた[1]」。

パーラモがあげているこの数値は、魔女迫害に関与したカトリック教会の罪と、その犠牲となったおびただしい流血の痕跡とを証拠立てるために好んで引用される[2]。しかしここでは史料批判がぜったいに必要である。まず最初にパーラモが直接その権力を発揮した場所、シチリアについて検討しておかねばならない。この島はスペイン宗教裁判所の管轄下にあった。ところで、スペイン宗教裁判所の活動は、最近数十年間の類をみないほど厖大なデータ資料のおかげで、定量化の手法も功を奏して徹底的に研究された。その結果つぎのような事実が明らかになった。すべての問題に断固たる態度で臨む魔女迫害者を自任するパーラモ自身が、在職中（一五八六―一六〇九年）だれ一人としてこの罪で処刑させなかったということである。その点パーラモの以前も以後も、シチリアにおける同職の態度は一貫しているのである[3]。パーラモみずからが自分自身について、たとえば、わたしの命令を受けて魔女は殺された、という書き方をせず、「罰せられた」と書いているのである。スペイン宗教裁判所全体についていえば、そのもっともすぐれた研究者の一人であるデンマークの歴史家グスタフ・ヘニングセンは、魔女のわざにより処刑された人数を五八と伝える。そして、国家の裁判所によって、あるいは私刑の横行によって殺された、およそ二五〇人がここに加算される[4]。つまり、「太陽の沈むことなき」帝国――メキシコ、ペルー、フィリピンも含まれる――では、ドイツの多数の中小領邦ほど魔女が殺害されなかったことを意味する。

ヨーロッパ全体で、魔術もしくは魔女のわざにより処刑された人を、ヴォルフガング・ベーリンガーは三万人から最大五万人と見積もる[5]。低いほうの数値がパーラモのあげる数字と一致しているのは偶然にすぎない。パーラモの数字は「宗教裁判官《インクイーシートル》」の判決をもとに算出したものであり、インクイーシートルは宗教裁判官の意味に解していい[6]。しかしかりにパーラモが、すべての裁判官、つまり世俗裁判官を

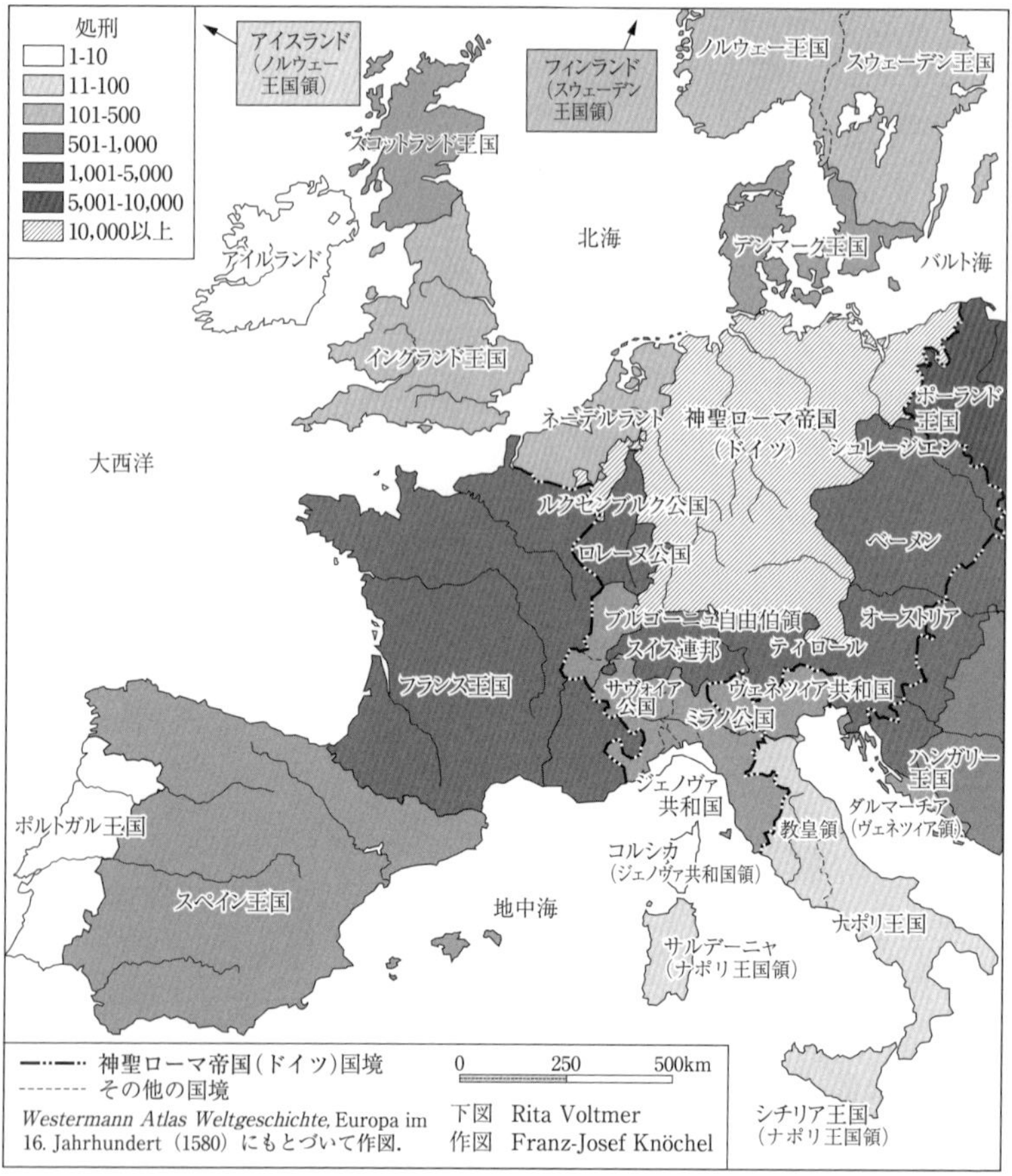

15 世紀から 18 世紀までのヨーロッパにおける魔女迫害の頻度

R. Beier-de Haan / R. Voltmer / F. Irsigler（Hrsg.）, *Hexenwahn. Ängste der Neuzeit*, Berlin 2002, S. 45（編者のご好意ある諒解を得て）.

も念頭においていたとしても、十六世紀末の数値としてはなお極端にすぎる。そもそも魔女迫害の頂点はさらにこのあとに訪れるからである。ドイツでは一六二六年から一六三一年までの期間である。

したがってパーラモの過激な言辞は批判的検証に耐ええない。このことは、スペインの宗教裁判所だけでなく、中世の宗教裁判所と、一五四二年に新設されたローマの宗教裁判所とを視野に入れることによっても明らかになる。中世を問題にするとき、世俗の司法によって処罰された加害魔術という古いタイプの犯罪と、十五世紀前半に発生し、国の法廷だけでなく教会の法廷も動員されることとなった魔女のわざとを区別しなければならない。一四三〇年から一四四〇年にいたる期間以降、アルプス地方の西部で展開された大量迫害において指導的な役割を果たしたのは世俗の法廷である。これは死刑判決という観点からみても同様である。(7)

聖職宗教裁判官の指導した最初の大規模な訴訟の波は、北フランスのアラースで確認される。ここでは一四六〇年ごろ、魔女のわざで告発された三四名のうち一二名が処刑された。サヴォイア公国では宗教裁判官の手で、一四六二年に八人、一四七二年から七五年にかけてさらに一〇人が火刑台に送られた。(8) 教皇の名において行われた魔女狩りがこれとは比較にならないほどの次元に達するのは一四八〇年代以降である。そのとき取り返しのつかない結果を招く役割を演じたのが、仕事熱心なハインリヒ・インスティトーリスである。二〇〇人の魔女を「裁いた」と本人は胸を張った。それが「処刑」を意味するのか「有罪判決」のことなのかは定かでない。いずれにせよ、『魔女の槌』の意図にもみえるように、過激な迫害熱がここには現れている。すでに述べたとおり、インスティトーリスはそのためブレッサノーネ司教領でもティロール伯領政府でも抵抗にあったが、その後数十年にわたって、上部イタリアの司教および教皇の直属宗教裁判官のなかにインスティトーリスを模倣する者が現れた。火元の大半は一五一五年ごろのコーモ司教区であった。処刑件数はおそらく数百にのぼる。つづいて一五一八年にヴェネツィア共和国のヴァル・カモーニカで約七〇人の犠牲者が出た。しかしこれらは、宗教裁判官の管轄下で行われたイタリアで最後の大規模な迫害なのである。事実、大量処刑は神学者と法律家のあいだに激烈な論争を巻き起こし、さらにはヴェネツィア共和国の首脳部にも断固たる抵抗が生まれて、基礎となる教義、とくに魔女のサバトの信憑性に関する考え方にはっきりとした変化が現れた。

一つひとつの事件の報告をここに加え、インスティトーリスに「裁かれた」人二〇〇人を「処刑」された人と解釈しても、中世の教皇と司教の宗教裁判所において魔女のわざで火刑に処せられた人が、やはり一〇〇〇人を超えないのは明らかである。

近代の宗教裁判所、すなわち一五四二年に設置されたローマの宗教裁判所が扱った件数も、やはりそれよりもはるかに少ない。ローマの宗教裁判所はスペインとポルトガルの宗教裁判所と同様、大量迫害には手を染めなかった。処刑件数は一〇〇を下回るのである。ローマの同意なく宗教裁判官の手で点火された一五八二年のアヴィニョンにおける火刑の薪と、一六六〇年ごろのブルゴーニュのそれとを別にすれば、ここに認められる魔女概念は、およそ一五六〇年から一七〇〇年までアルプスの北側で訴訟の雪崩現象を引き起こしたものとはちがう。魔女の飛行とサバト、そして悪魔との性関係はほとんど意味をもたなかったからである。他方、加害魔術と悪魔との契約は、とくに交霊術の形式をとるとき、きわめて深刻に受けとめられた。魔女のサバトにたいする疑念、痛悔した初犯者は温情ある判決が期待できるという、それ以後もひきつづき有効だった教会法の原則、そしてわけても地方の法廷にまで及ぶローマ検邪聖省の効果的な指揮権、これらを見たとき、ヨーハン・ヴァイアーとフリードリヒ・シュペーのごときドイツの「魔女検察官」の目に、イタリアが魔術と魔術師の穏健な扱いの手本と映ったのも当然である。

ただし、近代の宗教裁判所が民衆のあいだに蔓延していた魔術に無関心であったかというと、けっしてそうではない——むしろその反対である。通俗的な魔術はいうに及ばず、学術的な魔術にも、中世から十八世紀にいたるまで宗教裁判官はほとほと手を焼いた。ヘニングセンの計算によると、近代の地中海地方の三宗教裁判所だけで、およそ二万件の魔術関連訴訟を扱ったという(9)。イタリアでは宗教改革を防ぐのに成功したあと、魔術が宗教裁判所の戦ったあらゆる犯罪の第一位を占めた。しかしそれらは不安を醸成する加害魔術というより、むしろ予言、治療魔術、愛の魔術といった、比較的無害な、流行の術が主流であった。したがって刑も軽いものにとどまったのである。

イタリアでは魔術で告発された者に多くの男が含まれているのが目だつ。フリウーリでは約半数が男である。これは女を敵視する聖職者というよく知られたイメージとは相いれない。たとえば最近ではイギリスのベイジェントとリーが、宗教裁判所に関する怨恨感情にみちた本で、あいかわらずそのような宣伝にうつつを抜かしている。「教会はつねに女性蔑視の傾向が顕著であった。魔女一味を撲滅する課題は、女にたいする、いや、あらゆる女性的なものにたいする本格的な十字軍を決行するまことに好都合な口実を教会に与えたのである」(10)。事実は、女性を敵視する『魔女の槌』を引用してこと足りる話ではまったくなく、教会が、もっと正確にいえば各教会が『魔女の槌』の推奨するところに従ったのかどうかを研究しなければならないであろう。ある最新の研究成果は驚くべきものであるが、証拠はそろっている。それによれば、ドイツの福音主義およびルター派諸領邦で魔女のわざのために迫害された女性の割合は、カトリックの領邦よりも大きいのである(11)。独身制(12)—性的抑圧—女性敵視—魔女迫害、このような単純な因果の連鎖は疑わしいというもおろかである。上部イタリアで大規模な魔女迫害が行われたのは、まさしく官能の喜びを追求したルネサンスのころであり、けっして——ドイツのように——道徳に厳しい対抗宗教改革の時代ではなかったのである。

教皇、枢機卿、大多数の宗教裁判官は女性にたいして不安も憎悪もいだいていなかった。しかし交霊術師には脅威と挑発とを感じとっていた。交霊術師はたいてい男であり、信じられないほど多くの聖職者もそこに交じっていた。このような人々が悪魔のわざを頼りにして教皇をなきものにしようとくわだて、捕えられると、少なくとも主犯が温情にあずかることは、十四世紀のヨハネス二十二世の下でも、ウルバヌス八世時代の一六三五年であっても考えられなかった。当時の刑法典は、「ドイツ刑法」第二三条第三項と、裁判で保障されている原則とをまだ知らなかった。

「当該未遂行為が対象の性質もしくは対象そのもののために、または行為に際して使用する意図であった手段の性質のために完遂するにはいたらなかったにもかかわらず、行為者がはなはだしき無分別からこのことを誤認していた場合、裁判所は刑を執行しないか、もしくは裁判所の裁量にもとづき刑を軽減することができる」。

今日広く採用されている学説によれば、ヴードゥー教の魔術を使った殺人未遂が刑法上の結果を招くことはない。「人間が掌握しえず処分権をもたない架空の手段を用いた迷信にもとづく未遂行為は処罰されない(13)」。

手段に実効性がない以上、道徳の側面、つまり、あくまで殺害の意図が存在するということだけで法律家の関心をひくことはない。同じように検察官が、占星術、予言、その他多種多様な形式の秘儀にかかずらうことはない。愚かというだけでは処罰できないからである。教会にとって魔術は愚行であるばかりか罪深い行為でもあるから、さしあたりは霊的手段、すなわちキリスト教の福音を広く伝えることによって撲滅されなければならない。それだけでは不十分だということになれば罰を用いる、そのもっとも効果的な罰が強力な国家司法の手を借りる方法である。それは、現に行われている魔術を迫害するかぎりにおいては首尾一貫した方法であり、キリスト教社会のしくみを安定させる機能をもっていた。それどころかそうすることによって、啓蒙された科学的世界像の土壌が長い時間をかけて形づくられていったのである。しかし「迷信」との戦いが十五世紀に一種のお化け狩りのようなものにまで発展したとき、もはや手に負えない状況になった。たとえば中世初期の教会のように、夜間の遠乗りと、女たちと彼岸の存在との会合という観念がもはや邪説だとは解されなくなり、神学者たちはこれを、悪魔の従者たちの（空想上の）一味が及ぼす現実の脅威だと解釈した。と同時に法律家は容疑者の弁明の可能性を狭めてしまった。その結果がヨーロッパの大規模な魔女迫害であった。中世末期の教皇たちがこの人間狩りを、かつての十字軍のように、厖大な経費を使って宣伝することはなかったが、宗教裁判官がその「神意にかなう」活動への助力を要請してきたときには、躍起になっている彼らをつねに支援した。しかしすでに述べたとおり、十六世紀の一〇〇年間にカトリック教会の中枢部の考え方は根本から変化し始めた。そのためイタリア、スペイン、ポルトガルでは、ヨーロッパの他の国々のように魔女にしたてあげられた何万という人が火あぶりにならずにすんだのである。福音主義諸国がこのローマの手本を見習わず、逆に過酷な迫害の成功を信じて疑わなかったのは、なるほどそれなりに理解しうることではある。ひるがえって、ではカトリック領邦、スイス各州、あるいはドイツの聖職諸侯領が、イタリアで広く行われていた批判的態度に動かされることなく、なぜ火刑の薪に点火してしまったのか、これは依然として解明されていない。しかし、ローマの態度に関する情報の欠如、他方また、とくに比較的小さい領国における自国主権への執着、これと関連して、上からの法的監視の欠落、これらがその原因の一部であることは確かであろう。

いずれにしても、魔女迫害にうつつをぬかすカトリック教会といった十把ひとからげの評言は不当である。教会批判を展開したオイゲーン・ドレーヴァーマンはまさしくそういう人物の一人であり、シュペーの『犯罪ヘノ警告』を教会の支配的教義にたいする宣戦布告の書と評した(14)。シュペーが実のところ国家の行う訴訟審理の現場に異議申し立てを行ったのは確かだが、ここでぜひとも強調しておきたいのは、魔女問題に関して教会「一般」を支配する教義など存在せず、理論面においても、また、悪魔、魔術なる問題への実際の取り組み方についても、その実態はまことに千差万別であったということである。とはいえ、プロテスタント陣営の、啓蒙された、自由主義的な歴史家がかつて世間に流布した「黒い伝説」にバラ色の伝説が取って代わるかというと、そういうことはありえず、教会史においては暗黒部分と明るい部分だけでなく、全体像がつかめないほど多種多様な灰色部分もあるという結論がここから得られるのである。教皇が、多方面から要請のあった自分自身の罪の告白を公式に行えば歴史への理解がうながされるのではないか、そういう問題提起がある。しかし今日アフリカ各地で実際に行われている、魔女と称する人々にたいする私刑の実態を伝え、そもそも現代社会の裏口から古い魔術が帰ってくることに警告を発することのほうが、もしかすると緊急の課題であるのかもしれない。

注

〔訳注〕と断りのないものはすべて原注である。

まえがき

（1）〔訳注〕教皇庁には一九八八年より九つの省がある（かつては「聖省」と称したが、一九八三年の「教会法典」で「聖」が省かれた）。一五四九年にパウルス三世によって創設された最初の省が、カトリック教会全体の信仰と道徳とをいわば監視する「ローマ並びに全世界異端審問聖省（Sacra Congretatio Romanae et Universalis Inquisitionis）」である。一五六四年には図書検閲の任務も負うことになった。一九〇八年、ピウス十世により「検邪聖省（Sacra Congregatio Sancti Officii; Sanctum Officium）」と改称され、一九六五年、パウルス六世がこれをさらに「教理省」と改称した。本書ではこの三つの呼称が年代に応じて厳密に区別されず、ほとんどの場合、「検邪聖省」の略称である Sanctum Officium（イタリア語 Sant'Uffizio）が用いられている。本訳書で単に「聖省」とだけ表記する場合があるのはそれである。

（2）〔訳注〕第二四〇代。一五九九年生まれ。一六二五年、マルタの宗教裁判官。一六二九年、ウルバヌス一世の教皇大使としてケルンに赴任。ヴェストファーレン講和に際しローマの利害代表として活躍。ベルニーニを保護するなど文芸の支援者であった。

（3）〔訳注〕祓魔は、聖職に就かせるときに行う叙階の秘蹟《サクラメント》に含まれ、祓魔師は悪魔を祓う役。

第1章　異教の魔術

（1）〔訳注〕グレゴリウス七世、第一五八代教皇（在位一〇七三―一〇八五年）、聖人。教皇史上最大の人物の一人。一〇二〇年ごろトスカーナの生まれ。業績の一部は後述。

（２）*Monumenta Germaniae Historica*, Epistolae Selectae Bd. II/2: Gregorii VII Registrum（Berlin 2. Aufl. 1955）, Nr. VII, 21 S. 498（lat.）. Vgl. Lea, *Mittelalter* Bd. 3. S. 470; Henningsen, Inquisición S. 563.

（３）Schormann, *Hexenprozesse* S. 28.

（４）〔訳注〕被告人の手足を縛り、川や湖などに沈める方法。水は不浄な存在を嫌うと考えられていたので、被告人が魔女であれば水によって吐き出され（水に浮かぶ）、被告人が無罪であれば呑みこまれる（沈む）。ただし、これと正反対の事例も知られている。

（５）Schormann, *Hexenprozesse* S. 26 f.

（６）フライジングの聖職者のあいだに魔術信仰がまちがいなく存在していたことは、かの地に語り伝えられてきた聖コルビニアーヌスをめぐる宗教説話から明らかである。この聖人は、バイエルン公妃と結託してその夫をなきものにしようとした魔術師の女と戦った。Behringer, *Hexenprozesse* S. 57 f.

（７）Behringer, *Hexenprozesse* S. 23 より転載。

（８）Behringer, *Hexenprozesse* S. 59.

（９）翻訳は Tschacher S. 229 にある（一部改変）。ラテン語テクストは Hansen, *Quellen* S. 38 にも収められている。

（10）Tschacher S. 230 f. を参考にした訳文。ラテン語テクストは Hansen, *Quellen S*. 39 に収められている。

（11）Tschacher S. 227 bzw. 231 Anm. 18.

（12）Tschacher S. 228.『司教規範』は悪魔との契約を不可能事だと断言し、それを信ずる者を処罰したのだというあまりにも合理的な解釈に Midelfort S. 16 f. は反論している〔訳注・聖堂区（小教区とも）は司教区を構成する最小単位で、主任司祭がこれを管轄する〕。

第２章　中世における宗教裁判の起源

（１）以下の叙述は Peters S. 47 ff.; Segl, Einrichtung S. 9 ff. を参考にした。

（２）〔訳注〕十二世紀から十三世紀にかけて西ヨーロッパに広がった、マニ教的二元論を特徴とするキリスト教の異端。

南フランスではアルビジョワ派と呼ばれる。ギリシア語の「カタロス（καθαρός）」は「清浄な」の意。

（3）〔訳注〕十二世紀後半、リヨンの商人ヴァルド（Pierre Waldo; Petrus Waldes）が創始したキリスト教の一派。「リヨンの貧者」ともいう。一一八四年に異端宣告を受けた。

（4）〔訳注〕すでに行われた違法行為について、その影響が生じない前に、自由意志からその影響をくいとめること。悔悟（Reue）はキリスト教では「痛悔」と訳す。この場合の違法行為が異端の運動であることはいうまでもない。

（5）〔訳注〕ドミニクス（一一七〇頃―一二二一年）が一二一五年にフランス、トゥールーズ近郊プルイユに創設した托鉢修道会を「ドミニコ修道会」といい、その別名が「説教者修道会（Ordo Fratrum Praedicatorum）」である。

（6）〔訳注〕一二〇九年、アッシジのフランチェスコが創設した托鉢修道会「フランチェスコ修道会」。「小さき兄弟会（Ordo Fratrum Minorum）」ともいう。

（7）〔訳注〕トマス・アクィナス（一二二五頃―一二七四年）、南イタリア出身のスコラ哲学者。ドミニコ修道会士。主著『神学大全』全三部（一二六五―一二七三年成立）。ボナヴェントゥーラ（一二一七頃―一二七四年）、イタリアのスコラ神学者。フランチェスコ修道会総長（一二五七―一二七三年）。保守的な立場をとり、アリストテレスの評価では、キリスト教とアリストテレスとの調和を試みたトマスと対立した。

（8）〔訳注〕「アウトダフェー」とは「信仰の儀式」の意。

（9）〔訳注〕「サンベニート（sanbenito / sambenito / sacbenito）」は黄色の贖罪服。赤い聖アンドレーアス式十字架（傾斜十字架）と炎と悪魔の絵が描かれている。スペインの異端審問により火刑を宣告された異端者が着せられる。また、異端の罪を悔いてこれと絶縁することを誓い、放免された者も、一定期間これを着なければならなかった。

（10）Hansen, *Quellen* S. 1.

（11）〔訳注〕「汝姦淫するなかれ」（「出エジプト記」二〇、一四）。

（12）Kolmer S. 152 ff.

（13）Hansen, *Quellen* S. 48.〔訳注・「誓絶（adjuratio）」は、異端、背教、離教などを正式に放棄する宣誓〕

（14）Hansen, *Quellen* S. 49. 聖ゲオルギウスのわざについては、Lea, *Mittelalter* Bd. 3 S. 492.

（15）Eco S. 518.

（16）フルニエについては三七および四一ページを見よ。ギについては、Lea, *Mittelalter* Bd. 3 S. 513; Given S. 69; Schimmelpfennig S. 204–206.

(17) Hansen, *Quellen* S. 446 f. フランス語訳は Duvernoy S. 309 f.

(18) フランス語訳は Duvernoy S. 283 f.; vgl. Benad S. 174.

(19) LeRoy Ladurie S. 27.

第3章　十四世紀の教皇と宗教裁判官

(1)〔訳注〕教皇ボニファティウス八世（在位一二九四―一三〇三年）とフランス王フィリップ四世（美王、在位一二八五―一三一四年）との対立に端を発し、教皇権がフランス王権の圧迫を受けたため、クレメンス五世から七代、六九年にわたり、教皇庁がアヴィニョンに移された時代（一三〇九―一三七七年）を、古代ユダヤ民族のバビュロニア強制移住の故事にちなんでこう呼ぶ。

(2)〔訳注〕パリを中心とする地方名。現在も地域圏名としてこの呼称が用いられている。

(3)〔訳注〕原文の「美王フィリップ三世」を訂正した。豪胆王フィリップ三世の在位は一二七〇―一二八五年。

(4)〔訳注〕当初エルサレムのサロモン神殿に本部がおかれたため神殿騎士修道会ともいう。巡礼者保護と異教徒排撃を目的として一一一九年に創設された。教皇庁と諸侯の財産を保護したため莫大な富と軍事力を有するにいたった。

(5) A. Rigault（1896）の論文にもとづく Hansen, *Zauberwahn* S. 356 による。Lea, *Mittelalter* Bd. 3 S. 509; Thorndike Bd. 3 S. 20; Daxelmüller S. 115.

(6) 以下の論述は Albe S. 40 ff. における史料に忠実な記述にもとづく。編者ハンゼン（Hansen）がこれを Lea, *Mittelalter* のドイツ語版 Bd. 1 S. 623, Bd. 3 S. 511 に採り入れなかったのは残念である。ほかに Mollat, Évêque S. 753 ff. および ders., *Papes* S. 43 f. がある。

(7)〔訳注〕アレクサンドリア・センナ（*Cassia senna*）はすでに古代エジプトで用いられた形跡があり、中世にアラビアの医師たちの手でヨーロッパに伝えられた。葉を乾燥させ下剤とした。クマツヅラ（*Verbena officinalis*）はおもに熱帯、亜熱帯に産する。乾燥させた葉には炎症緩和、鎮痛、利尿などの効能があり、産婦の母乳を作る働きもあるという。サルヴィア（*Salvia officinalis*）はすでにプリニウスに記述があり、ビンゲンのヒルデガルトは疝痛と咳に効くと書いている。十六世紀には傷薬として用いられたが、一般に万能薬として珍重された。

（8）Albe S. 63.

（9）Albe S. 102.

（10）ラテン語の引用文は Albe S. 106 f. Anm. にある。

（11）Hansen, *Quellen* S. 12 f. ベネディクトゥス十一世を、魔術を用いて攻撃したのではないかと告発された際の、司教デリシオの無罪判決（Kieckhefer S. 110）を参照せよ。

（12）『ピカトリクス（*Picatrix*）』については、Daxelmüller S. 249 ff. を見よ。

（13）これに関しては、Daxelmüller S. 115 f., Brückner S. 412 f. を見よ。また、Lea, *Mittelalter* Bd. 3 S. 514 f. 同書 S. 737–739 に引用されているラテン語判決文を参照せよ。引用文は Hansen, *Zauberwahn* S. 313 にもある。

（14）Hansen, *Quellen* S. 448.

（15）Daxelmüller S. 114, Hansen, *Zauberwahn* S. 251, dagegen Thorndike Bd. 3 S. 23 Anm. 19 und S. 33.

（16）Thorndike Bd. 3 S. 32 f.「錬金術」といっても一般には学者魔術の意味に解されていたとみていいであろう。一三三九年のベネディクトゥス十二世の書簡（同書 S. 37）を見よ。

（17）Hansen, *Quellen* S. 4. 一三一七年および一三三一年のフランス国王シャルル四世とフィリップ六世にたいする魔術による暗殺計画を調査させるためにヨハネス二十二世が下したその他の決定は Hansen, *Quellen* S. 671 f. bzw. S. 7 にある。これについては Hansen, *Zauberwahn* S. 257 を見よ。

（18）この問題に関して詳しく述べているのは、ヴァチカン図書館で鑑定書を発見したマイアー（Maier）である。ハンゼン（Hansen）、リー（Lea）、その他の研究者はまだこれらの鑑定書のことを知らなかった。

（19）Harmening S. 305 bzw. 317.

（20）Hansen, *Quellen* S. 5 f. この勅令が長く後世に及ぼした影響に Thorndike Bd. 3 S. 30 は懐疑的である。

（21）詳しくは Kieckhefer S. 16 ff. を見よ。

（22）〔訳注〕ゲーテ『ファウスト』第一部、三八二一―三八二三行。

（23）Hansen, *Quellen* S. 14 f.

（24）Hansen, *Quellen* S. 13.

（25）Kieckhefer S. 11.
（26）エイメリクスの著書とその影響史については Borromeo を、その魔術に関する評価の詳細は Marin, S. 59-66 を見よ。
（27）〔訳注〕十三—十五世紀イタリアの狂信的な一派。一三一七年のヨハネス二十二世の大勅書で異端と宣せられた。
（28）巻二、問題四二「予言者ト透視者トニツイテ」、問題四三「デーモンニ祈願スル者ニツイテ」（一六〇七年版の三三五—三四一ページ）。

第4章　魔女のサバトの成立

（1）引用は Patschovsky S. 331 による。同様に、教皇グレゴリウス九世もすでに一二三三年、ブレーメン大司教にたいして謀叛を起こしたシュテーディンゲンの農民を非難している（Behringer, *Hexenprozesse* S. 64-66）。以下の論述については Schatzmann Kap. 3. 3. 1 を参照せよ。
（2）〔訳注〕イタリア北部、アルプスとアペニン山脈とにはさまれた地方。
（3）Frigerio/Pisoni S. 59-64 に採録されている。この事件については Paccagnini S. 24; Ginzburg, *Hexensabbat* S. 94 f.; Schatzmann Kap. 8. 4 を参照せよ。
（4）このミラノにおける事件を広くイタリア全体の文脈に位置づける試みが Henningsen, Ladies S. 203 f. にある。
（5）これについて詳しくは *Schweizerische Zeitschrift für Geschichte* の第五二巻（二〇〇二年）に収められた各論文を参照せよ。
（6）Patschovsky S. 329; Tremp S. 117.
（7）これに関しては Schatzmann Kap. 8. 1 を参照せよ。この史料は大部分が Hansen, *Quellen* S. 88 ff.（Nider）, 118 ff.（Errores Gazariorum）, 533 ff.（Fründ）に収められている。トロザン論文のドイツ語訳は Paravy S. 143-159 にある。
（8）Kieckhefer S. 122.
（9）Blauert, *Frühe Hexenverfolgungen*, passim; ders., Erforschung S. 19.
（10）Hansen, *Quellen* S. 15-17.
（11）Hansen, *Quellen* S. 17 f.

(12) シエーナのベルナルディーノに関しては Ginzburg, *Hexensabbat* S. 290 と、現在では Schatzmann Kap. 8. 4 とその関連文献表を見よ。
(13) Blauert, Erforschung S. 19.〔訳注・原文はアメデーオ一世。サヴォィア伯は十五世紀のアメデーオ八世時代に公位を授けられたので、アメデーオ八世と訂正した〕。
(14) Hansen, *Quellen* S. 18, dazu Blauert, Erforschung S. 17 u. 19 sowie Ginzburg, *Hexensabbat* S. 290. 一四〇九年のピサ公会議において、対立教皇ベネディクトゥス十三世も同様な非難を受けた。他方、その数年前に聖職者たちが魔術を用いてベネディクトゥス十三世の暗殺計画を企てたといわれる(Kieckhefer S. 119 f.)。
(15) 三つの教皇勅書は Hansen, *Quellen* S. 19 f. に掲載されている。

第5章 『魔女の槌』

(1) Hansen, *Quellen* S. 25–27 に採録されている。ドイツ語訳としては Behringer, „*Hexenhammer*" S. 101–107 がある。
(2) Jerouschek, S. 122* に採録されている。
(3) 個々の事実については Behringer, „*Hexenhammer*" S. 40 ff. を参照せよ。
(4) Wibel S. 124 に採録されている。
(5) Hansen, *Quellen* S. 21–24.
(6) これについては Petersohn S. 127 ff. を参照せよ。
(7) インクブス(ラテン語の incubare「……のなかで休らう、……の上に横たわる」)は、男の悪魔、魔女の誘惑者の意に解された。
(8) スックブスは、男と情を通じるために女の姿に変身した悪魔をいった。
(9) Segl, Malefice S. 376 ff.
(10) Hansen, *Quellen* S. 27–29 に採録されている。
(11) これについては Giorgetta S. 156 f. の史料からの詳細な引用を見よ。したがって Behringer, „*Hexenhammer*" S. 74 が、一四八五年の迫害の責任を宗教裁判官ラウレンティーウス・フォン・S・アーガタに帰するのは正しくない。

（12）〔訳注〕特定地域で統治権を有する高位聖職者。教皇、教区司教、司教総代理など。
（13）Behringer, „*Hexenhammer*“ S. 63.
（14）チャハー訳が Behringer, „*Hexenhammer*“ S. 112 にある。
（15）ケルンにおける認可書については、ヨーゼフ・ハンゼンとニコラウス・パウルスとの論争を見よ。ハンゼンの論証した偽造説はパウルスによって無効になった。
（16）Endres S. 197 ff.; Hansen, *Quellen* S. 30.

第6章　宗教裁判所とヴェネツィアの闘争

（1）人口については Sanudo Bd. 30 Sp. 334 を見よ。ヴェネツィアの公文書には、人口二〇万を擁するブレッシャ地域はひじょうに裕福（richissima）だと記されている。Sanudo Bd. 30 Sp. 335.
（2）Prevideprato S. 57.
（3）Sanudo Bd. 36 Sp. 32 f.
（4）Prevideprato S. 61.
（5）Hansen, *Quellen* S. 29 f.
（6）Paccagnini S. 47 f.
（7）教皇の二つの大勅書は Hansen, *Quellen* S. 31 f. に収録されている。
（8）未刊行史料をも用いた、ヴァル・カモーニカにおけるこの大規模な迫害に関する最新の記述が Del Col, Organizzazione S. 247–259 にある。
（9）Sanudo Bd. 25 Sp. 586–588.
（10）エイメリクス、第三部、信仰問題ニオケル拷問ヲ使用セル訴訟終了ノ第三ノ規則（一六〇七年版、四八一ページ）。
（11）Behringer, „*Hexenhammer*“ S. 675 f.
（12）Marcaccioli Castiglioni のたとえば一六二ページの訴訟文書を見よ――「同ジク［被告人ハ］同人ノ結社ニ五名ノ、イヤソレ以上ノ女ガ来テイタト述べ付言シタガ、女ドモノ名ヲ明カスコトヲ望マズ、語ルベキコトヲ思イ出サナイ。

［……］宗教裁判官ハ、女ノ顕著ナル変化トイウ前提条件ニ照ラシテ依然不十分ダト判断サレタノデ、女ヲ牢中ニ［……］サラニ熟考セシメルベク送リ返シタ」。判決文では、被告人に痛悔の心構えの不十分である点が強調されている。Marcaccioli Castiglioni S. 209.

（13） Sanudo Bd. 25 Sp. 647 f. この女にたいする訴訟は一五一八年六月十九日の証人喚問から始まった（Sp. 633）。被告人への最初の尋問が行われたのは六月二十六日（Sp. 638）、判決が下されたのは六月二十九日、もしくはその数日後であった（Sp. 647–650）。

（14） Sanudo Bd. 25 Sp. 548.

（15） Del Col, Organizzazione S. 251.

（16） Sanudo Bd. 25 Sp. 610.

（17） Del Col, Organizzazione S. 252 f.

（18） Sanudo Bd. 26 Sp. 55 f. 一五一八年九月一日の事例（Sanudo Bd. 26 Sp. 29–32）を参照せよ。

（19） Sanudo Bd. 26 Sp. 95.

（20） Sanudo Bd. 26 Sp. 324.

（21） Sanudo Bd. 26 Sp. 411.

（22） Del Col, Organizzazione S. 254 f.

（23） Del Col, Organizzazione S. 255.

（24） Sanudo Bd. 29 Sp. 506 f.

（25） Hansen, *Quellen* S. 32–34 に掲載されている。

（26） Del Col, Organizzazione S. 256 f. 一五二一年三月二十一日の決定は Lea, *Mittelalter* Bd. 3 S. 741 f. に収められている。

（27） Del Col, Organizzazione S. 258 f.

第7章　十六世紀初頭の学術論争

（1） Hansen, *Quellen* S. 281.

（2） Hansen, *Quellen* S. 331.

（3） Paccagnini S. 56 に引用がある。ドミニコ会の歴史家ヴィンチェンツォ・マリーア・フォンターナ（一六六六年、五六五ページ）の指摘するところによれば、コーモの宗教裁判官アントーニオ・フォン・カザーレが一五一四年に火刑に処した「異端者」は三〇人にすぎない。これは魔女の意味に解していいであろう。しかし他の処刑が助任司祭の責任で執行されたことを考えあわせると、この低い数値はちょうどその一〇倍に達するであろう。Prosperi S. 388 Anm. 37 が引用するある印刷物（ミラノ、一五一七年）によれば、一五一三年にコーモ司教区で火刑に処せられた魔女は六〇〇人を超える。

（4） Hansen, *Quellen* S. 310–312.

（5） 〔訳注〕ラテン語の holocaustum（*pl.* holocausta）の語源はギリシア語の *Ὁλόκαυστον* で、獣を丸焼きにして神前に供える生けにえを意味する。

（6） Hansen, *Quellen* S. 312 f. Anm. モンテーニュについては Behringer, *Hexenprozesse* S. 160 f. を見よ。「フランス学説」については、ペーター・アルノルト・ホイザー（Peter Arnold Heuser）のかなり詳細な記述がまもなく公刊されるはずである。

（7） すでに引用したテクスト（インスティトーリスとアルチャーティ）以外のテクストは、Hansen, *Quellen* S. 133（Jacquier）, 239 f. Anm.（Galateo）, 243（Molitor）, 262（Cassinis）, 273（Dodo）, 279（Ratengo）, 308（Arles）, 313（Poncinibio）, 317（Prierias）, 323（Ciruelo）, 326（Spina）, 337（Grillando）に収められている。

（8） Paccagnini S. 76.

（9） Bertolotti, *Martiri* S. 13. 犬のエピソードは Grillando, quaestio 7 cap. 23（Ausgabe Frankfurt a. M. 1592）S. 106 にも語られているが（Hansen にはない）、証言と文書焼却については述べられていない。サビーニ山地方の魔女に関しては、一五〇五年（処刑若干）、一五一五年および一五二四年（処刑一ないし三件）の件数がグリッランド（Hansen, *Quellen* S. 339 f.）にある。ほかに一五五二年（Bertolotti, *Streghe* S. 51–59）、一五五七年（Fosi S. 222–236）、一五六七年（Bertolotti, *Streghe* S. 69–71）の個別の事例が知られている。また、裁判権の線引きの原則については Blastenbrei, Kriminalgerichte S. 431 および *Kriminalität* S. 14 f. を参照せよ。

（10） 十六世紀スペインにおける魔女訴訟については Monter, *Frontiers* S. 256–270 を見よ。

(11) Monter, *Frontiers* S. 260.
(12) スペイン語テクストは Henningsen, Inquisición (Anhang Nr. 4) にある。英語による要約は Monter, *Frontiers* S. 261.
(13) 英訳をグスタフ・ヘニングセン博士からお送りいただいた。氏はそれを論文「宗教裁判官アロンソ・デ・サラサル・フリアスの文書」に発表される予定である。要約は Lea, *Spanische Inquisition* Bd. 3 S. 178 にある。

第8章　近代の宗教裁判

(1) *Magnum Bullarium Romanum*, Band 4, Teil 2, Rom 1745 (Nachdruck Graz 1965), S. 211 f. 創設については Pastor, *Päpste* Bd. 5 S. 709 f. を、次世紀以降における活動と構成については Mayaud および Schwedt, Personen を見よ。
(2) Pastor, *Päpste* Bd. 6 S. 506. 間接話法は直接話法に書き改めてある。
(3) Tedeschi, *Giudice* S. 119.
(4) Pastor, Dekrete S. 499 bzw. 502.
(5) Romeo, *Inquisizione* S. 26.
(6) Pastor, Dekrete S. 541. Dazu Thorndike Bd. 6 S. 149.
(7) Thorndike Bd. 6 S. 147.
(8) Pastor, *Päpste* Bd. 6 S. 509 bzw. 511.
(9) 以下の論述は Dall'Olio, Tribunali にもとづく。
(10) Dall'Olio, Tribunali S. 70–72 に引用されている。
(11) グイード・ダッローリオ博士がボローニャ国立図書館で複写の労をとられ、ラテン語テクストを提供してくださったことに謝意を表する。伝承に関する詳細は Dall'Olio, Tribunali S. 81 Anm. 41 を見よ。
(12) Pastor, *Päpste* Bd. 6 S. 513 Anm. 1.

（1）Pastor, *Päpste* Bd. 8 S. 210 f. 今では Schmidt, De Sancto Officio Urbis が詳しい。
（2）Romeo, *Inquisitori* S. 49.
（3）Portone S. 318 に引用がある。
（4）Romeo, *Inquisitori* S. 45 Anm. 50.
（5）Romeo, *Inquisitori* S. 74 にラテン語の引用がある。
（6）ヴァイアーとブレンツの往復書簡は Behringer, *Hexenprozesse* S. 334–337 に翻刻されている。
（7）ACDF S. O. Decreta 1571–1574 S. 89 f.（一五七二年二月二日）; Bertolotti, *Martiri* S. 62——「一部は釈放により、一部はそれに相当しないものとして（*parte per relasse et parte per impertinenti*）」; Pastor, *Päpste* Bd. 8 S. 227 Anm. 1——「魔女（streghe）」。
（8）Romeo, *Inquisitori* S. 26.
（9）Romeo, *Inquisitori* S. 28; Tedeschi, Inquisitionsakten S. 86 f. Anm. 55.
（10）Paccagnini S. 90 f.
（11）Albitius S. 349.
（12）聖省の重要な諸決定の要約（ACDF S. O. St.st Q-2-d n. 1 S. 194）——「男色罪は一五九一年および一六一二年にイタリアの聖省において処罰されず（*Sodomiae crimen non punitur in S. Officio in Italia 1591 et 1612*）」——を見よ。他方、一五八八年にボローニャで処刑された複数の死刑囚は「ルター派および男色者（*luterani e sodomiti*）」と記録されている。Pastor, *Päpste* Bd. 10 S. 145 Anm. スペインの宗教裁判所の根本態度については Monter, *Frontiers* S. 276–299 を参照せよ。
（13）Venard S. 1347 にフランス語訳で引かれている。一五八二年九月六日の議事録はつぎのように結ばれている。「同異端審問官ニ、魔女ニタイシ熟慮ノウエニモ熟慮シテ対処スベキコトヲ回答シタ。ワケテモ、熟慮コソ戯ニ行ワレタル事柄ヲ排除スルモノデアレバ」。ACDF S. O. Decreti 1582 Bl. 262r.

(14) Venard S. 1337. 判決文の写しが Michaelis Bl. 73–75 にある。判決を申し渡したドミニコ会修道士で副宗教裁判官であったセバスティアン・ミカエーリスは、のちに祓魔師として登場する(本書一三九ページを見よ)。詳細は、ミカエーリスの著書をもとにした Ernst S. 98–108 にある。ミカエーリスと主席宗教裁判官フロールスについては Fontana S. 555 を参照せよ。

(15) 〔訳注〕一二九一年、シュヴィーツ、ウーリ、ウンターヴァルデンの原初三州が「永久同盟」を結び、ハプスブルク家に反旗を翻した。長いスイス独立運動史の端緒である。

(16) Paccagnini S. 94 f.

(17) *Magnum Bullarium Romanum*, Band IV, Teil IV, Rom 1747 (Nachdruck Graz 1965) S. 176–179.

(18) 〔訳注〕鳥の飛翔と、生けにえとする獣の内臓を観察して行う占い。

(19) *Magnum Bullarium Romanum*, Band IV, Teil IV, Rom 1747 (Nachdruck Graz 1965) S. 392–401.

(20) Pastor, *Päpste* Bd. 9 S. 20 Anm. サントーリは、一五八七年十二月に枢機卿サヴェッリが没したあと、名実ともに宗教裁判所枢機卿会議の報道官となった。Vgl. Pastor Bd. 10 S. 146, Romeo, Città S. 58.「永遠ナル神ノ広大無辺」がサントーリの発議でまとめられたものか否かは、今後の研究にまちたい。

(21) 〔訳注〕ローマ市内カンポ・デイ・フィオーリはもともと牧草地であったが、その後市場がここに移された。市場が設けられるまでは処刑場として使われ、一六〇〇年二月、哲学者ジョルダーノ・ブルーノはここで処刑された。

(22) 判決文の写しが Bertolotti, *Streghe* S. 79–84; ders., *Martiri* S. 82–88 にある。処刑については Pastor, *Päpste* Bd. 20 S. 144 f. を参照せよ。

(23) 〔訳注〕Dominus vobiscum はミサや聖務日課にしばしば現れるあいさつ。Pax vobis はミサの「グローリア」のあと、司教から与えられるあいさつ。ベッリネッリは司教ミサと同じ後者を用いたというのである。

(24) 〔訳注〕大斎と小斎について定めた規定。いずれもイエスの苦難を想起し、その犠牲にあずかるため、期日、期間を定めて飲食の種類と量を制限するもの。肉類の摂取を控える小斎(*Abstinentia*)は毎週金曜日(現在では灰の水曜日と聖金曜日)に、昼食と夕食に制限を加える大斎(*Ieiunium*)はかつて四旬節に行われたが、今日では国によりまちまちである。

(25) トリオーラの魔女迫害に関しては文献がひじょうに多い。現在も Rosi がいちばん詳しい。ほかにも Ferraironi や

Panizza、あるいは Romeo, *Inquisitori* S. 30 f. がある。

(26) Rosi S. 330.

(27) Romeo, *Inquisitori* S. 18 f.

(28) この事件については Romeo, *Inquisitori* S. 155–159 が詳しく、フェッランテ・ステッラッチョの嘆願書の写しを収めている（S. 291–304）。今ではローマ聖省の公文書の記載事項も参照することができる（ACDF S. O. Decreti の一五九四—一五九六年の各年度）。

(29) ACDF S. O. Decreti 1596 Bl. 214r.

(30) ACDF S. O. Decreti 1596 Bl. 221r.

(31) ACDF S. O. Decreti 1596 Bl. 256r, 307r–v. 二人の女の死の原因をつくったトスカーナのある裁判官にたいする一六〇〇年の処罰については Romeo, *Inquisitori* S. 29 Anm. を見よ。

(32) これ以外の証拠は Romeo, *Inquisitori* S. 31 Anm. 20 にある。その他の諸事件は、一五九二年のボローニャの事件が Tedeschi S. 113 u. 135 に、一五九二年ごろのノヴァーラの事件が Deutscher S. 408 に、一五九四年のサン・ミニアートの事件が Schutte, Asmodea に、一五九九年のモーデナの事件が Canosa, Bd. 1 S. 67 Anm. に紹介されている。

(33) 以下の記述は Paulus S. 271 f., Duhr, *Geschichte* II/2 S. 506 ff. および Behringer, *Bayern* S. 272 ff. による。

第10章　魔女訴訟の手引

(1) Romeo, *Inquisitori* S. 159 Anm. 36.

(2) Blastenbrei, *Kriminalität* S. 11.

(3) Del Re S. 98, Weber, *Legati* S. 788. モンテレンツィの手引書については Decker, Entstehung S. 161 f. を見よ。

(4) Ernst S. 98–106, Mondrou S. 198–210.

(5) この書簡（イタリア語）は Battistini S. 269 f. に掲載されている。フランドルの背景事情については、祓魔師と戦ったパウラ会の修道士クロード・ピトワの記述（Whitmore S. 42 f. によって公表された）、ならびに Ernst S. 108–114、とりわけ Lottin, *Lille* S. 170–177 を参照せよ。ただしロタン（Lottin）にはバッティスティーニ（Battistini）がブリュッセルで発見したこの書簡が抜け落ちている〔訳注・パウラ会は一四五四年にパウラの聖フランチェスコが設立したフランチェスコ会原始会則派（Ordo Fratrum Minimorum「ミニモ会」）の通称。厳格な会則に服し、生涯、大斎日に許される食事しか口にしない〕。

（6）引用は Lottin, *Lille* S. 176 による。

（7）〔訳注〕「禁域（*clausura*）」は、修道院内の修道士の居住区域などに世俗の者の立入りを制限ないし禁止すること、また修道士が正当な理由なく修道院外に出ることを禁ずる制度。また修道院内のその区域をいう。

（8）ACDF S. O. Decreti 1618（一六一八年一月二十四日）S. 40. 女子修道院における一連の事件の展開については Lottin, *Être* を参照せよ。同書 S. 334-336 にロングスペのローマに宛てた請願書が、S. 324 f. に枢密顧問官ないしベラルミーンの発言が引かれている。

（9）スカリアと手引書については Tedeschi, *Giudice* S. 232 f. を、同人の便覧については Turchini を参照せよ。フィレンツェ稿本にもとづくテクストが Mirto にある（ただし Tedeschi, *Giudice* S. 325 Anm. 5 はこれに批判的である）。絵画蒐集家としてのスカリアについては Rangoni を参照せよ。

（10）手引書の校定版の早急な出版が切に望まれる。十七、十八世紀の刊本とならんで、今なお Horst S. 115–127 に収められたラテン語テクストを利用することができる。一六六一年のドイツ語訳は Dettling S. 48–68 に引かれている。その抜粋が Behringer, *Hexenprozesse* S. 395–397 に収められている。

（11）Tedeschi, *Giudice* S. 116.

（12）Tedeschi, New Light S. 270–274.

（13）詳しくは Decker, *Spee* を見よ。

（14）〔訳注〕ドイツ語の Mitleiden は「同情」の意。その原義は mit「ともに」leiden「苦悩する」。

（15）Spee（リター Ritter 訳）S. 50.

（16）J. Weier, *De praestigiis daemonum*（Basel 1568）Buch 6 Kap. 19 S. 638 f.

（17）この劇的な事件については Wittmann S. 207 f. を参照せよ。

（18）〔訳注〕一六三〇年七月、グスタヴ・アードルフ王率いるスウェーデン軍が北ドイツに侵入し、三十年戦争は第三期（スウェーデン戦争）に入る（—一六三五年）。翌一六三一年九月には、ティリー伯の旧教軍とザクセンの連合軍をブライテンフェルトの戦いで敗走させ、一六三二年四月にはティリー軍をレヒ河畔で撃破、同年十一月にはヴァレンシュタインの皇帝軍にリュッツェンの戦いで勝利を収めるなど、スウェーデン軍の進攻が続いたが、この間スウェーデン軍は一貫して魔女迫害反対の立場を鮮明にしていた。

(19) Albitius S. 355 § 179.

(20) Albitius S. 350.

(21) Albitius S. 355 § 177-178.

(22) Carena（一六六八年版）S. 437.

(23) Carena（一六五五年版）S. 550. カレーナの詳細は Tedeschi, *Giudice* S. 55 u. 231 Anm. 48 および Medici を見よ。ただし Medici は魔女問題にたいするカレーナの立場を立ち入って論じていない。

(24) Castaldi（Rom 1651）S. 242 に収められた手引書の本文による。

(25) ACDF S. O. Decreti 1617 S. 492.

(26) Fumi S. 116 Anm. 1.

(27) ACDF S. O. Decreti 1620 Bl. 196v.

(28) ACDF S. O. Decreti 1620 Bl. 339v.

(29) Paccagnini S. 111.

(30) ADCF Decreta 1629 Bl. 153r（一六二九年八月三十日）, 187r（十月三十日）, 1630（六月五日）. Lea, *Historia* Bd. 3 S. 635 f. によれば、ほかに二人の女が処刑されたという。しかし聖省の決定はこの二人の女に言及していない。同様に、議事録（Collectio [Analecta Ecclesiastica 4, 1898] S. 127 Nr. 1195）の要約にも言及がない。

(31) Lea, *Historia* Bd. 3 S. 635, Collectio（Analecta Ecclesiastica 4, 1898）S. 127 Nr. 1190.

(32) このシマンカスとドゥフィーナからの引用は Paulus S. 267 bzw. 268 所収の訳文による。

(33) *Mgnum Bullarium Romanum*, Band 5, Teil 4（Rom 1756）S. 97 f. ここは Paulus S. 269 所収の訳文による。

(34) 引用は Behringer, *Hexenprozesse* S. 158 による。

(35) Canosa, Bd. 5 S. 190 f.

第11章　ローマにおける交霊術師との戦い

（1）この問題に関しては Blastenbrei, *Kriminalität*, besonders S. 300 f. を見よ。
（2）一三三ページの下のグラフを見よ。
（3）数値は Orano S. 13–119 にもとづき、Pastor、Firpo および Del Col, *Strutture* を批判的に照合してまとめた。
（4）短い言及が Tedeschi, Inquisitionsakten S. 85 にある。ダブリンのトリニティ・カレッジ収蔵になる宗教裁判記録（MS 1228 Bl. 348）中に保管されている判決の詳細な要覧を利用することができたのは、ジョン・テデスキ博士のご尽力のおかげである。――すでに一五六七年に、ポリカストロ（南イタリア）の司教フランチェスコ・ミサネッロが、心霊術を用い、複数の異端者の協力を得た罪により、誓絶と停職一〇年の判決を受けていた。Pastor Bd. 8 S. 220 Anm. 1, Tedeschi, Inquisitionsakten S. 77 u. 79.
（5）イタリア語原文は Gigli S. 192 f. と Fiorani S. 139 Anm. 96 にある。
（6）フィオレンツァ・ランゴーニ教授（ローマ）のご教示による。
（7）以下の記述については Fiorani S. 103–112 を参照せよ。現在では Dooley が詳しい。
（8）〔訳注〕「聖座（Sancta Sedes）」ともいう。教皇の名の下に行われる教皇およびローマ聖庁の全権能と統治、また、ローマ教皇庁の意。
（9）*Magnum Bullarium Ramanum* Band VI, Teil I, Roma 1748（Nachdruck Graz 1965）S. 268–270.
（10）〔訳注〕印刷術が考案されて急速に広まった、わが国の瓦版のごとき一種のビラ新聞。宗教・政治・事件事故・災害・道徳など、印刷販売されたセンセーショナルな記事の内容は多岐にわたり、十六世紀後半の宗派対立の時代と三十年戦争期にはとくに諷刺や政治宣伝の道具として盛行した。多くは一枚物で、図版と解説文（韻文形式も少なくない）とを併載する。十七世紀に定期刊行物（新聞）が広まるのにともなって衰頽した。
（11）チューリヒ中央図書館蔵。複製版は Weyhmann にある。
（12）〔訳注〕ケルビーノは九天使の第二位「智天使ケルビム」、セラフィーニは最上級の天使「熾天使セラフィム」。エルミートは「隠修士、独住修士」の意。

(13) Gigli S. 249, 260 f., 266 f., Firpo S. 336, Fiorani S. 112 f. Anm. 35、そしてなかでも Rosi, Centini S. 357–370.

(14) Rosi, Centini S. 359.

(15) 〔訳注〕十七世紀から十九世紀にかけてフランスの奴隷商人が西インド諸島に連行した西アフリカ出身の黒人奴隷のあいだで行われた習合的宗教。「ロアと呼ばれるアフリカの諸聖霊」を神とあがめるヴードゥー教の特徴は「神がかり状態になるための儀礼にある。激しい太鼓のリズムに合わせたダンスが行われ、ニワトリ、ネコ、ヤギ、ウシなどの生贄が供えられる。生贄には、とくに黒ネコと黒いニワトリが好まれる。一人の人間に憑く神は、その時々によって異なる」。ヴードゥー教の呪術は「毒を用いる」(村上重良『世界宗教事典』講談社学術文庫、二七五ページ以下による)。

(16) わけても ACDF S. O. Decreti, 1639 Bl. 26r, 150r, 1640 Bl. 11r, 22v, 127r, 147r, 1641 Bl. 42r, 104r(一六四〇年七月十日、一人の女性被告人にたいする教皇の死刑判決)、Bl. 122v–123r(八月二十二日、同様に二人目の被告人にたいして)、Bl. 178v(十一月二十日、この二人の女の処刑に関するミラノの宗教裁判官の報告書)。

(17) Paccagnini S. 118 f.

第12章　グラウビュンデンの迫害——一六五四—一六五五年

(1) 〔訳注〕原初三州にくみする同盟《ブント》はしだいにその数を増し、一五三六年までには連邦構造が形成された。今日のグラウビュンデン州にあたる三同盟共和国(Freistaat der drei Bünde ツェーンゲリヒテブント、ゴッテスハウスブント、グラウアー・ブントからなる)はヴァリスとともに、最後の段階でゆるやかな参加を決めた。

(2) ACDF S. O. Decreti 1610, Bl. 34r, 76v.

(3) ACDF S. O. Decreti 1628, Bl. 156r. 異端審問官宛の書簡の写しは BAV Barb. lat. 6336, Bl. 255v–256r にある。

(4) ACDF S. O. Decreti 1652, Bl. 76r(一六五二年五月二十三日)。

(5) ACDF S. O. Decreti 1654, Bl. 64v. 枢機卿バルベリーニが一六五四年五月十六日に教皇大使に書簡を送ったのはそのためである(BAV Ottoboniana lat. 3261, Bl. 352)。

(6) 〔訳注〕現在のグラウビュンデン州グレナー郡の一部。

（7）ACDF S. O. Decreti 1654, Bl. 97r.
（8）ACDF S. O. Decreti 1654, Bl. 162r.
（9）ACDF S. O. Decreti 1655, Bl. 75v–76r.
（10）Albitius S. 355 § 181.
（11）ACP SOCG vol. 346 Bl. 636. 引用は Maissen S. 410 Anm. 80 にある。
（12）ACP SOCG vol. 346 Bl. 533. 引用は Maissen S. 411 Anm. 83 にある。しかしここは「拘留」されている者たちと同じ年齢の若者（[figlioli nelli anni della] detentione）と読むのではなく、「認識する力」のある年齢の若者たち（…discrezione）、すなわち分別のある年齢に達した子どもたちと読むべきである。
（13）Maissen S. 409 Anm. 79 の引用により、イタリア語テクストから訳出した。ただしマイセンはこの文章を、九人の子どもが処刑されたかのように誤読している。
（14）ラウスとボルツォーネに関しては Maissen S. 267 und S. 290 f. および Denzler S. 241 Anm. 15 を参照せよ。
（15）要約が Maissen S. 410 にある。ACP SOCG vol. 346 Bl. 723 にある原文はつぎのとおり。「ファルス、あるいは正確にいえばサント・ピエトロ渓谷の一五人の若者がわれわれの手でミラノに送られ、聖省の保護下におかれた」。
（16）「……われわれが同人のために嘆願することも、同人がふたたび回心することを期待することもなかったならば、カトリック判事はまちがいなく同人の首をはねていたであろう」。
（17）ACDF S. O. Decreta 1655 Bl. 76r. 「ヘルヴェティア［スイス］ノ民ノ下ニアル教皇大使ニ本訴訟事件ノ決着ニツイテ伝達スルトトモニ、魔女ト加害魔術トニ関スル訴訟事件ノ進メ方ヲ示シタ手引書ヲ同人宛送付セラレタシ。ソレハ同人ガ適任ト判断スルデアロウ者ノ助力ヲ活用スルコトニヨリ、当該各地域ノ当局ニ、彼ラ自身ガ推進シテイル訴訟事件ノ進メ方ガドレホド自然法ニサエ反シ、イカニ相当数ノ罪ナキ人々ガ死ヲモッテ罰セラレテイルカヲ認識セシメウルタメデアル」。
（18）引用は F. Jecklin, Beitrag zur Geschichte des bündnerischen Hexenwesens, in: *Bündner Monatsblatt* 1902, hier S. 36 による。
（19）要約が Schmid/Sprecher S. 90 f.; Maissen S. 412 f. にある。
（20）Bistumsarchiv Chur AC 262.8（ヴァルス小教区への司教巡察）。
（21）ACDF S. O. Decreti 1659 Bl. 146r–v. 一六五八年の初めにコーモの宗教裁判官がローマに送った報告書によると、ロカルノの「フランシスコ会遣外管区長」が魔女と称する者二名を火刑に処せしめ、その子ども二名を鞭打ちにしたあと宗教裁判所に引き渡した。それにもとづいて枢機卿団は子どもを放免した。ACDF ebd. 1658, Bl. 36v–37r（一六五八年二月二十日）。

(22) ACDF S. O. Decreti 1661 Bl. 195v（一六六一年十一月二十九日）。

(23)〔訳注〕領邦裁判権から独立した裁判権を有する伯領であることから「自由」伯領と称する。ブルゴーニュはユラ山脈で東西に二分され、西が公領、東がブザンソンのある伯領であった。

(24) Albitius S. 355 § 179. Vgl. Monter, *Witchcraft* S. 81–85.

(25) *Preußische Sammlung allerley bisher ungedruckten Urkunden, Nachrichten und Abhandlungen*, Bd. I, Danzig 1747, 570–596; Kaufmann S. 59–69; 61 Anm. 1; Lea, *Materials* Bd. 2 S. 1273 f.

(26) ACDF S. O. Decreti 1660, Bl. 195v（一六六〇年九月二十九日）。

(27) 写しが Dettling S. 49–61 にある。

(28) Paccagnini S. 71.

(29) Aureggi S. 121 Anm. 54.

第13章　パーダーボルンの悪魔憑き

(1) 以下、とくにことわりのないかぎり、史料の出典は Decker, *Hexen* である。

(2)〔訳注〕秘蹟・準秘蹟の授受をはじめ、司祭の各種典礼手続きにおける祈禱と指示を収めた書を「定式書」といい、パウルス五世が一六一四年に出した『ローマ定式書』はおもにローマで行われていた作法を集成したもの。後代の改訂・増補を経て今日に伝えられるいわば権威ある標準版である。

(3)〔訳注〕宗派間の違いを決定する神学上の問題、とくにカトリックとプロテスタントの信仰、義認、教会に関する教義の相違点を明らかにしようとする神学論議。

(4)〔訳注〕ミサ聖祭の一部。司祭がその日に定められた福音書の章句を奉読する。

(5)〔訳注〕司祭が先誦し、会衆が応答する形式の祈り。聖母を讃美するものを聖マリアの連禱といい、十五世紀には朗読されていたといわれる。
（6）〔訳注〕聖体への崇敬、祈願、贖罪などのあかしとして、聖職者と信者が行列をなして公道を練り歩くのは、カトリックの慣行の一つである。
（7）〔訳注〕ヨアネス・クリュソストモス（三四七頃―四〇七年）、聖人、教会博士、コンスタンティノポリス総大司教。ギリシア教父中最大の説教家といわれ、その雄弁ゆえに六世紀より「黄金《クリュソ》の口《ストモス》」と称される。多くの著作を残したが、聖書釈義の分野では聖書聖訓（homilia）の模範を示した。
（8）ラテン語原文は Decker, Possessione S. 410 に引かれている。
（9）ASV Segr. Stato Colonia 28 Bl. 83（サンフェリーチェのローマへの書簡、一六五七年三月十八日付）と 217 Bl. 48r（ロスピッリオーシの返書、一六五七年四月七日付）。
（10）ラテン語原文は Decker, Possessione S. 411 に引かれている。
（11）ASV Segr. Stato Colonia 28 Bl. 262r（教皇大使のローマへの書簡、一六五七年八月五日付）。
（12）注11に同じ。
（13）ASV Segr. Stato Colonia 217 Bl. 71.

第14章　最後の諸事件——愛の魔法、宝探し、ホスチア冒瀆

（1）ラウラ・マリピエーロの事件は近年さまざまな視点からくりかえし論じられてきた。もっとも詳細なのはロマーノ（Romano）、フェミニズムの視点から論じたのがスカリー（Scully）、史料にもとづくのがカノーザ（Canosa Bd. 2 S. 124–130）、ごく概略を示したものがマーティン（Martin S. 220, 233）である。
（2）〔訳注〕東方正教会の（在俗）司祭。
（3）Mattin S. 123.
（4）〔訳注〕ロザリオ（大小の珠を鎖と十字架でつないだ信心用具）の珠をつまぐりながら、主の祈り（「マタイ伝」六、九―一三、「ルカ伝」一一、二―四）と天使祝詞《アヴェ・マリア》（大天使ガブリエルがマリアに天主の母となるべきことを告げた祝詞から始まる祈り）とを唱える私的な祈り。

(5) Canosa Bd. 2 S. 120–123.

(6) 一六六九年にヴェネツィアで起こった、これよりも軽い愛の魔法事件では、それゆえいっそう寛大な処罰にとどまった。Schutte, Storia を見よ。

(7) Canosa Bd. 5 S. 192 f. に判決の写しが掲載されている。

(8) Canosa Bd. 5 S. 194 f. に判決の写しが掲載されている。

(9) シエーナの数値は Di Simplicio S. 22 f., 25, 211 を、フリウーリ、ヴェネツィア、ナポリについては Tedeschi, *Giudice* S. 76 f., 87–92 を、スペインについては Henningsen, Database S. 58 を見よ。

(10) Albitius S. 348 § 142.

(11) ACDF S. O. Decreti 1676 Bl. 2v（一六七六年一月八日）、67r（三月二十四日）、75r（三月三十日）、81r–v（四月十五日）、28v（四月二十二日）、11r（五月二十日）、122r（六月三日）、127v（六月十日）。ホスチア冒瀆にみられる宗教と民間魔術との関係については、ハッケ（Hacke）のものが最新の研究成果である。

(12) 〔訳注〕ミサ聖祭でキリストの聖血（聖別された葡萄酒）を注ぐ脚台のついた杯。

(13) A. a. O. Bl. 147v–148r.

(14) A. a. O. Bl. 200v.

(15) A. a. O. Bl. 219v–220r. *Magnum Bullarium Romanum*, Band VIII, Rom 1733（Nachdruck Graz 1965）S. 23 f.

(16) A. a. O. Bl. 184r（一六七六年八月十七日）、1678 Bl. 105r（一六七八年七月二十四日）。

(17) その委曲を尽くした記述が Del Col/Milani にあるが、これはまだ ACDF 所収の教令を参照するにはいたらなかった。ほかに Canosa Bd. 2 S. 159–163 がある。

(18) 引用は両方とも Del Col/Milani S. 145 による。

(19) ACDF S. O. Decreti 1705 Bl. 117r, Del Col/Milani S. 147. 一七〇五年七月十一日付のヴェネツィア宗教裁判所の執行通知がローマの知るところとなったのは七月二十二日である。A. a. O. Bl. 304r.

(20) Ademollo 4（1881）S. 458.

(21) この事件については史料にもとづく Canosa Bd. 2 S. 163–167 の論述を見よ。

(22) *Magnum Bullarium Romanum*, Benedikt XIV, Bd. 1, Rom 1746（Nachdruck Graz 1965）S. 314–317.

（23） Orano S. 108–113. 一七一一年の、同じくにせ司祭事件については Ademollo（1880）S. 464–466,（1881）S. 308 を見よ。上部イタリアにおける同種犯罪にたいする他の処刑については Del Col/Milani S. 155–161 を参照せよ。

（24） Ademollo（1881）S. 311 bzw. 323.

（25） 〔訳注〕古くから多種多様な方法が用いられてきた死刑のうちで、火刑がもっとも重く、斬首がもっとも軽い刑種である。そして火刑は肉体を抹殺するだけでなく魂の救済をも拒む刑種であり、しかも死にいたるまでの時間と苦痛は他の刑種の比ではない。これにたいして斬首は死にいたる時間が短く、死刑囚と遺族の名誉が守られるやり方であった。拷問の存廃や刑量などと同様、死刑の作法についても、時代が下るにつれしだいに軽減される傾向が認められる。十八世紀は啓蒙主義の影響下にあって、拷問の廃止と死刑法の緩和が熱心に議論された時代である。

あとがき

（1） Paramo S. 196.

（2） Hansen, *Zauberwahn* S. 532; Schäfer S. 15; Lea, *Mittelalter* Bd. 3 S. 613; Baigent/Leigh S. 163.

（3） Renda S. 414. シチリアに関しては、一五四〇年から一七〇〇年までで宗教裁判所による処刑の総数が二五件にのぼることが確認されている。Henningsen, Database S. 58.

（4） Henningsen, Inquisición.

（5） Behringer, Neun Millionen S. 683.

（6） 〔訳注〕ラテン語の「インクイーシートル（inquisitor）」には「宗教裁判官」のほか、「異端審問官」「捕吏」「予審判事」などの意味がある。本訳書ではこれを「宗教裁判官」と訳し、「異端審問所」の意味にも用いられる「インクイーシーティオー（inquisitio / Inquisition）」を「宗教裁判（所）」と訳している。宗教裁判が異端審問の機能をもつことはいうまでもない。

（7） Kieckhefer S. 122 f., Schatzmann Kap. 6.

（8） Kieckhefer S. 133 f.（アラースないしシャモニ）、137（ヴァル・カナヴェーゼ）。アラースで人々の耳目を驚かした「ヴァルド派（Vauderie）」の詳細については Lea, *Mittelalter* Bd. 3 S. 580–596 を見よ。

（9）Henningsen, Inquisición S. 579.
（10）Baigent/Leigh S. 163.
（11）Schulte S. 83.
（12）〔訳注〕カトリック教会では聖職者・修道者は貞潔を守り、神と人とに奉仕するため独身をとおす。
（13）http://www.lrz-muenchen.de/~Lars.Lehre/jura/315.htm
（14）Drewermann S. 42.

訳者あとがき

ローマ教皇庁を構成する九つの省のうち、もっとも歴史の古い「教理省」、旧「検邪聖省」の機密文庫が一九九八年に開扉され、果てしない時間を眠り続けていた第一級の史料がついに研究者の目に触れることとなった。ライナー・デッカーはそれに先立つこと二年、一九九六年に他の少数の歴史家とともに、固く閉ざされたこの「宝物庫」への入室を許された一人であった。ここにいたる経緯は、著者みずからが「まえがき」にやや詳しく記しているとおりであり、本書はその眠れる史料をじかに閲覧し分析した成果である。

が、このような、いかにもいわくありげな導入に、覗くことを禁じられたものをあえて覗かせてくれる、一種の暴露本めいたものを期待する読者は、時を経ずして失望を覚えるであろう。本書は孜々《しし》とした研究の結実ではあるが、おおげさな身ぶりを排し、平明をむねとして、具体的に、ヨーロッパ史の暗部を活きいきと描き出した、真に誠実公平な歴史家の労作である。

「魔女狩り」はわが国でも強い関心を集め、出版物も多い。その関心の所在は千差万別であろうが、ときには単なる知的好奇心から、ときにはヨーロッパ研究の不可欠な一分野への誠実な関心から、魔女信仰と魔女迫害の歴史に迫ろうとする研究がいまもって真剣に続けられているのは、いわれなき疎外や差別、それどころか迫害からさえいまだに自由ではない現代において、そもそも人間とはいかなる過ちを犯し、それをいかにして修復しうるのかという、根源的な鋭い問いが、それらの試みの根底にあるからであろう。

しかし、そもそも魔女とはいかなる存在であるのか。それはどのように定義されうるのか。その起源をいつの時代のどこに求めるべきか。魔術との関係はどうか。アンチ・キリストとして聖書にすら登場し、活発に動き語る悪魔、デーモン、サタンと魔女とはいかなる関係にあるのか。魔女迫害ないし魔女訴訟と異端審問や異教弾圧との関連性はどうか。アルプス以北において多くの犠牲者が出たのはなぜなのか——魔女妄想をめぐるこうした基本的な疑問にさえ、研究者はいまだに明確な解答を見出していないように思われる。と同時に、たとえば古代の異教に関する、しばしばあまりにも思弁的、形而上学的な研究や、魔女裁判記録の厳密な検討は、むろん魔女現象の研究に不可欠ではあるが、わたしたち一般の読者がそれらの精緻な研究成果にたじろぐ一方で、無根拠とは言わないまでも具体的な根拠の薄弱な、際物めいた魔女論に混乱させられることもめずらしくはない。魔女狩りは中世の事件だ。対象はほとんどもっぱら女だ。とくに障害をもつ女性や産婆、あるいは嫌われ者の老婆が殺された。『魔女の槌』は迫害を助長した。魔女狩りは男による女性支配の手段だった。魔女迫害にはおもにカトリック教会が主導権を握っていた。魔女訴訟の目的は魔女の財産だった。容疑者は密室で裸にされ性的サディズムの犠牲になった——こうした先入観や勝手な思い込み、あるいは多少なりとも修正を要する主張がいまだに横行しているのが、現状なのである。

最初の魔女裁判はたしかに中世晩期に行われた。しかしアルプスの北側で迫害が頂点に達するのは、むしろ近世、一五八〇年から一六八〇年ごろ、著しい悪天候と凶作の時期にあたる。ひと口に魔女といっても、都市と田舎とではその像も異なる。過酷な魔女迫害が行われた地域と時代がある一方で、そうでない地域と時代もある。一四九六年のヒルデスハイム、一五二四年のハンブルク、一四九八、一五〇

五、一五二七、一五三一年のニュルンベルク、一六二五年から一六三〇年にかけてのバンベルクのように、都市や村落によっても迫害の盛期（「魔女年 Hexenjahre」と呼ぶ研究者もいる）はまちまちである。

迫害の犠牲となった人たちには多数の男が含まれており、なかには男の犠牲者数が女のそれを圧倒する国や地域もある。「魔女」と称するからには女であろうというのは論外なのである。もっとも、わたしたちがいまだに「男の魔女」を言い表す訳語をもっていないことも、こうした誤解を助長しているのかもしれない。

魔女迫害の遺漏なき手引書である一四八七年の悪名高い『魔女の槌』は、漠然と信じられているほどには迫害を助長しなかった。事実、迫害の頂点はそれからおよそ一世紀後に来るからである。この醜悪な書物の罪は、迫害の対象を女性に集中させたところにある。

産婆も殺されはしたが、犠牲者の多数派ではない。「小氷河期」と呼ばれる人類史上最悪の寒冷な気候に見舞われた時代にあって、凶作と飢餓、物価高騰と戦禍（最初の国際戦争である「三十年戦争」）、そして音もなく忍び寄って猛威をふるう死病ペストに耐えて生き抜き、将来の生き残りに賭け、出産の危機を乗りこえ、一人でも多くの子どもを残したいと念願した近世の人々にとって、そもそも産婆を殺すのはむしろ共同体の自殺行為であったはずである。

魔女は悪魔と契約して人間社会に害をなす集団であり、夜間の集会には空を飛んで出かけていく。そこは悪魔と魔女の性的乱交と狂喜乱舞の場である。魔女は悪魔から黒魔術を教わり、害虫や害獣をつくり出し、雹を降らせて農作物に害をもたらす。さらには家庭生活を破壊し、老人の腰を曲げ、妖術に使用するため嬰児や胎児を掠奪する。

こうした魔女像は迫害が猖獗を極めた十七世紀に完成する。グリンメルスハウゼンの長編小説『ジンプリッツィシムスの冒険』には、魔女が箒にまたがって煙突から空へ舞い上がり、集会に出かけていく様子と、うっかりそれに参加してしまった主人公の「悪夢」のごとき周章狼狽が描かれている。世俗当局の魔女狩りを称讃する新聞は、魔女という人間社会の脅威を、さも見てきたかのように、克明に、リアルに「描写」する。魔女の集会を「写生」した銅版画も制作され、人々の空想をますますかき立て、被害妄想をつのらせる。しかし魔女像がこのような「完成体」にいたるまでには多少の時間を要した。人間社会に害をなす魔女という存在も、魔女のごときものが空を飛ぶという観念もひじょうに古いものであるが、両者が一体のものとして結びつくのは、ようやく十四世紀から十五世紀にかけてのことである。もしも魔女が空を飛ぶとしたら、魔女はその居住地を遠く離れた場所にも害をなしうるであろう。ならば魔女狩りは広範囲に行われなければならなくなる。ここに聖俗両当局がそれぞれに権力を確立し拡大しうる一つの好機がひそんでいた。やがて魔女の加害魔術は悪魔との契約にもとづく能力だという観念が生まれる。悪魔は人間に近づき、自分たちの世界へ誘い込み、契約を結んで魔女にしてしまう。魔女は悪魔の手下となる。彼らは集会を開き、セックスをする。彼らは人間社会に敵対する巨大な悪の枢軸なのだ。

　しかしこのように魔女像がしだいに完成されていくにしても、上述したように、魔女迫害には時間のうえでも地域の点でも、いわばむらがある。近世全体をつうじて、一貫して、いたるところで魔女狩りが行われていたわけではない。では、魔女年があったように魔女地域もあったのはなぜなのか。

　ドイツの歴史家リヒャルト・ファン・デュルメンは、常軌を逸した迫害にいたる条件を三つあげている。まず、悪魔論的な魔女像が存在していなければならない。つぎに、天災であれ疫病であれ戦争であれ、説明のつかない危機的状況があり、その原因を追究しようとする意欲がなければならない。そのうえで、教会側と世俗側の、両当局がそろって魔女の抹殺を明確に希望する土地であることが条件だという。むろん民衆も迫害を支持するか、支持するしかなかったであろう。

ところで、わたしたちはすぐにでも確認できそうなことがなかなか確認できず、困惑することがよくある。カトリックの総本山、教皇庁は何をしていたのだ――これもそうしたたぐいの、すでに明確な解答が出されているようで、その実容易ならぬ難問であり、これまでは憶測で答えるしかなかった疑問である。教皇は各地で魔女を焼く煙が立ちのぼっているのに、見て見ぬふりをしていたのか。教皇が「やめよ」と号令を発すれば、プロテスタント諸邦はともかく、少なくともカトリック地域における迫害はほどなく終熄したはずではないか。教皇と教皇庁、そして検邪聖省は、そもそも魔女信仰と魔女迫害にたいしてどのような立場をとっていたのか。これが著者の本書に設定した問題であった。

著者は教皇の責任を暴露し追及するのではない。また教皇を弁護するために本書を著したのでもない。教皇と教皇庁に重大責任ありと、根拠なく、頭から弾劾してよいと信ずる歴史的誤解を、教理省の文庫に収蔵されている貴重な史料を解読したうえで、具体例に即しながら、あくまで実証精神をむねとして解いていくのである。その結果、教皇・教皇庁・検邪聖省と、各地の宗教裁判所と、世俗当局との、三者間の緊張関係がみごとに整理された。ローマは魔女妄想に一定の距離をとり、あくまでも加害魔術とその証拠を重視し、魔女とされた者による告発と証言を相対化し、拷問の濫用を戒め、訴訟のあり方を法的に確立し、それを守らせようとした。ここに本書の眼目がある。歴史的誤解を解くきっかけは、実は教皇庁自身の情報開示だったのである。ちなみに本書によれば、ローマの宗教裁判所においてはじめて魔女が処刑されたのは一四二六年、最後の火刑は、ドイツとフランスで迫害がまさに絶頂期を迎えようとしていた時期、一五七二年のことだという。

ただし、教皇庁とてこの姿勢を終始一貫堅持していたわけではない。ローマの考え方に変化の兆しが現れるのは十六世紀末であり、教皇によっても姿勢が異なる。また、たしかに魔女妄想には一定の距離をおき、現地におけるその裁きを牽制したのは事実であるが、本書の最終章に語られているように、危険な魔術やホスチアの冒瀆などには厳格な態度をつらぬいた。そしてなによりも、アルプスの北と南で魔女像に格差が生じ、アルプス以北の各地で魔女迫害がもはや抑制のきかない狂気にまで発展していくのを、結局止めることはできなかった。著者はアルプス以北の苛烈な魔女迫害の原因についても述べているが、それは本書の第一の目的ではない。従来の魔女論の多くが、当然のこととはいえ、アルプス以北で猖獗を極めた魔女狩りの実態を対象としていたのにたいし、本書は教皇庁というローマ・カトリック教会組織の中枢の態度と、ヨーロッパ各地の魔女迫害との緊張関係を明らかにしようとする。むろんパーダーボルンの悪魔憑きのようなドイツ語圏の集団ヒステリーについても章を割いているが、著者は冷静にそれらの事件を相対化し、ローマに視点をおいた歴史的な見取図を読者に提供するのである。ちなみに著者は現在パーダーボルンの教員養成所の歴史学主任を務めるかたわら、魔女迫害の研究に取り組み、テレビ番組の時代考証なども手がけている。本書の内容がいわゆる専門家でない読者にとっても興味深く、生々しい具体性をもち、記述にかたよりがなく、平明な文体で書かれ、魔女問題への恰好の入門書ないし啓蒙書となっているのは、おそらく、著者のそうした「教育」経験が活かされているからであろう。ラテン語やイタリア語の史料については、一部を除いてドイツ語訳を提供しているのも、著者の見識の現れである。

ここで扱われている史料は、おもに教理省に秘蔵されていたものと、各地の宗教裁判所に残されていた訴訟記録であり、いわば門外不出の極秘公文書として伝えられてきた大量の貴重な証言である。しかしそれらがあくまで「裁く側」の残した記録である以上、ここから、裁かれた一人ひとりの生の「声」を聞き取るのはむずかしい。また本書には、アルプス以北の魔女迫害が終焉を迎える事情についても書かれてはいない。それは本書の目的ではないからである。ただし、できるかぎりかたよりを排し、冷静、公平に徹したこのきわめて真摯な歴史記述が、歴史の再構成に携わる者のとりうる一つの誠実な態度であるとすれば、当時を生きた一人の人間の「声」に耳を傾けることも、修史におけるもう一つの誠実さであろう。この観点から、二つだけではあるが、有意義な興味深い史料を紹介し、本書を補っておきたい。

「魔女」にも一人ひとりかけがえのない人生があったのは自明なことである。親をもち、子をもち、愛する人をもっていたであろう。長所と欠点とをもち、日常の暮らしを営んでいたはずである。ドイツのバンベルク司教領といえば、もっとも過酷な魔女迫害が展開された地域の一つである。一六二八年、当時バンベルク市長を務めていたヨハネス・ユーニウス（一五七三―一六二八年）は「魔女」の容疑者として獄につながれていた。「魔女」であることを自白するまで拷問は続けられた。市内に在住する娘ヴェローニカの身を案じた父は、獄中で「遺書」をしたため、これを娘に届けさせることに成功した。奇蹟というほかはない。

「何十万回とおやすみのあいさつを送ります、心から愛する娘ヴェローニカ。おとうさんは罪なくして牢屋に来ました。罪なくして拷問を受けました。罪なくして死なねばなりません。この館に来たら、いやでも魔女になるか、でなければ、自分の頭で何か話をこしらえ、納得し、何かを――神よ憐れみたまえ――思いつくまで拷問されるのです」。

慟哭の遺書はこのように始まる。証人が呼ばれ、魔女のサバトで目撃したという証言が集められる。それにもかかわらず「自白」を拒むと、ついに拷問が始まる。

「すると残念なことに、いと高き天にましますよ神よ憐れみたまえ、首斬り役人が来て、おとうさんに親指枷をはめ、両手を縛ったので、爪からは血がほとばしり、それから四週間、手が使えませんでした。おとうさんの字を見ればわかるでしょう。……それからとうとう服を脱がされ、手を背中で縛られ、責め道具高く吊るされました。そのとき、天地が滅びると思いました」。

ユーニウスは抗議する。このようなやり方で「魔女」がでっち上げられるものなら、裁く側の人たちも安全ではない、と。「おまえは悪党だ」と取調官が決めつける。「悪党ではない。あなたがたが皆そうであるように、わたしも悪党ではない、正直な人間だ。けれどもこうなったからには、どんなに正直な人間でも、バンベルクにいる以上、安全ではないだろう。あなたがたも、わたしやほかの人たちと同じように安全ではない」。

「魔女」であることを頑強に否認するユーニウスに、首斬り役人さえ、やがて思い余ってそっとささやく。

「だんなさん、頼むから白状してくれ、うそでも何でもいいから吐いたらどうかね。思いつくことがあるだろう、でないとこれからも拷問を受けて、耐えられやしないのだから。よしんば全部に耐えたところで、たといだんなさんが伯爵さまでも逃げられやしないのだ。つぎつぎと拷問されて、結局は魔女ですと白状する。だれもかれも一緒だってことは、これまでいやというほど裁判を見てきて知っているはずじゃないか。どうせ赦してくれないのだから、そういうことにならないうちに言っちまいな」。

ユーニウスは自分が「魔女」であることを「証明」する「物語」を作らねばならない。そしてついに彼は長い「自白」を始める。想像力が枯渇したときは裁判官の誘導尋問を「活用」するしか手がない。悪魔の誘惑に負けたこと、魔女のサバトに参加したこと、神を否定したこと、ホスチアを冒瀆したこと、自分以外にだれが魔女の一味であるかなどについて、当時流布していた魔女フィクションの枠組みを使いながら（それ以外に方法があるだろうか）、さながら小説のように陳述する。

「心から愛する子よ、おとうさんを死に追いやるこの告白のすべてとこの間のいきさつは、まっかなうそ、つくりごとです。……何かを言わないうちは責め道具をゆるめてはくれないからです。どんなに信心深い人でも魔女にならねばなりません。……天におられる神は、おとうさんがそんなことのできる人間でないこと、あずかり知らぬことをご存じです。だから罪なくして死ぬのです、殉教者のように。心から愛する子よ、おとうさんと同じようにおまえが信心深い子であることをおとうさんは知っています。ですから、きっとおとうさんと同じように苦しんでいることでしょう」。

父は娘に逃げなさいと忠告する。なにしろ「声さえ出る人なら、もう無実であろうがなかろうが殺されてしまう」からである。「愛する子よ、この手紙は人目につかぬよう隠しておきなさい。おじさんは口の堅い人だから、この手紙を読んでもらいなさい。おとうさんの手は両方ともしびれています。ほんとうに酷い目にあわされました。お願いだから、最後の審判のために、この書きつけを厳重に保管し、おとうさんが死んだあと、真の殉教者であるおとうさんのために祈ってください」。そうして最後にユーニウスは、二度と「おまえの顔を見ることはできない」と書いて「遺書」を閉じる。日付は一六二八年七月二十四日である。

娘はこの書簡を、父の言いつけどおり厳重に保管し、後世の審判にゆだねることに成功した。裁かれる側から発せられたこのような稀有な証言が現代に伝えられた功績は、ヴェローニカの勇気に帰せられるべきであろう。

神を信じる能力があれば、悪魔を信じることもできるであろう。悪魔を信じることができれば、魔女を想定することもできるだろう。悪魔と契約して魔女となった人たちは、人間社会と悪魔界との境界に住んで、人間社会に害をなす。神を信じる人たちは、聖書にも登場する悪魔的存在を信じる。もとより悪魔はキリスト教の世界観を構成する一要素である。ならば、魔女狩りは壮大な宗教的意匠を誇示することを許されるであろう。しかし、神と悪魔とがそもそも世界に一組のものとして設定された存在であるならば、悪魔を根絶することはできまい。それでも人間社会は、悪魔を根絶することはかなわぬまでも、反悪魔の旗印の下、その配下たる魔女を根絶することは可能だと信じたのである。魔女は、中世、近世の人々を苦しめた災厄の象徴でありカタログであり、「患部」であった。魔女との闘争は、その背後の奥深くに鎮座する悪魔界にまでは及ばぬとしても、人間社会を苦しめる患部への「対症療法」とはなるであろう。同時にまた、聖俗当局はこの闘争をつうじて権力をゆるぎないものとする契機を与えられる。かくして、人が希望や理想を糧として現に生きていくように、陰鬱な神学的フィクションも単なる絵空事にとどまるのではなく、現実世界に確実な影響力を行使し、現実の一部と化していくのである。

一七八一年十一月、スイスの村グラールスで奇妙なうわさが立った。土地の名士チューディ医師の八歳になる次女の様子がおかしいという。虚弱になり、けいれんし、四肢がまひし、やがて左足が使えなくなる。それどころか十一月十二日には大量の鉄釘や針金を嘔吐する。それは十二月中旬まで続いた。

「魔女のしわざだ」。

疑いは、「発症」直前に解雇された奉公人アンナ・ゲルディ（Anna Göldi）に向けられた。アンナは他村の生まれで、四十を前にしてグラールスに出、下女になった。チューディ家には前年の九月に雇われたばかりであった。同家を去って一週間後、アンナに逮捕状が出た。アンナは雪深いスイスの山野を逃亡したが、本人の足よりもうわさのほうが速かった。しんしんと降りしきる村里の夜の雪に蠟燭のほのかな光のよく似合う待降節も、神秘の喜びに包まれる降臨祭も、そうして華やいだ新年の訪れもあるものかは、女は身がらを拘束され、厳しい取調べと拷問にさらされ、村人は裁きの行方をかたずをのんで見守っていた。

五月二十四日、参事会は結審を宣告したが、量刑については、死刑を支持する者とそうでない者とに二分された。しかし六月十六日、「重罪裁判令」に鑑み、同女を「剣もて生より死にいたらしめ、同人の遺体を絞首台下に埋葬するとともに、同人が当地に所有する財産を没収するものとする」という判決が下った。もとより極貧の身の上、奉公人に蓄えがあったとしてもたかがしれている。地域の名誉にかかわることと判断されたためか、判決書では「魔女」の表現が避けられ、「凶悪犯」「毒を盛った女」と記されている。一七八二年六月十八日、絞首台のある「シュピールホーフ」でアンナ・ゲルディは斬首刑に処せられた。記録上、死刑に処せられた最後の魔女である。

ベルリンの『フォス新聞』第一〇号がこの事件を伝えたのは翌年一月のことである。

「スイス発、一月八日。この事件は、今の世にも魔女裁判が行われ、迷信めいた妄想の産物を根絶するために、第二のトマージウス〔後述〕を必要とする地域が存在することを証明するものである。スイスの改革派の村落グラールスにおいて、アンナ・グレーディン〔ゲルディの誤り〕なる女性が、八歳の少女に、口から留針と鉄釘を吐き出す魔法をかけた罪に問われた。少女を往診した医師と牧師は、そこに何かからくりがありはしないかとあらかじめ調査することもなく、ここにはまぎれもなく悪魔が関与しているに相違ないと主張した。有無を言わせぬこの断定にもとづき、グレーディンは逮捕され、鎖につながれた。チューリヒのウルリヒ主任牧師が同僚およびグラールス参事会員たちにたいし、全ヘルヴェティア〔スイス〕の笑い物にならぬようにと警告したにもかかわらず、刑事裁判は続行され、不憫な、罪なき魔女は拷問にかけられ、毒を盛った罪人として、ついに剣によって処刑された」。

ドイツの法学者クリスティアン・トマージウス（一六五五―一七二八年）は、ドイツ啓蒙主義の先駆者として、神学、スコラ学から自由な合理的自然法理論を展開し、迷信や権威的妄信と戦い、とくに魔女裁判との闘争が絶大な影響を及ぼしたことで知られる人物である。アルプス以北の魔女迫害は長きにわたるおびただしい流血の歴史を経て、啓蒙主義の滲透にともない、ようやく、ゆっくりと収束していったのである。

翻訳にあたり、未解決のまま残すほかなかった問題について付言しておきたい。固有名詞の日本語表記に適切な基準を見出しえなかったことである。地名に関していえば、ラテン語表記の地名が、類似の、たとえばイタリア語圏のある地名と同一であるのかどうか、にわかに判別しがたいという問題がある。一国内に四種類の公用語をもつスイスの場合はいうに及ばず、他国においても、たとえばドイツ語による呼称を、つねにそのまま訳文に採用するわけにはいかない。ドイツ語の「マイラント」を「ミラノ」と書き表し、「ゲンフ」を採らず「ジュネーヴ」と書くのは当然であろう。スイスでは、当該地域の主要言語が何であるかを一応の基準にして地名を表記するのが適当だと判断したが、地図上において、その地域の主要言語が何であるかがつねに明瞭であるとはかぎらない。人名についても同様な問題が生ずる。つまり、それがどの国の人物であるのかが判然としない場合も多く、たいていは語形から、おそらくフランス語読みが適当であろうとか、ドイツ語らしくみえるとか、事件がイタリアであるから、たぶんイタリア語式に読めばいいであろうとか、おおよその見当をつけてカタカナをあてるしかない。本書では、イタリア人名であってもドイツ語式の表記を採用している場合があり、また、引用されている史料の表記が、そもそも姓名の全部あるいは一部だけをラテン語化している場合もある。これらは各種事典にあたって、可能なかぎり元の言語表記を復元するように努めたが尽くせなかった。もちろんイタリア人とおぼしき人名であっても、姓名の一部に「フォン」のごときドイツ語が混じっている場合もあり、これがイタリア語の書き換えなのか、それともイタリア系ドイツ人であるのかを判定するのは困難である。結局のところ、地名であれ人名であれ、読者が混乱しないことをむねとしながら、迷いつつも、いずれか妥当と思われる表記を採用するという、手さぐりの状態を解消しえなかったことを、告白しておかなければならない。したがって索引に添えた欧文原語には、あえて原著の綴り方を採らず、現地表記に戻したものが含まれている。

本書の出版は、そもそも成定薫教授（広島大学・科学史）が仲立ちの労をとってくださったおかげで実現したものであるが、氏が示されたつねかわらぬご厚情は身にしみてありがたかった。法政大学出版局理事・平川俊彦氏は、訳者の急な申し出にもかかわらず、本書の意義を認識され、出版をお引き受けくださった。また、中村孝子氏はわたしたちの訳稿を詳細に検討し、訳文の不備を指摘され、新たな提案を示されるなど、ほとんど第三の訳者といっていいほどの役割を果たされた。この場を借りて各位に深甚なる謝意を表するものである。

訳者両名は時間の許すかぎり緊密な連携をとり、訳文を検討した。この「訳者あとがき」も両名の討論にもとづいてまず佐藤が執筆したものを、佐々木が添削推敲してなった。しかしこの間、佐藤が研究科長兼学部長を務め、学問生活からの撤退を余儀なくされる身の上となったため、佐々木は過重な負担を強いられることとなった。にもかかわらず佐々木は献身的な支援を惜しまず、佐藤をかろうじて学問と教育の現場につなぎとめたのである。他方、近世ドイツ文化史、目下はとくに、魔女迫害に抗議する名高い文書『重罪への警告』の著者フリードリヒ・シュペーの研究に取り組んでいる佐々木の勉学に、佐藤は、遺憾ながら折節助言を行う程度の役割を果たすにとどまった。原本はなるほど大部の書ではない。が、困難な時期にもかかわらず、翻訳作業を着実に、誠実に進めることができたのは、たがいに信頼を寄せる師弟の協同があったからである。脱稿にあたりそのことを感謝の念をもって回顧すれば、多少の感慨を禁じえない。

二〇〇七年十月

佐藤　正樹
佐々木　れい

【追記】ヨハネス・ユーニウスの遺言は、*Hexen und Hexenprozesse in Deutschland*. Hg. v. Wolfgang Behringer. 4., überarb. u. aktualisierte Aufl. München 2000. S. 306–311 に収められている。遺書本文とそのファクシミリ、および周辺事情と判決書について知るには、W. G. Soldan / Henriette Heppe, *Geschichte der Hexenprozesse*. Neu bearb. u. hg. v. Max Bauer. 3. Aufl. München o. J. [1911], Bd. II, S. 5–14 が便利である。アンナ・ゲルディ事件はすでに処刑直後から報告されているが、訳者が参照したのは、おもに Johannes Scherr, Die Hexe von Glarus. In: J. Scherr, *Menschliche Tragikomödie. Gesammelte Studien, Skizzen und Bilder*. 2., durchgesehene u. vermehrte Aufl. Leipzig 1882. 6. Bd., S. 49–69 である。事件を報じたベルリンの新聞は、Eberhard Buchner, *Das Neueste von gestern. Kulturgeschichtlich interessante Dokumente aus alten deutschen Zeitungen*. 3. Bd.: 1750–1787. München o. J. [1912], S. 328 に収録されている。

盗賊の社会史
U. ダンカー／藤川芳朗訳 ……………………………………………5000円

十字軍の精神
J. リシャール／宮松浩憲訳 …………………………………………3200円

中世のカリスマたち　八人の指導者の葛藤と選択
N. F. キャンター／藤田永祐訳 ………………………………………2900円

魔女と魔女裁判　集団妄想の歴史
J. バッシュビッツ／坂井洲二・川端豊彦訳 ……………………………3800円

ヴァイキング・サガ
R. プェルトナー／木村寿夫訳…………………………………………3300円

買い物の社会史
M. ハリスン／工藤政司訳 ……………………………………………2000円

台所の文化史
M. ハリスン／小林祐子訳 ……………………………………………2900円

鏡の文化史
S. メルシオール＝ボネ／竹中のぞみ訳…………………………………3500円

肉体の文化史　体構造と宿命
S. カーン／喜多迅鷹・喜多元子訳……………………………………2900円

魔女・産婆・看護婦　女性医療家の歴史
B. エーレンライク他／長瀬久子訳……………………………………2200円

歴史を変えた病　女性医療家の歴史
F. F. カートライト／倉俣トーマス旭・小林武夫訳 ……………………2900円

人体を戦場にして　医療小史
R. ポーター／目羅公和訳………………………………………………2800円

ヨーロッパのサロン　消滅した女性文化の頂点
V. H.＝リンシュ／石丸昭二訳…………………………………………3000円

音楽と中産階級　演奏会の社会史
W. ウェーバー／城戸朋子訳 …………………………………………3300円

中世の旅芸人　奇術師・詩人・楽士
W. ハルトゥング／井本晌二・鈴木麻衣子訳 …………………………4800円

＊表示価格は税別です＊

訳者

佐藤正樹（さとう　まさき）

1950年生まれ．名古屋大学大学院文学研究科修士課程修了．広島大学大学院総合科学研究科教授．博士（文学）．著書に『うちに子どもが生れたら』（鳥影社），『レクラム文庫をドイツ語で読む』（白水社）など，訳書にS. ビルクナー編『ある子殺しの女の記録』（人文書院），R. v. デュルメン『近世の文化と日常生活』全3巻（鳥影社），A. ビルショフスキ『ゲーテ』（共訳，岩波書店），『トーマス・マン　日記　1944-1946』『トーマス・マン　日記　1949-1950』（共訳，紀伊國屋書店），E. コンゼンツィウス編『大選帝侯軍医にして王室理髪師ヨーハン・ディーツ親方自伝』（白水社）などがある．

佐々木れい（ささき　れい）

1979年生まれ．広島大学総合科学部卒業．広島大学大学院社会科学研究科博士課程後期在学中．近世ドイツ文化史．論文に「オットー・フォン・ゲーリケにおける真空と無と神」「フリードリヒ・シュペー・フォン・ランゲンフェルトにおける劇的なもの」「神学のエロス——フリードリヒ・シュペーにおける詩と祭儀」（以上『欧米文化研究』11，12，14号），「シュペーの『蜜蜂の頌歌』における自然描写」（『ドイツ文学論集』40号）などがある．

著者

ライナー・デッカー
(Rainer Decker)
1949年生まれ．哲学博士．ドイツのパーダーボルン教員養成所歴史学部門主任．おもな研究分野は，中世・近世社会史（とくにドイツとイタリアにおける魔女迫害，ローマ宗教裁判所），歴史教育．本書のほか，*Die Hexen und ihre Henker*（魔女とその死刑執行人），*Hexenjagd in Deutschland*（ドイツの魔女狩り），*Hexen*（魔女）など著書，論文多数．テレビのドキュメンタリー番組の時代考証なども手がけている．

《叢書・ウニベルシタス　875》
教皇と魔女
——宗教裁判の機密文書より

2007年11月25日　　初版第1刷発行

ライナー・デッカー
佐藤正樹／佐々木れい　訳
発行所　財団法人 法政大学出版局
〒102-0073 東京都千代田区九段北3-2-7
電話03(5214)5540／振替00160-6-95814
製版，印刷　平文社／誠製本

Printed in Japan

ISBN978-4-588-00875-7

索　引

ア行

アイスランド（Island）　244
アイルランド（Irland）　244
アインジーデルン（Einsiedeln）　190
アヴィニョン（Avignon）　26, 28-31, 108, 122-123, 139, 144, 217, 246, 254
アヴェロルディ，アルトベッロ（Averoldi, Altobello）　83, 86
アウグスティヌス（Augustinus）【聖人】　38, 82, 95, 204
アウグスティヌス（Augustinus）【ベルモンテの悪魔憑き】　199-201
アオスタ峡谷（Aostatal）→ヴァレ・ダオステ
アクァ，アンジェラ（Acqua, Angela dell'）→デッラクァ，アンジェラ
アゴスティーノ（Agostino）【宗教裁判官】　65
アスコーリ（Ascoli）　171
アスコーリ（Ascoli）　→ダスコーリ
アスティ（Asti）　217
アスパーモント，ヨーハン・フルーギ・フォン（Aspermont, Johann Flugi von）　180
アゼマ，アラゼ（Azéma, Alazais）　23
アゼマ，ポンス（Azéma, Pons）　23
アッコ（Acco）　27
アッシジ（Assisi）　253
アッソニカ，バルトロメーオ（Assonica, Bartolomeo）　86
アッバーノ，ピエトロ（Abbano, Pietro d'）　→ダッバーノ，ピエトロ
アーディジェ川（Adige, L'）　217
アドリア海（Mare Adriatico）　217
アードルフ，ディートリヒ（Adolf, Dietrich）　→レケ，ディートリヒ・アードルフ・フォン・デァ
アプリア地方（Apulia）　130
アメデーオ 8 世，サヴォイア公（Amadeus VIII, von Savoyen）　56, 257
アムステルダム（Amsterdam）　13, 19-20, 78, 83, 87, 89
アラゴン（Aragon）　43, 98
アラース（Arras）　142-143, 245, 273
アリストテレス（Aristoteles）　253
アルクィンナ（Alquinna）　35
アルザス（Alsace）　59
アルチャーティ，アンドレーア（Alciati, Andrea）　93-96, 112, 138, 260
アルトワ（Artois）　142
アルビッツィ，フランチェスコ（Albizzi, Francesco）　122, 151-153, 159, 181-182, 188-189, 231-232
アルル，マルティーン・フォン（Arles, Martin von）　96, 100, 260
アレクサンデル 3 世（Alexander III.）　11
アレクサンデル 4 世（Alexander IV.）　16, 44
アレクサンデル 5 世（Alexander V.）　53
アレクサンデル 6 世（Alexander VI.）　69, 75
アレクサンデル 7 世（Alexander VII.）　iii, 181, 190, 193-194, 207-209, 211
アレクサンデル 8 世（Alexander VIII.）　233
アレッサンドリア（Alessandria）　217
アンカラ（Ankara）　94
アンコーナ（Ancona）　168, 217
アンジェロ，ミケーレ（Angelo, Michele）【ローマのドミニコ会修道士】　197-199, 201-203, 205-206, 209
アントニア（Antonia）　220

アントニオ（Antonio）【宗教裁判官】 73
イオニア海（Mare Ionico） 217
イザベラ（Isabella）【カスティーリャの】 98
イーザル川（Isar） 3
イゾーラ・デッラ・スカーラ（Isola della Scala） 236, 238
イル・ド・フランス（Ile de France） 26
イングランド（England） 26, 99, 130, 244
インスティトーリス，ハインリヒ（Institoris, Heinrich） 59–71, 79, 81, 96, 193, 245–246, 260 →クラーマー，ハインリヒ
インスブルック（Innsbruck） 66–67
インノケンティウス 4 世（Innocentius IV.） 12
インノケンティウス 8 世（Innocentius VIII.） 59, 62–66, 68, 70, 74, 242
インノケンティウス 10 世（Innocentius X.） 179–181
インノケンティウス 11 世（Innocentius XI.） 232–233
ヴァイアー，ヨーハン（Weyer, Johann） 118, 149–150, 246, 262
ヴァイエンシュテファン（Weihenstephan） 3
ヴァインガルテン，ヨハネス・フォン（Weingarten, Johannes von） 64–65
ヴァインガルテン修道院（Weingarten, Kloster） 64–65
ヴァリス（Wallis） 51–53, 56, 268
ヴァル・カナヴェーゼ（Val Canavese） 273
ヴァル・カモーニカ（Val Camonica） 73, 75–76, 80–81, 83, 92, 96, 246, 258
ヴァルス（ファルス）【峡谷】（Vals, Valsertal） 181, 183–184, 187, 269
ヴァルテッリーナ（Valtellina） 65, 73, 92, 96, 177, 179
ヴァルド，ピエール（Waldo, Pierre） 11, 253
ヴァレ・ダオステ（Vallé d'Aoste） 51–52,
ヴァレンシュタイン，アルブレヒト・フォン）（Wallenstein, Albrecht von） 266
ヴィスコンティ（Visconti） 33
ヴィターレ（Vitale） 24
ヴィチェンツァ（Vicenza） 238
ヴィナーティ，アンブロージオ（Vinati, Ambrogio） 96
ウィーン（Wien） 51, 69, 150
ヴィンチェンツァ（Vincenza）【被告人】 111, 114
ヴェストファーレン（Westfalen） iii–iv, 48, 55, 64, 193, 251
ヴェネツィア（Venezia, Venedig） vi, 43–44, 73–75, 80, 82–88, 90, 96, 106, 155–156, 186, 215–218, 221–225, 230, 233–236, 238–240, 244, 246, 258, 272
ヴェネート（Veneto, Venetien） 75, 106
ヴェルジェ（Vergers） 142
ヴェルチェッリ（Vercelli） 217
ヴェルディ，ジュゼッペ・フォルトゥーニオ・フランチェスコ（Verdi, Giuseppe Fortunio Francesco） 100
ヴェルトリーン（Veltlin） →ヴァルテッリーナ
ヴェローナ（Verona） 57, 217, 236, 238
ヴォツワヴェク（Włocławek） 189
ウーディネ（Udine） 217
ヴヤ，アルノ・ド（Via, Arnaud de） 32
ヴヤ，ジャック・ド（Via, Jacques de） 28–29, 32
ヴュルツブルク（Würzburg） 148
ヴュルテンベルク（Württemberg） 118
ウーリ（Uli） 263
ウルバヌス 1 世（Urbanus I.） 251
ウルバヌス 8 世（Urbanus VIII.） 150,

カ行

69
グロッシス，ベルナルディーノ・デ（Grossis, Bernardino de） 76
ゲオルギウス（Georgius）【聖人】 21, 253
ゲーテ，ヨーハン・ヴォルフガング（Goethe, Johann Wolfgang） 255
ゲーデルマン，ゲーオルク（Gödelmann, Georg） 149
ケルビーノ（Cherubino） 173, 267
ケルン（Köln） 2, 68, 71, 149-152, 188-189, 194, 196, 206, 210, 217, 251, 258
ゴア（Goa） 164
ゴダン，ギヨーム（Godin, Guillaume） 37
ゴッテスハウスブント（Gotteshausbund） 268
ゴフリディ，ルウィ（Gauffridy, Louis） 139, 141
コミーナ（Comina） 83
コーモ（Como） 52, 65, 73, 92-93, 115, 121, 177-179, 183, 188, 190, 217, 246, 260, 269
ゴルザー，ゲーオルク（Golser, Georg） 66-67, 70
コルシカ（Corsica） 217, 244
コルビニアーヌス（Corbinianus）【聖人】 252
コロンブス（コルンブス），クリストフォルス（Columbus, Christophorus） 98
コンスタンツ（Konstanz） 65
コンスタンティノポリス（Konstantinopolis） 271
コンフォッリ，フラミーニオ（Conforri, Flaminio） 170

サ行

サーヴァ川（Sava） 217
ザウアーラント（Sauerland） 148
サヴェッリ，ジャコーポ（Savelli, Giacopo） 263
サヴォイア（Savoie, Savoyen） 52, 55-56, 217, 244-245, 257
サヴォグニーン（Savognin） 190
ザクセン（Sachsen） 5, 154, 158-159, 265
ザダル（Zadar） 217
サヌード，マリーン（Sanudo, Marin） 83, 86
ザーネ，パオロ（Zane, Paolo） 74-75
ザビーニ山地方（Sabinerland） 260
ザーラ（Zara） →ザダル
サラゴサ（Saragosa） 100
サラマンカ（Salamanca） 96
サルッツォ（Saluzzo） 217
サルティ，マルゲリータ（Sarti, Margherita） 225
サルディニア（Sardinien） →サルデーニャ
サルデーニャ（Sardegna） 98-100, 217, 244
サン・カルロ（S. Carlo） 165
サン・ゴタールド峠（San Gottardo, Passo del） 51
サントーリ（サントーロ），ジュリオ・アントニオ（Santori [Santoro], Giulio Antonio） 126-130, 137, 263
サント・ピエトロ渓谷（Val Sant Pietro） 181, 183, 269
サンフェリーチェ，ジュゼッペ（Sanfelice, Giuseppe） 206-207, 211, 271
サン・ミニアート（San Miniato） 264
サン・モリッツ（Sant-Moritz） 190
シエーナ（Siena） iv, 55, 117, 217, 228-230, 272
シエーナ，ベルンハルト・フォン（Siena, Bernhard von） →ベルナルディーノ，シエーナの

ジェノヴァ（Genova, Genua） 128-129, 217, 244
ジェロ，ユグ（Géraud, Hugues） 28, 31-33
ジェローニモ（Geronimo）【宗教裁判官】 65
シクストゥス4世（Sixtus IV.） 60-62, 70, 193
シクストゥス5世（Sixtus V.） 124, 126, 162, 168
ジークムント，オーストリア大公（Sigmund von Österreich） 64, 66
シチリア（Sicilia, Sizilien） 48-49, 85, 98-99, 127, 169-170, 217, 231, 242-244, 273
シッラ（Scilla） 85
ジネッティ，マルツィオ（Ginetti, Marzio） 151, 189
シマール，ピエール（Symard, Pierre） 189
シマンカス，ディエーゴ・デ（Simancas, Diego de） 117-118, 157, 266
ジャキエ，ニコラ（Jacquier, Nicolas） 96, 260
シャバディーノ（Chabadino）【被告人】 76
シャモニ（Chamonix） 273
シャルル4世（Charles IV.） 255
シュヴィーツ（Schwyz） 190, 263
シュテーディンゲン（Stedingen） 256
ジュネーヴ湖（Lac de Genève, Genfer See） 48, 52
シュパイアー（Speyer） 68, 150
シュプレンガー，ヤーコプ（Sprenger, Jakob） 59, 64, 68
シュペー，フリードリヒ（Spee, Friedrich） 148-149, 152-153, 246, 250
シュレージエン（Schlesien） 244
シュレットシュタット（Schlettstadt） 59-60
上部イタリア（Oberitalien） 13, 48, 88, 143, 177, 179, 245, 247, 273
シラー，フリードリヒ・フォン（Schiller, Friedrich von） 100
ジロ，ピエール（Giraud, Pierre） 41-42
ジンナーシ，ドメーニコ（Ginnasi, Domenico） 165
スイス（Schweiz） v, 51, 56, 104, 123, 177-178, 181-183, 186-187, 244, 249, 263, 269
スウェーデン（Schweden） 150, 167, 244, 265-266
スカリア，デシデーリオ（Scaglia, Desiderio） 143, 166, 265
スコットランド王国（Königreich Schottland） 244
ステッラッチョ，フェッランテ（Stellaccio, Ferrante） 131, 264
スパルネーリウス，ペトゥルス・ライムンドゥス（Sparnerius, Petrus Raimundus） 35
スピーナ，バルトロメーオ・デ（Spina, Bartolomeo de） 92, 96, 260
スペイン（Spanien） v, 12, 70, 83, 98-100, 103, 106, 117-118, 136, 138, 142, 149-150, 157, 164, 167, 169-170, 179, 189, 217, 231, 243-246, 249, 253, 260, 262, 272
スポレート（Spoleto） 217
聖ペーター渓谷（Val Sant Pietro） →サント・ピエトロ渓谷
セイラム（Salem） 193
セラフィーニ，ケルビーノ・デ（Serafini, Cherubino de） 168-170, 174, 267
セルモネータ（Sermoneta） 119
ソロモン王（Salomon, König） 36, 227-228

タ行

ナ行

ハ行

ン）（Preußenland［West- und Ostpreußen］） 189
フロールス（Florus）【アヴィニョンの宗教裁判官】 262
フンガー，コンラート（Hunger, Konrad） 190
ヘクスター（Höxter） 194
ベジエ（Béziers） 33
ベッリネッリ，アントニオ（Bellinelli, Antonio） 127–128, 163, 263
ベッルーノ（Belluno） 217
ペーニャ，フランシスコ（Peña, Francisco） 44
ベネディクトゥス 11 世（Benedictus XI.） 255
ベネディクトゥス 12 世（Benedictus XII.） 23, 33, 37, 41, 53, 108, 255 →フルニエ，ジャック
ベネディクトゥス 13 世（Benedictus XIII.） 257
ベネディクトゥス 14 世（Benedictus XIV.） 239
ベーメン（Böhmen） 69–70, 167, 244
ベラルミーノ，ロベルト（Bellarmino, Roberto） 106, 141, 143, 265
ペルー（Peru） 99, 243
ベルヴェゼ，エムリク・ド（Belvèze, Aymeric de） 28–29, 31
ベルヴェデーレ，ジョヴァンニ（Bervedere, Giovanni） 226
ベルガモ（Bergamo） 57, 84, 86, 115, 217
ペルージア（Perugia） 217
ペルシュ，トマ（Perche, Thomas） 234–235
ベルトラン（Bertrand） 35
ベルナルディーノ（Bernardino）【シエーナの】 55, 257
ベルナルド（Bernardo）【ヴェローナの】 236
ベルニーニ，ジャン（ジョヴァンニ）・ロレンツォ（Bernini, Gian［Giovanni］ Lorenzo） 107, 251
ベルモンテ（Belmonte） 198
ペレッティ，バルトロメーオ（Peretti, Bartolomeo） 163
ヘロディアス（Herodias） 46, 82
ベンヴェニューデ（通称ピンチネッラ）（Benvegnude, gen, Pincinella） 81
ヘンネベルク，ベルトルト・フォン（Henneberg, Berthold von） 64
ポー川（Po） 217
ポアイエ，ベルトランドゥス・ド（Poyeto, Bertrandus de） 30
ボーヴェ，オッターヴィオ（Bove, Ottavio） 131, 134
北海（Nordsee） 244
ポッツォーリ（Pozzoli） 127
ボッロメーオ，カルロ（Borromeo, Carlo） 116–117, 119, 123–124, 178, 186
ボッロメーオ，フェデリーコ（Borromeo, Federico）【クーアの教皇大使】 186
ボッロメーオ，フェデリーコ（Borromeo, Federico）【枢機卿】 156, 178, 190
ボーデン湖（Bodensee） 61
ボナヴェントゥーラ（Bonaventura）【聖人】 12, 253
ボニファティウス 8 世（Bonifatius VIII.） 254
ボノーメン，フランチェスコ（Bonomen, Francesco） 216, 218–219
ポーランド（Polska, Polen） 189, 244
ポリカストロ（Policastro） 267
ボルジェーゼ，シピオーネ（Borghese, Scipione） 140
ボルツォーネ，タッデーオ（Bolzone, Taddeo） 183, 185, 269
ポルトガル（Portugal） v, 98, 106, 170, 244, 246, 249

ボルミオ（Bormio） 65-66, 92, 179, 190
ポーロ（Polo） 219-220
ボローニャ（Bologna） 93, 110, 112-114, 135, 138, 150, 159, 164, 216-217, 219, 225-227, 232, 261-262, 264
ポワティエ（Poitiers） 138
ポンチニビオ，ジョヴァンニ・フランチェスコ（Poncinibio, Giovanni Francesco） 96, 112, 260

マ行

マインツ（Mainz） 64
マクシミーリアーン，バイエルン公（Maximilian, Herzog von Bayern） 135
マサチューセッツ（Massachusetts） 193
マシーニ，エリーセオ（Masini, Eliseo） 148
マドリッド（Madrid） 101, 167
マラテスティ，ドメーニカ（Malatesti, Domenica） 110-111, 114
マリーア，ビアンカ（Maria, Biancha） 84
マリニ，アンゲラン・ド（Marigny, Enguerrand de） 27
マリピエーロ，イザベッラ（Malipiero, Isabella） 216
マリピエーロ，ラウラ（Malipiero, Laura） 216, 218-224, 271
マルシ（Marsi） 163
マルセイユ（Marseille） 139
マルタ（Malta） 127, 217, 251
マルティヌス５世（Martinus V.） 53, 56
マントヴァ（Mantova） 97, 217
ミカエーリス，セバスティアン（Michaelis, Sebastien） 139, 263
ミケーレ・アンジェロ（Michele Angelo） →アンジェロ，ミケーレ
ミサネッロ，フランチェスコ（Misanello, Francesco） 267
ミゾクス（メゾッコ）峡谷（Misoxertal, Val Mesocco, Valle Mesolcina） 184
南フランス（Südfrankreich） 11, 13, 23, 53, 121-122, 139, 253 →フランス
ミネルビーノ（Minerbino） 170
ミュンスター（Münster） 194
ミュンヒェン（München） 135
ミラノ（Milano） 33, 48, 50, 52, 75, 80, 93, 106, 116, 123, 155-157, 175-187, 217, 244, 256, 260, 268-269
ミルポワ（Mirepoix） 41
ムラルト，フランチェスコ（Muralto, Francesco） 93
メキシコ（Mexico, Mexiko） 99, 243
メゾルチーナ（Mesolcina） 123
メッリーニ（ミッリーノ），ジョヴァンニ・ガルシャ（Mellini [Millino], Giovanni Garcia） 140-141
メナッジオ，ニコロ・ダ（Menaggio, Nicolo da） 65
メーリング，ハインリヒ（Möhring, Heinrich） 195-196, 212
メルロ，ステファノ（Merlo, Stefano） 96
メーレン（Mähren） 69
メンギ，ジローラモ（Menghi, Girolamo） 130
モーア，クリストフ（Mohr, Christoph） 183
モセ，ギヨーム・ド（Mosset, Guillaume de） 41-42
モーデナ（Modena） 217, 264
モラヴァ（Morava） →メーレン
モラーンディ，オラーツィオ（Morandi, Orazio） 166-167
モーリ，バルトロミオ・デイ（Mori, Bartolomio dei） 76
モーリトーア，ウルリヒ（Molitor, Ulrich） 96, 260
モンタイユー（Montaillou） 23-25,

ヤ行

ラ行

史料と参考文献

I　未刊行史料

ACDF, S. O., Decreti	Archivio della Congregazione per la Dottrina della Fede, Sanctum Officium, Decreti.
ACP, SOCG	Archivio della Congregazione per la Propaganda Fide, Scritture Originali riferite nelle Congregationi Generali.
ASV, Segr. Stato, Colonia	Archivio Secreto Vaticano, Segreteria di Stato, Kölner Nuntiatur.
BAV	Biblioteca Apostolica Vaticana.

II　既刊史料

Albitius, Franciscus: *De Inconstantia in jure admittenda vel non [...]*, Amsterdam 1683.

Carena, Cesare: *Tractatus de Officio Sanctissimae Inquisitionis ...*, Cremona 1655, weitere Auflage Lyon 1669.

Castaldi, Giovanni Tommaso: *De potestate angelica*, Rom 1651.

Collectio Decretorum responsorumque S. Officii, in: *Analecta Ecclesiastica* 2（1894）-4（1896）.

Execution So im Aprili dieses 1635. Jahrs zu Rom uber 8 Malefitz Personen ergangen / so ihnen vorgenommen hatten / durch Zauberey und Teuffelskunst den Pabst hinzurichten. O. O. 1635.

Eymericus, Nicolaus: *Directorium Inquisitorum [...], cum commentariis Francisci Pegne [...]*, Venedig 1607.

Fontana, Vincenzo Maria: *Sacrum Theatrum Dominicanum*, Rom 1666.

Gigli, Giacinto: *Diario di Roma*, Rom 1994.

Hansen, Joseph: *Quellen und Untersuchungen zur Geschichte des Hexenwahns und der Hexenverfolgung im Mittelalter*, Bonn 1901.

Instructio pro formandis processibus in causis Strigum, Sortilegiorum et maleficiorum, Rom 1657.

Masini, Eliseo: *Sacro Arsenale overo Prattica dell'Officio della santa Inquisitione*, Genua 1625.

Michaelis, Sébastien: *Pneumalogie ou Discours des Esprits*, Paris 1587.

Paramo, Ludovicus a: *De origine et progressu officii s. Inquisitionis eiusque dignitate et*

utilitate, Madrid 1598.
Sanudo, Marin: *Diarii 1496–1533,* hrsg. von Rinaldo Fulin, 30 Bände, Venedig 1879–1903 (Nachdruck Bologna 1969).
Tractatus duo, unus de sortilegiis D. Pauli Grillandi ..., alter de lamiis et excellentia iuris consulti D. Ioannis Fracisci Ponzinibii ..., Frankfurt 1592.

Ⅲ 参考文献

Ademollo, A.: Le Giustizie a Roma dal 1674 a 1739 e dal 1796 al 1840, in: *Archivio della Società Romana di Storia Patria* 4 (1880) S. 429–534, 5 (1881) S. 305–364.
Albe, Edmond: *Hugues Géraud, evèque de Cahors – l'affaire des poisons et des envoutements en 1317,* Cahors 1904.
Aureggi, Olimpia: La stregoneria nelle alpi centrali, Teil 3, in: *Bollettino della società storica valtellinese* 15 (1961) S. 114–160.
Baigent, Michael/Leigh, Richard: *Als die Kirche Gott verriet. Die Schreckensherrschaft der Inquisition,* Bergisch Gladbach 2000.
Battistini, Mario: Una lettera del cardinale Mellini riguardo un processo di stregoneria, in: *Rivista di storia della Chiesa in Italia* 10 (1956) S. 269–270.
Behringer, Wolfgang: *Hexenverfolgung in Bayern,* München 1987.
Ders. (Hrsg.): *Hexen und Hexenprozesse in Deutschland,* 4. Aufl. München 2000.
Ders.: Neun Millionen Hexen. Entstehung, Tradition und Kritik eines populären Mythos, in: *Geschichte in Wissenschaft und Unterricht* 49 (1998) S. 664–685.
Benad, Matthias: *Domus und Religion in Montaillou. Katholische Kirche und Katharismus im Überlebenskampf der Familie des Pfarrers Petrus Clerici am Anfang des 14. Jahrhunderts,* Tübingen 1990.
Bendiscioli, Mario: Penetrazione protestante e repressione controriformistica in Lombardia all'epoca di Carlo e Federico Borromeo, in: *Festgabe Joseph Lortz,* Bd. 1, Baden-Baden 1958, S. 369–404.
Bertolotti, Antonino: *Streghe, sortiere e maliardi nel secolo XVI in Roma,* Florenz 1883 (Nachdruck Sala Bolognese 1979).
Ders.: *Martiri del libero pensiero e vittime della Santa Inquisizione nei secoli XVI, XVII e XVIII,* Rom 1891 (Nachdruck Sala Bolognese 1976).
Blastenbrei, Peter: Zur Arbeitsweise der römischen Kriminalgerichte im späteren 16. Jahrhundert, in: *Quellen und Forschungen aus italienischen Archiven und Bibliotheken* 71 (1991) S. 425–481.
Ders.: *Kriminalität in Rom 1560–1585,* Tübingen 1995.

Blauert, Andreas: *Frühe Hexenverfolgungen. Ketzer-, Zauberei- und Hexenprozesse des 15. Jahrhunderts,* Hamburg 1989.

Ders.: Die Erforschung der Anfänge der europäischen Hexenverfolgungen, in: ders.（Hrsg.）, *Ketzer, Zauberer, Hexen. Die Anfänge der europäischen Hexenverfolgungen,* Frankfurt a. M. 1990.

Borromeo, Agostino: A proposito del ʻDirectorium Inquisitorium' di Nicolas Eymerich e delle sue edizioni cinquecentesche, in: *Critica storica* 20（1983）S. 499–547.

Brückner, Wolfgang: Überlegungen zur Magietheorie. Vom Zauber mit Bildern, in: Petzoldt, Leander（Hrsg.）, *Magie und Religion. Beiträge zu einer Theorie der Magie,* Darmstadt 1978, S. 404–420.

Burkardt, Albrecht: A false living saint in Cologne in the 1620s. The case of Sophia Agnes von Langenberg, in: M. Gijswijt-Hofstra/H. Marland/H. de Waardt（Hrsg.）, *Illness and healing alternatives in Western Europe,* London 1997, S. 80–97.

Cajani, Luigi: Giustizia e criminalità nella Roma del Settecento, in: Vittorio Emmanuele Giuntella（Hrsg.）, *Ricerche sulla città del Settecento,* Rom 1978, S. 263–312.

Canosa, Romano: *Storia dell' Inquisizione in Italia della metà del Cinquecento alla fine del Settecento,* Band l: Modena, Rom 1986, Band 2: Venezia, Rom 1987; Band 5: Napoli e Bologna, Rom 1990.

Ders./Colonnello, Isabella: *Gli ultimi roghi. La fine della caccia alle streghe in Italia,* Rom 1983.

Cifres, Alejandro: Das historische Archiv der Kongregation für die Glaubenslehre in Rom, in: *Historische Zeitschrift* 268（1999）S. 97–106.

Cohn, Norman: *Europe's Inner Demons: An Enquiry Inspired by the Great Witch-hunt,* New York 1975.

Coppo, Claudio / Panizza, Gian Maria: La pace impossibile. Indagini ed ipotesi per una ricerca sulle accuse di stregoneria a Triora（1587–1590）, in: *Rivista di storia e letteratura religiosa* 26（1990）S. 37–74.

Dall'Olio, Guido: Tribunali vescovili, inquisizione romana e stregoneria. I processi bolognesi del 1559, in: Adriano Prosperi（Hrsg.）, *Il piacere del testo. Saggi e studi per Albano Biondi,* Bd. 1, Rom 2001, S. 63–82.

Daxelmüller, Christoph: *Zauberpraktiken. Eine Ideengeschichte der Magie,* Zürich 1993.

Decker, Rainer: *Die Hexen und ihre Henker. Ein Fallbericht,* Freiburg i. Br. 1994.

Ders.: Hintergrund und Verbreitung des Drucks der römischen Hexenprozeß-Instruktion（1657）. In: *Historisches Jahrbuch* 118（1998）S. 277–286.

Ders.: „Ihre Prozessführung verstösst auch gegen das Naturrecht" – Wie die römische Inquisition 15 Bündner Hexenkindern das Leben rettete. In: *Bündner Monatsblatt. Zeitschrift für bündnerische Geschichte und Landeskunde* 1999, Heft 3, S. 179–191.

Ders.: Possessione diabolica e struttura territoriale - fonti nuove, in: *„L'inquisizione e gli storici: un cantiere aperto"*, Band 162 der Reihe „Atti dei convegni Lincei", Roma 2000, S. 407–411.

Ders.: Entstehung und Verbreitung der römischen Hexenprozeßinstruktion, in: Hubert Wolf (Hrsg.), *Inquisition, Index, Zensur. Wissenskulturen der Neuzeit im Widerstreit,* Paderborn 2001, S. 169–175.

Ders.: Gerichtsorganisation und Hexenprozeßrecht der römischen Inquisition. Neue Quellenfunde zu Theorie und Praxis, in: Herbert Eiden / Rita Voltmer (Hrsg.), *Hexenprozesse und Gerichtspraxis,* Trier 2002, S. 455–474.

Del Col, Andrea / Milani, Marisa: „Senza effusione di sangue e senza pericolo di morte". Intorno ad alcune condanne capitali delle inquisizioni di Venezia e di Verona nel Settecento e a quelle Veneziane del Cinquecento, in: Rosa, Mario (Hrsg.), *Eretici, esulì e indemoniati nell'età moderna,* Florenz 1998, S. 141–196.

Del Col, Andrea: Organizzazione, composizione e giurisdizione dei tribunali dell' Inquisizione romana nella repubblica di Venezia (1500–1550), in: *Critica storica* 25 (1988) S. 244–294.

Ders.: *L'inquisizione nel patriarcato e diocesi di Aquileia 1557–1559,* Triest 1998.

Ders. (Hrsg.): *L'inquisizione in Friuli. Mostra storica,* Triest 2000.

Ders.: *Le strutture territoriali e l'attività dell'Inquisizione romana* (noch unveröffentlichtes Manuskript).

Ders. / Paolin, Giovanna (Hrsg.): *L'inquisizione romana: metodologia delle fonti e storia instituzonale,* Trieste 2000.

Del Re, Niccolò: *Monsignor Governatore di Roma,* Roma 1972.

Denzler, Georg: *Die Propagandakongregation in Rom und die Kirche in Deutschland im ersten Jahrzehnt nach dem Westfälischen Frieden,* Paderborn 1969.

Deutscher, Thomas: The Role of the Episcopal Tribunal of Novara in the Suppression of Heresy and Witchcraft, 1563–1615, in: *Catholic Historical Review* 77 (1991) S. 403–421.

Di Simplicio, Oscar: *Inquisizione, stregoneria, medicina. Siena e il suo stato (1580–1721),* Siena 2000.

Dooley, Brendan: *Morandi's Last Prophecy and the End of Renaissance Politics,*

Princeton 2002.

Drewermann, Eugen: Friedrich von Spee – ein Kämpfer um Menschlichkeit. In: Doris Brockmann / Peter Eicher (Hrsg.), *Die politische Theologie Friedrich von Spees,* München 1991, S. 17–48.

Duhr, Bernhard: *Geschichte der Jesuiten in den Ländern deutscher Zunge.* Bd. II/2 Freiburg i.Br. 1913.

Duvernoy, Jean: *Le registre d'inquisition de lacques Fournier (Evêque de Pamiers) 1318–1325,* 3 Bände, Paris u. a. 1978.

Eco, Umberto: *Der Name der Rose,* München 1986.

Endres, Rudolf: Heinrich Institoris, sein Hexenhammer und der Nürnberger Rat, in: Segl, Peter (Hrsg.), *Der Hexenhammer, Entstehung und Umfeld des Malleus maleficarum von 1487,* Köln/Wien 1988, S. 195–216.

Ernst, Cécile: *Teufelsaustreibungen. Die Praxis der katholischen Kirche im 16. und 17. Jahrhundert,* Bern 1972.

Ferraironi, F.: *Le streghe di Triora e l'inquisizione,* Rom 1955.

Fiorani, Luigi: Astrologi, superstiziosi e devoti nella società Romana del Seicento, in: *Ricerche per la storia religiosa di Roma* 2 (1978) S. 97–162.

Firpo, Luigi: Esecuzioni capitali in Roma (1567–1671), in: *Eresia e riforma nell'Italia del Cinquecento,* 1. Miscellanea, Florenz u. a. 1974, S. 309–342.

Fosi, Irene Polverini: Un processo per 'Streghe e furfanterie' nella Roma di Paolo IV (1557), in: *Ricerche per la storia religiosa di Roma* 4 (1980) S. 215–236.

Fumi, Luigi: L'inquisizione romana e lo stato di Milano, in: *Archivio storico lombardo* 13 (1910) S. 5–124, 285–414, 14 (1910) S. 145–220.

Gentilcore, David: *From bishop to witch. The system of sacred in early modern Terra d'Otranto,* Manchester/New York 1992.

Ginzburg, Carlo: Stregoneria e pietà popolare. Note a proposito di un processo modenese del 1519, in: *Annali della Scuola Normale Superiore di Pisa,* ser. 2, XXX (1961) S. 269–287.

Ders.: Die Benandanti. *Feldkulte und Hexenwesen im 16. und 17. Jahrhundert,* Frankfurt a. M. 1980.

Ders.: *Hexensabbat. Entzifferung einer nächtlichen Geschichte,* Berlin 1990.

Giorgetta, Giovanni: Processi di stregoneria a Bormio tra il 1483 ed il 1486, in: *Bolletino storico della Svizzera italiana* 36 (1983) S. 153–167.

Given, James B.: *Inquisition and Medieval Society,* Ithaca/London 1997.

Godman, Peter: *Die geheime Inquisition. Aus den verbotenen Archiven des Vatikan,*

München 2001.

Hacke, Daniela: Von der Wirkungsmächtigkeit des Heiligen. Magische Liebeszauberpraktiken und die religiöse Mentalität venezianischer Laien der frühen Neuzeit, in: *Historische Anthropologie* 9 (2001), S. 311-332.

Hansen, Joseph: Der Malleus maleficarum, seine Druckausgaben und die gefälschte Kölner Approbation vom Jahre 1467, in: *Westdeutsche Zeitschrift für Geschichte und Kunst* 17 (1898) S. 119-168.

Ders.: *Zauberwahn, Inquisition und Hexenprozeß im Mittelalter und die Entstehung der großen Hexenverfolgung,* München/Leipzig 1900.

Ders.: Der Hexenhammer, seine Bedeutung und die gefälschte Kölner Approbation vom Jahre 1487, in: *Westdeutsche Zeitschrift für Geschichte und Kunst* 26 (1907) S. 372-404.

Ders.: Die Kontroverse über den Hexenhammer und seine Kölner Approbation vom Jahre 1487. Ein Schlußwort, in: *Westdeutsche Zeitschrift für Geschichte und Kunst* 27 (1909) S. 366-372.

Harmening, Dieter: *Superstitio. Überlieferungs- und theoriegeschichtliche Untersuchungen zur kirchlich-theologischen Aberglaubensliteratur des Mittelalters,* Berlin 1979.

Henningsen, Gustav: „The Ladies from Outside“: An Archaic Pattern of the Witches' Sabbath, in: Ankarloo, Bengt / Henningsen, Gustav (Hrsg.), *Early Modern European Witchcraft. Centres and Peripheries,* Orford 1990, S. 191-215.

Ders.: The Database of the Spanish Inquisition. The „relaciones de causas“-project revisited, in: Heinz Mohnhaupt / Dieter Simon (Hrsg.), *Vorträge zur Justizforschung,* Bd. 2, Frankfurt a. M. 1993, S. 43-85.

Ders.: La inquisición y las brujas, in: Borromeo, Agostino (Hrsg.), *L'Inquisizione: Atti del Simposio internazionale nel Vaticano 1998,* Rom 2003, S. 563-600.

Henningsen, Gustav / Tedeschi, John (Hrsg.): *The Inquisition in Early Modern Europe,* Dekalb 1986.

Horst, Georg Conrad: *Zauber-Bibliothek,* Bd. 3, Mainz 1822.

Jerouschek, Günter (Hrsg.): *Malleus Maleficarum 1487.* Von Heinrich Kramer (Institoris), Hildesheim u. a. 1992.

Ders. / Behringer, Wolfgang (Hrsg.): Heinrich Kramer (Institoris), *Der Hexenhammer,* München 2000.

Kaufmann, Josef : Die Stellung der Kirche zu den Hexenprozessen im 17. Iahrhundert, in: *Mitteilungen des Westpreußischen Geschichtsvereins* Jg. 2, Nr. 4 (1903) S.

59–69.

Kieckhefer, Richard: *European Witch Trials: Their Foundation in Popular and Learned Culture, 1300–1500,* Berkeley 1976.

Kolmer, Lothar: Papst Clemens IV. beim Wahrsager, in: *Deutsches Archiv* 38（1982）S. 141–165.

Lea, Henry Charles: *Geschichte der Inquisition im Mittelalter,* 3 Bände（hrsg, von Joseph Hansen）, Bonn 1905–1913（Nachdruck Nördlingen 1987）.

Ders.: *Historia de la Inquisición Española,* Bd. 3（Nachdruck Madrid 1993）; dt.: *Geschichte der spanischen Inquisition,* Bd. 3, Leipzig 1912（Nachdruck Aalen 1989）.

Ders.: *Materials Toward a History of Witchcraft,* 3 Bände, Philadelphia 1939（Nachdruck New York 1957）.

LeRoy Ladurie, Emmanuel: *Montaillou. Ein Dorf vor dem Inquisitor 1294 bis 1324,* Frankfurt a. M. 1983.

Lottin, Alain: *Lille, citadelle de la contre-réforme? (1598–1668),* Dünkirchen 1984.

Ders.: *Être et croire a Lille et en Flandre: XVIe–XVIIIe siècle,* Arras 2000.

Maier, Anneliese: Eine Verfügung Johanns XXII. über die Zuständigkeit der Inquisition für Zaubereiprozesse, in: *Archivum Fratrum Praedicatorum* 22（1952）S. 226–246.

Maissen, Sur Felici: *Die Zeit der Unruhen von der Religionspazifikation 1647 bis 1657*（Die Drei Bünde in der 2. Hälfte des 17. Jahrhunderts, 1. Teil）, Aarau 1966.

Mandrou, Robert: *Magistrats et sociers en France au XVIIe siècle,* Paris 1968.

Marcaccioli Castiglioni, Anna: *Streghe e roghi nel Ducato di Milano. Processi per stregoneria a Vengono Superiore nel 1520,* Mailand 1999.

Martin, Ruth: *Witchcraft and the Inquisition in Venice 1550–1650,* Oxford 1989.

Mayaud, Pierre Noel: Les ‘Fuit Congregatio Sancti Officii in ... coram ...’ de 1611 à 1642, in: *Archivum historiae pontificiae* 30（1992）S. 231–289.

Mazzali. Tiziana: *Il martirio delle streghe. Una nuova drammatica testimonianza dell' Inquisizione laica del Seicento,* Milano 1988.

Medici, Gabriele Cornaggia: Cesare Carena, giurista cremonese del secolo XVII, in: *Archivio storico lombardo* 57（1930）S. 297–330.

Midelfort, H. C. Erik: *Witch Hunting in Southwestern Germany, 1562–1684. The Social and Intellectual Foundations,* Stanford 1972.

Mirto, Alfonso: Un inedito del Seicento sull'Inquisizione, in: *Nouvelles de le République des Lettres* 1（1986）S. 99–138.

Mollat, Guillaume: Un évêque supplicié au temps de Jean XXII, in: *Revue pratique*

apologetique 4 (1907) S. 753–767.

Ders.: *Les Papes d'Avignon (1305–1378),* 9. Aufl. Paris 1949.

Monter, William: *Witchcraft in France and Switzerland,* London 1976.

Ders.: *Frontiers of Heresy. The Spanish Inquisition from the Basque Lands to Sicily,* Cambridge 1990.

O'Neil, Mary: Magical Healing, Love Magic and the Inquisition in Late Sixteenth-century Modena, in: Stephen Haliczer (Hrsg.): *Inquisition and society in early modern Europe,* London 1987, S. 88–114.

Orano, Domenico: *Liberi pensatori bruciati in Rom dal XVI al XVIII secolo,* Rom 1904 (Nachdruck Livorno 1971).

Paccagnini, Ermanno: „In materia de stregharie", in: Farinelli, Giuseppe / Paccagnini, Ermanno: *Processo per stregoneria a Caterina de Medici 1616–1617,* Mailand 1989, S. 9–162.

Paglia, Vincenzo: *La morte confortata. Riti della paura e mentalità religiosa a Roma nell'età moderna,* Rom 1982.

Panizza, Gian Maria: Triora 1587–1590. Bilancio di una ricerca e prospettive per ulteriori indagini, in: *Oltre Triora. Nuove ipotesi di indagini sulla stregoneria e la caccia alle streghe. Atti de convegno Triora 1994,* Mailand 1997.

Paravy, Pierette: Zur Genesis der Hexenverfolgungen im Mittelalter: Der Traktat des Claude Tholosan, Richter in der Dauphiné (um 1436), in: Andreas Blauert (Hrsg.), *Die Anfänge der europäischen Hexenverfolgungen,* Frankfurt a. M. 1990, S. 118–159.

Pastor, Ludwig Frhr. v.: *Geschichte der Päpste seit dem Ausgang des Mittelalters,* 16 Bände, 5. Aufl. Freiburg i. Br. 1925–1933.

Ders.: Allgemeine Dekrete der römischen Inquisition aus den Jahren 1555–1597, in: *Historisches Jahrbuch* 33 (1912) S. 479–549.

Patschovsky, Alexander: Der Ketzer als Teufelsdiener, in: H. Mordek (Hrsg.), *Papsttum, Kirche und Recht im Mittelalter. Festschrift für Horst Fuhrmann zum 65. Geburtstag,* Tübingen 1991, S. 317–334.

Paulus, Nikolaus: Ist die Kölner Approbation des Hexenhammers eine Fälschung? In: *Historisches Jahrbuch* 28 (1907) S. 871–876.

Ders.: Zur Kontroverse um den Hexenhammer, in: *Historisches Jahrbuch* 29 (1908) S. 559–574.

Ders.: *Hexenwahn und Hexenprozeß vornehmlich im 16. Jahrhundert,* Freiburg i. Br. 1910.

Peters, Edward: *Inquisition,* Berkeley 1989.

Petersohn, Jürgen: Konziliaristen und Hexen. Ein unbekannter Brief des Inquisitors Heinrich Institoris an Papst Sixtus IV. aus dem Jahre 1484, in: *Deutsches Archiv zur Erforschung des Mittelalters* 44 (1988) S. 120–160.

Portone, Paolo: Un processo di stregoneria nella Milano di Carlo Borromeo (1569), in: Bosco, C. / Castelli, P. (Hrsg.), *Stregoneria e streghe nell'Italia moderna,* Roma 1996, S. 317–330.

Previdepratto, Massimo: *„Tu hai renegà la fede": Stregheria e Inquisizione in Valcamonica e nelle Prealpi lombarde dal XV al XVIII secolo,* Brescia 1992.

Prosperi, Adriano: *Tribunali della coscienza. Inquisitori, confessori, missionari,* Turin 1996.

Rangoni, Fiorenza: „In communis vita splendidus et munificus": La collezione di dipinti del cardinale di Cremona Desiderio Scaglia, in: *Paragone Arte,* Anno LII – Terza serie – N. 35 (611) – gennaio 2001, S. 47–100.

Renda, Francesco: *L'inquisizione in Sicilia,* Palermo 1997.

Romano, Franca: *Laura Malipiero strega: storie di malie e sortilegi nel Seicento,* Rom 1996.

Romeo, Giovanni: Una città, due inquisizioni. L'anomalia del Sant'Uffizio a Napoli nel tardo '500, in: *Rivista di storia e letteratura religiosa* 24 (1988) S. 42–67.

Ders.: *Inquisitori, esorcisti e streghe nell'Italia della Controriforma,* Florenz 1990.

Ders.: *L'Inquisizione nell'Italia moderna,* Bari 2002.

Rosi, M.: Le streghe di Triora in Liguria, in: *Rivista di discipline carcerarie* 23 (1898) S. 189–218, 261–296, 323–335.

Ders.: La congiura di Giacinto Centini contro Urbano VIII, in: *Archivio della Società romana di storia patria* 22 (1899) S. 347–370.

Schäfer, Ernst: *Beiträge zur Geschichte des spanischen Protestantismus und der Inquisition im 16. Jahrhundert,* Band l, Gütersloh 1902.

Schatzmann, Niklaus: *Verdorrende Bäume und Brote wie Kuhfladen. Hexenprozesse in der Leventina und die Anfänge der Hexenverfolgung auf der Alpensüdseite.* Phil. Diss. Zürich 2002.

Schimmelpfennig, Bernhard: Intoleranz und Repression. Die Inquisition, Bernard Gui und William v. Baskerville, in: M. Kerner (Hrsg.), *„... eine finstere und fast unglaubliche Geschichte?",* 3. Aufl. Darmstadt 1988, S. 191–213.

Schmid, M. / Sprecher, F.: *Zur Geschichte der Hexenverfolgungen in Graubünden,* Chur 1919.

Schmidt, Peter: Tortur als Routine. Zur Theorie und Praxis der römischen Inquisition in der frühen Neuzeit, in: Peter Burschel u.a. (Hrsg.), *Das Quälen des Körpers. Eine historische Anthropologie der Folter,* Köln u. a. 2000, S. 201–215.

Ders.: De Sancto Officio Urbis ... Aspekte der Verflechtung des Heiligen Offiziums mit der Stadt Rom im 16. und 17. Jahrhundert, in: *Quellen und Forschungen aus italienischen Archiven und Bibliotheken* 82 (2002), S. 404–489.

Schormann, Gerhard: *Hexenprozesse in Deutschland,* Göttingen 1981.

Schulte, Rolf: *Hexenmeister. Die Verfolgung von Männern im Rahmen der Hexenverfolgung von 1530–1730 im Alten Reich,* 2. Aufl. Frankfurt a. M. 2001.

Schutte, Anne Jacobson: La storia al femminile nelle fonti inquisitoriali veneziane: Una fattucchiera, una finta e numerose putte pericolanti, in: Del Col, Andrea / Paolin, Giovanna (Hrsg.), *L'inquisizione romana: metodologia delle fonti e storia istituzionale,* Triest 2000, S. 91–102.

Dies.: Asmodea, A Nun-Witch in Eighteenth-Century Tuscany. In: Edwards, Kathryn A. (Hrsg.), *Werewolves, Witches, and Wandering Spirits: Traditional Belief and Folklore in Early Modern Europe,* Kirksville 2002, S. 119–135.

Schwedt, Herman H.: Die römischen Kongregationen der Inquisition und des Index und die Kirche im Reich (16. und 17. Jahrhundert), in: *Römische Quartalsschrift* 90 (1995) S. 43–73.

Ders.: Die römischen Kongregationen der Inquisition und des Index: Die Personen (16.-20. Jh.), in: Hubert Wolf (Hrsg.), *Inquisition, Index, Zensur. Wissenskulturen der Neuzeit im Widerstreit,* Paderborn 2001, S. 89–101.

Scully, Sally: Marriage or a career? Witchcraft as an alternative in seventeenth-century Venice, in: *Journal of Social History* 28 (1995) S. 857–876.

Segl, Peter: Malefice ... non sunt ... heretice nuncupande. Zu Heinrich Kramers Widerlegung der Ansichten aliorum inquisitorum in diuersis regnis hispanie. In: Mordek, Hubert (Hrsg.), *Papsttum, Kirche und Recht im Mittelalter. Festschrift für Horst Fuhrmann zum 65. Geburtstag,* Tübingen 1991, S. 369–382.

Ders.: Einrichtung und Wirkungsweise der inquisitio haereticae pravitatis im mittelalterlichen Europa, in: ders. (Hrsg.), *Die Anfänge der Inquisition im Mittelalter,* Köln u. a. 1993, S. 1–38.

Spee, Friedrich: *Cautio Criminalis,* aus dem Lateinischen übertragen und eingeleitet von Joachim-Friedrich Ritter, München 1982.

Tedeschi, John: New light on the organization of the Roman Inquisition, in: *Annali di storia moderna e contemporanea* 11 (1996) S. 265–274.

Ders.: *Il Giudice e L'Eretico. Studi sull'Inquisizione romana,* Mailand 1997.

Ders.: Die Inquisitionsakten im Trinity-College, Dublin, in: Hubert Wolf (Hrsg.), *Inquisition, Index, Zensur. Wissenskulturen der Neuzeit im Widerstreit,* Paderborn 2001, S. 71–87.

Thorndike, Lynn: *A History of Magic and Experimental Science,* Bd. 3, 14./15. Jh., New York 1934, Bände 5 und 6, 16. Jh., NewYork 1941.

Tschacher, Werner: Der Flug durch die Luft zwischen Illusionstheorie und Realitätsbeweis. Studien zum Kanon episcopi und zum Hexenflug, in: *Zeitschrift der Savigny-Stiftung für Rechtsgeschichte* 116, Kan. Abt. 85 (1999) S. 225–276.

Turchini, Angelo: Il modello ideale dell'inquisitore: la Pratica del cardinale Desiderio Scaglia, in: Del Col, Andrea / Paolin, Giovanna (Hrsg.), *L'inquisizione romana: metodologia delle fonti e storia istituzionale,* Triest 2000, S. 187–198.

Utz Tremp, Kathrin: Von der Häresie zur Hexerei. Waldenser- und Hexenverfolgungen im heutigen Kanton Freiburg (1399–1442), in: *Schweizerische Zeitschrift für Geschichte* 52 (2002) S. 115–123.

Valente, Michaela: Prime testimonianze della circolazione del De praestigiis daemonum di Johann Wier in Italia, in: *Bruniana e Campanelliana* 6 (2000) S. 561–568.

Venard, Marc: *L'Eglise d'Avignon au XVIème siècle,* Bd. 3, Lille 1980.

Weber, Christoph: *Legati e governatori dello Stato pontificio (1550–1809),* Rom 1994.

Weyhmann, Alfred: Ein Zauberei-Attentat gegen Papst Urban VIII., in: *Archiv für Kulturgeschichte* 13 (1917) S. 125–126.

Whitmore, P. J. S. (Hrsg.): *A Seventeenth-Century Exposure of Superstition. Select Texts of Claude Pithoys (1587–1676),* Den Haag 1972.

Wibel, H.: Neues zu Heinrich Institoris, in: *Mitteilungen des Instituts für österreichische Geschichtskunde* 34 (1913) S. 121–125.

Wittmann, Paul: Die Bamberger Hexenjustiz 1595–1631, in: *Archiv für das katholische Kirchenrecht* 50 (1883) S. 177–223.